V&R

Anja von Kanitz / Walter Lotz / Birgit Menzel /
Elfi Stollberg / Walter Zitterbarth (Hg.)

Elemente der Themenzentrierten Interaktion (TZI)

Texte zur Aus- und Weiterbildung

Vandenhoeck & Ruprecht

Mit 5 Abbildungen und 1 Tabelle

Bibliografische Information der Deutschen Nationalbibliothek

Die Deutsche Nationalbibliothek verzeichnet diese Publikation in der
Deutschen Nationalbibliografie; detaillierte bibliografische Daten sind
im Internet über http://dnb.d-nb.de abrufbar.

ISBN 978-3-525-40249-8

Weitere Ausgaben und Online-Angebote sind erhältlich unter: www.v-r.de

Satz: SchwabScantechnik, Göttingen
Druck und Bindung: ⊕ Hubert & Co., Göttingen

Gedruckt auf alterungsbeständigem Papier.

Inhalt

Vorwort   9

Themenzentrierte Interaktion (TZI) – eine kurze Einführung   11

I Zugänge zur TZI finden

Hartmut Grün
9 relevante Aspekte der TZI. Ein TZI-Kompass für »Ortsfremde«   19

Ruth C. Cohn
Verantworte dein Tun und dein Lassen – persönlich und gesellschaftlich.
Offener Brief an Günter Hoppe   29

Dietrich Stollberg
»Wer den Globe nicht kennt, den frisst er«. Zur Bedeutung des Umfeldes
in der themenzentriert-interaktionellen Arbeit   33

Hermann Kügler
ES oder Thema? Plädoyer für eine präzise Begrifflichkeit   46

Helga Modesto
Demokratisches Verhalten in der TZI-Gruppe: Eine Herausforderung
an die Chairperson   53

Dietrich Stollberg
Ich leite, du leitest – wer leitet?   64

Helmut Reiser
Gruppe und Gruppenleitung aus der Sicht der Themenzentrierten
Interaktion und des Systemisch-konstruktivistischen Ansatzes 75

Walter Zitterbarth
TZI und Ethik 92

II Gruppenprozesse verstehen

Angelika Rubner und Eike Rubner
Entwicklungsphasen einer Gruppe 99

Hartmut Raguse
Einige Gedanken über Krisen in TZI-Gruppen 117

Matthias Kroeger
Das sogenannte Störungspostulat: »Disturbances and passionate
involvements take precedence« 132

Angelika Rubner
Über die Wechselwirkung zwischen der Rolle des Einzelnen,
der Gegenübertragung des Leiters und dem Prozess der Gruppe 145

Elfi Stollberg und Gerhard Härle
Über das Beenden von Gruppen 158

III Mit der TZI arbeiten

Matthias Kroeger
Modell der Selbstsupervision in TZI 175

Walter Lotz
Beredtes Schweigen – Themenzentrierte Prozessanalyse als
Reflexionsinstrument professioneller Praxis 185

Walter Lotz und Gudrun Maierhof
TZI und Kompetenz-Orientierung im Studium der Sozialen Arbeit 196

Carolin Bücking
Themen finden, formulieren, einführen – welche Auswirkungen
haben sie für das Unterrichtsgeschehen? 205

Die Herausgeberinnen und Herausgeber 218

Die Autorinnen und Autoren 219

Stichwortverzeichnis 221

Vorwort

Die Fachzeitschrift »Themenzentrierte Interaktion« erscheint seit über 25 Jahren zweimal jährlich, seit 2008 im Psychosozial-Verlag. Sie ist das Medium, in dem die Theorie und Praxis der Themenzentrierten Interaktion (TZI) in Artikelform reflektiert, diskutiert und weiterentwickelt werden. Viele der bereits erschienenen Artikel sind für TZI-Interessierte und -Auszubildende mittlerweile schwer zugänglich. Die nur in kleiner Auflage publizierten, thematisch anregenden und für das Verständnis von TZI wertvollen Texte kennt und findet man oft nicht. Dies möchten wir ändern.

Mit der Veröffentlichung ausgewählter Texte der TZI-Fachzeitschrift machen wir grundlegende Aufsätze zur Themenzentrierten Interaktion wieder für ein breiteres Publikum zugänglich. Die Auswahl richtet sich an Menschen, die nicht nur Gruppen leiten (wollen/müssen), sondern auch verstehen wollen, was sie da machen und worauf sie in der Leitungsrolle achten können, um ihre Chancen auf eine gelingende Arbeit mit Gruppen zu erhöhen. TZI bietet dafür ein umfassendes Instrumentarium zur Planung, Leitung und Reflexion.

Wir haben aus der Vielzahl interessanter Artikel solche ausgewählt, die jeweils ein grundlegendes Element der TZI im Fokus haben und so für eine Einstiegslektüre geeignet sind. Der jeweils vorangestellte, vom Herausgeberteam verfasste Einführungstext erläutert den Kontext des Artikels, so dass sofort erkennbar ist, worum es geht und welchen Platz dieses Element im System einnimmt.

Im Anhang befindet sich ein Index mit der Auflistung TZI-spezifischer Fachwörter mit Seitenangaben, wo zu diesem Thema Erläuterungen zu finden sind. So ist man bei der Lektüre nicht an eine bestimmte Reihenfolge gebunden, sondern kann sein Wissen zu einzelnen Elementen der TZI gezielt vertiefen. Wer eine kurze Einführung in charakteristische Elemente der TZI sucht, findet diese im TZI-Einführungstext auf Seite 11 ff. Dort erläuterte Fachtermini sind im Buch bei der Einführung zum Artikel kursiv kenntlich gemacht. Ist in einem Text z. B. das Wort *Vier-Faktoren-Modell* kursiv gesetzt, ist dieser Begriff im Einführungstext kurz erläutert.

Teil I umfasst grundlegende Artikel zur Orientierung im TZI-System. In Teil II steht die Frage im Fokus, wie man Prozesse in Gruppen besser verstehen und beeinflussen kann – ein Themengebiet, das für Gruppenleiter und Gruppenleiterinnen zeitlebens herausfordernd bleibt. In Teil III findet sich eine Auswahl von Beispielen, die zeigen, wie man TZI in der Praxis zur Planung, Gestaltung und Reflexion von Gruppenarbeit nutzen kann.

Wir freuen uns, wenn die Lektüre dieser Texte die spannende Aufgabe der Leitung von Gruppen mit TZI verständlicher macht, inspirierend wirkt und Lust darauf macht, TZI auch praktisch zu erleben, z. B. in Ausbildungsseminaren.

Anja von Kanitz, Walter Lotz, Birgit Menzel, Elfi Stollberg, Walter Zitterbarth

Themenzentrierte Interaktion (TZI) –
eine kurze Einführung

TZI ist in den 1960er Jahren als Konzept für die Leitung von Gruppen entwickelt worden. Die Berliner Psychoanalytikerin Ruth Cohn hat die Grundlagen der TZI geschaffen. Sie lebte lange in den USA im Exil und ließ sich von dem dort herrschenden innovativen Klima in der therapeutischen Szene inspirieren. Ihr Hauptanliegen war jedoch weniger die therapeutische Arbeit als vielmehr die Frage, wie man in der Arbeit mit Gruppen verschiedene Ziele miteinander vereinen kann: die persönliche Entwicklung des Einzelnen, eine gute Kooperation als Gruppe, eine fruchtbare Bearbeitung von Sachfragen und Themen sowie einen verantwortlichen Umgang mit der eigenen Umwelt. Sie widmete sich als eine der Ersten intensiv sowohl experimentell als auch theoretisch der Frage, was Gruppenleiter/-innen tun können, um lebendige Lern- und Arbeitsprozesse zu ermöglichen. Vieles, was heute, z. B. im methodischen Setting, oft selbstverständlich ist, hat in der TZI ihren Ursprung. Bis heute ist die TZI im Bereich der Gruppenleitung das führende Konzept.

Was macht das Modell nun aus *(s. Grün)*[1]? Der Name Themenzentrierte Interaktion verweist auf das Spezifikum dieses Modells: Die Arbeit an der Sache, verdichtet in einem ausformulierten Thema, steht im Mittelpunkt und ist Ausgangspunkt für die Interaktion der Gruppe. Ein gut gewähltes *Thema* spricht die Einzelnen der Gruppe so an, dass alle wissen, wovon geredet wird, innere Bilder und Bezüge entstehen können und jede/-r Einzelne sich einbringen kann. Es ist das zentrale Leitungselement, um die inhaltliche Arbeit, den Gruppenprozess sowie den Einzelnen in seiner Entwicklung zu fördern *(s. Kügler; Bücking)*.

Damit dies gut gelingen kann, ist ein Wissen um *Gruppenprozesse,* verschiedene Phasen in der Gruppenarbeit, Rollen von Einzelnen, Entwicklungspotentiale und -klippen hilfreich *(s. A. Rubner u. E. Rubner; Raguse).* Gelingt es einer Gruppe

---

[1] Wird im Text so wie hier auf einen Autor/eine Autorin in kursiver Schrift ohne Angabe einer Jahreszahl verwiesen, befindet sich der entsprechende Artikel in diesem Band. Dort sind nähere Erläuterungen zu dem im Text angesprochenen Themenfeld zu finden.

nicht, in einen guten Arbeitsprozess miteinander zu kommen, liegt dies selten an der verhandelten Sache selbst. Oft sind Schwierigkeiten und Konflikte auf persönlicher Ebene ursächlich für Probleme bei Arbeits- und Lernprozessen. Beherrschen beispielsweise Angst, Ärger, Ablehnung oder verdeckte Konflikte das Klima der Gruppe, kann thematische Arbeit nicht wirklich gelingen.

In der TZI wird aufgezeigt, wie Struktur, ein gelingender Arbeitsprozess und Vertrauen sich gegenseitig bedingen. Die *Struktursetzung* ist dabei eine wichtige Aufgabe der Leitungsverantwortlichen *(s. Kroeger, Selbstsupervision; E. Stollberg u. Härle).* Die Entscheidung, in welcher Struktur und mit welcher Methode zu einem bestimmten Zeitpunkt in einer Gruppe gearbeitet wird, hat großen Einfluss auf die Arbeit als solche, z. B. auf die Möglichkeit der Einzelnen, sich aktiv mit ihren Ideen und Vorstellungen einzubringen, Vertrauen zu anderen aufzubauen, Konflikte offen anzusprechen und gemeinsam mit den anderen Lösungen zu finden. Mittel der Struktursetzung sind z. B. die Gruppengröße (Plenum, Halb- oder Kleingruppe, Einzelarbeit), der Einsatz von Methoden (Blitzlicht, kreative oder erlebnisorientierte Techniken, Übungen / Aufgaben, Plenumsdiskussion etc.) und die Themensetzung (das Gefühl oder den Intellekt ansprechend, an Bekanntem anknüpfend oder Neuland betretend etc.). Gibt die Leitung zu wenig, zu viel oder unpassende Strukturen vor, wird die Gruppe in ihrer Arbeit behindert. Dies erkennt man z. B. daran, dass die gemeinsame Arbeit als chaotisch erlebt wird, Einzelne oder die Gruppe passiv oder desinteressiert wirken, starke negative Gefühle dominieren und man inhaltlich nicht vorankommt, der Arbeitsprozess stagniert.

Die TZI ist in der Humanistischen Psychologie beheimatet, die sich von ihrer Anthropologie her als »dritte Kraft« neben Psychoanalyse und Verhaltenstherapie versteht. Seinen Niederschlag findet dieser Humanismus vorwiegend in den Axiomen und Postulaten der TZI.

Viele Organisationen, die mit Menschen arbeiten, stützen sich heutzutage auf einen ethischen Kodex, in dem orientierende Leitvorstellungen formuliert und daraus resultierende Verhaltensregeln festgehalten werden. Ruth Cohn hatte schon deutlich vor diesem Trend die Notwendigkeit erkannt, dass pädagogisches Handeln an orientierende, wertgebundene Vorstellungen geknüpft sein muss, um Missbrauch zu verhindern. Deshalb waren ihr die der TZI-Praxis zugrunde liegenden drei Annahmen, die sogenannten *Axiome,* als Orientierung für das eigene Handeln sehr wichtig *(s. Zitterbarth):*

1. Axiom (existentiell-anthropologisch): Der Mensch ist eine psycho-biologische Einheit und ein Teil des Universums. Er ist darum gleichermaßen autonom und interdependent. Die Autonomie des Einzelnen ist umso größer, je mehr er sich seiner Interdependenz mit allen und allem bewusst wird.
2. Axiom (ethisch): Ehrfurcht gebührt allem Lebendigen und seinem Wachstum.

Respekt vor dem Wachstum bedingt bewertende Entscheidungen. Das Humane ist wertvoll, Inhumanes wertbedrohend.

3. Axiom (pragmatisch-politisch): Freie Entscheidung geschieht innerhalb bedingender innerer und äußerer Grenzen. Erweiterung dieser Grenzen ist möglich. Unser Maß an Freiheit ist größer, wenn wir gesund, intelligent, materiell gesichert und geistig gereift sind, als wenn wir krank, beschränkt oder arm sind und unter Gewalt und mangelnder Reife leiden. Das Bewusstsein unserer universellen Interdependenz ist die Grundlage humaner Verantwortung.

Auf der Grundlage dieser Axiome haben sich zwei Folgerungen für die praktische Umsetzung ergeben, die sogenannten *Postulate,* die auch jenseits des TZI-Modells in der Arbeit mit Gruppen weite Verbreitung gefunden haben.

»Sei deine eigene Chairperson« nutzt das Bild des Verhandlungsführers/der Verhandlungsführerin. Jede/-r muss im Alltag die verschiedenen eigenen Interessen, die Interessen anderer und die der (Um-)Welt abwägen und auf der Basis dieses inneren Abwägungsprozesses, sozusagen einer Verhandlung mit sich selbst, bewusste und verantwortliche Entscheidungen treffen. Die TZI nimmt für sich in Anspruch, mit ihrem Modell Menschen in ihrer Selbstbestimmung, ihrem Selbst-Bewusstsein und ihrer Bereitschaft, Verantwortung für sich, andere und die Sache zu übernehmen, zu unterstützen *(s. Cohn).* Anders als in manch anderen Konzepten steht hier die Balance zwischen dem Selbst, den anderen und den gegebenen Notwendigkeiten im Vordergrund. Damit will die TZI so etwas wie im positivsten Sinne demokratisches Handeln unterstützen *(s. Modesto).*

»Störungen nehmen sich Vorrang«. Viele Menschen, die Gruppen leiten, fürchten sich genau davor: dass es zu Störungen kommen könnte, die die Arbeit behindern. Das sogenannte Störungspostulat bringt unmissverständlich zum Ausdruck, dass Arbeits- und Lernprozesse störanfällig sind und dass Störungen sich ihren Raum nehmen. Manche werden stutzen, weil sie dieses Postulat als »Störungen haben Vorrang« kennen. Ruth Cohn hat nach ihrer Emigration in die USA in Englisch geschrieben und bewusst das Wort »take« gewählt. Denn es geht nicht darum, dass Störungen immer, sobald sie auftreten, zum Thema gemacht werden müssen, sondern darum, dass Störungen, seien sie in der Person, in der Sache, im Zwischenmenschlichen oder in der Umwelt begründet, Menschen davon abhalten können, sich dem gemeinsamen Gegenstand mit voller Aufmerksamkeit zu widmen (s. zum Störungspostulat *Kroeger).* Dies verändert den Blick auf das, was gemeinhin mit Störungen verbunden wird. Die TZI hat einen durchweg positiven Störungsbegriff, denn Störungen (z. B. Widerstand, Unkonzentriertheit, heftige Gefühle) helfen der Leitung und der Gruppe bei der Analyse, was gerade nicht gut läuft bzw. gerade nicht passt. Sie helfen beim Finden einer Entscheidung, was man anders machen

könnte, damit die gemeinsame Arbeit besser gelingt. Grundlage dafür ist ein huma-nistisches Menschenbild, das davon ausgeht, dass Menschen gute Gründe haben, warum sie gerade im Moment anderes tun als von ihnen erwartet. Auch dies ist ein spezifisches Merkmal der TZI.

Ein zentrales Element der TZI ist das *Vier-Faktoren-Modell,* dargestellt als Drei-eck im Kreis (s. Abbildung 1). Es geht von der Gleichwertigkeit der vier Faktoren aus, die die Arbeit einer Gruppe bestimmen: jede/-r einzelne Gruppenteilneh-mer/-in inklusive der Leitungsverantwortlichen (ICH), die Gruppe als Gesamtheit (WIR), die Aufgabe/die Sache, derentwegen Menschen zusammenkommen (ES), sowie die Beachtung der (Rahmen-)Bedingungen der Einzelnen, der Gruppe und der Sache (GLOBE; *s. D. Stollberg,* Globe). Gelingt es, alle vier Faktoren in der Arbeit zu berücksichtigen und auszubalancieren, fördert dies Prozesse des *lebendigen Lernens* und gelingender gemeinsamer Arbeit. Kommen einzelne Faktoren in der Arbeit zu kurz, leidet über kurz oder lang auch die inhaltliche Arbeit darunter, weil z. B. die Motivation und Beteiligung Einzelner abfällt, Streitigkeiten in der Gruppe zunehmen und angestrebte Ziele nicht erreicht werden können. Der Charme die-ses einfach anmutenden Modells liegt darin, dass durch das Vier-Faktoren-Modell die ungeheure Komplexität von Prozessen in Gruppen zunächst reduziert, dadurch überschaubar und einer systematischen Analyse zugänglich gemacht wird. Die am Vier-Faktoren-Modell orientierte Analyse ist die Grundlage, auf der Leitungsverant-wortliche strukturelle und methodische Entscheidungen treffen sowie passende Interventionen zur Beeinflussung des Prozesses entwickeln können. Dieses Grund-modell ist weiterentwickelt worden und wird in vielfältigem beruflichem Kontext erprobt und eingesetzt *(s. Lotz; Lotz u. Maierhof; Kroeger).*

Der Leitung kommt dabei die Aufgabe der *dynamischen Balance* dieser Fakto-ren zu. Durch entsprechende Struktursetzung kann sie einzelne Faktoren stärker gewichten und so für eine ausgewogene Berücksichtigung persönlicher, gruppen-dynamischer, sachorientierter und umweltbedingter Aspekte sorgen bzw. eingreifen, wenn es zu Störungen kommt, die mit der Überbetonung oder Vernachlässigung einzelner Faktoren zu tun haben. Das Anstreben einer dynamischen Balance zwi-schen verschiedenen Anforderungen und Faktoren ist ein zentrales Anliegen der TZI.

Ein weiteres charakteristisches Merkmal der TZI ist die Vorstellung davon, wie sich ein Leiter/eine Leiterin in den Arbeits- und Gruppenprozess einbringen sollte. Angestrebt ist die *partizipierende Leitung,* die sich deutlich von autoritären Leitungskonzepten unterscheidet. Durch die Art und Weise, wie sich Leitungsver-antwortliche in den Prozess einbringen, handeln sie als »role model« und nehmen so Einfluss auf das Geschehen. Indem sie eigene Gefühle, Assoziationen, Wün-sche und Impulse wahrnehmen und diese partiell und bewusst ausgewählt auch in die Gruppe einbringen, entwickelt sich ein Leitungsstil, der sich grundlegend von

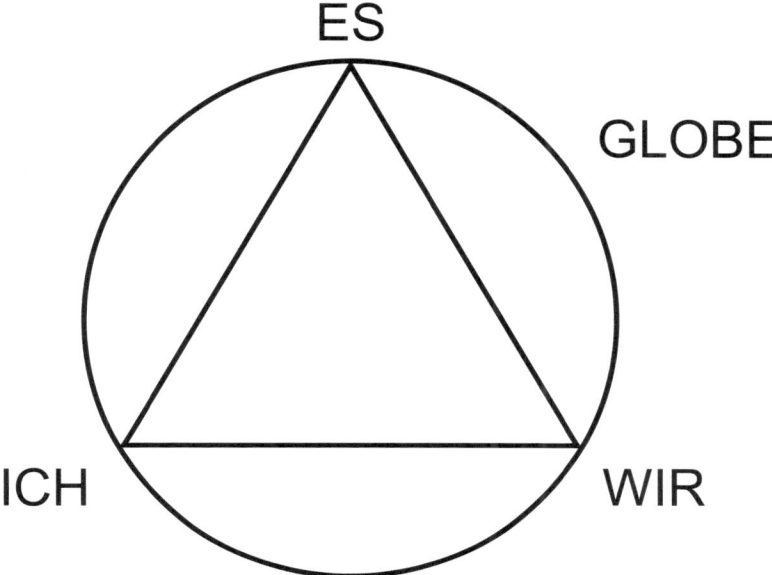

Abbildung 1: Das Vier-Faktoren-Modell der TZI, dargestellt als Dreieck in dem Kreis

anderen Konzepten, z. B. dem systemischen Ansatz, unterscheidet *(s. Reiser).* Eine Gruppe gemäß der TZI Leitende begegnen den anderen Gruppenteilnehmenden auf Augenhöhe und sind bestrebt, ihre Leitungsmacht und -verantwortung zu mindern *(s. D. Stollberg, Leitung; Modesto).*

Die Berücksichtigung und bewusste Gestaltung verschiedener Phasen in der Entwicklung einer Gruppe sind wichtiger Bestandteil des Leitungshandelns *(E. Stollberg u. Härle; A. Rubner u. E. Rubner).* Beim Blick auf notwendige Leitungsinterventionen am Ende einer Gruppe wird die Idee der TZI deutlich, dass, anders als z. B. in der Psychoanalyse, die Einzelnen in ihrer Chairperson und in ihrer persönlichen Entwicklung am besten da gefördert werden können, wo sich Menschen seit ihrer Geburt am meisten aufhalten und was sie am meisten prägt: in Gruppen.

I Zugänge zur TZI finden

Hartmut Grün

9 relevante Aspekte der TZI[1]

Ein TZI-Kompass für »Ortsfremde«

Wer zum Einstieg das Modell der TZI in komprimierter Form erfahren will, kann sich mit den neun Aspekten der TZI ein Bild vom Gesamtkonzept machen: TZI – ein Modell für lebendiges Lernen und Arbeiten, das die Selbstverantwortung fördert. Hartmut Grüns praxisbezogene Erklärungen ermöglichen auch Menschen aus den Berufsbereichen der Industrie und Wirtschaft, die vielleicht kein pädagogisch-psychologisches Vorwissen haben, Zugang zu humanistischen Sichtweisen. Mit diesem Text lässt sich die häufig gestellte Frage »TZI – was ist das eigentlich?« leichter beantworten.

Vorbemerkung

Vor dem Abdruck dieses Artikels bat ich einige TZI-Laien, mir ihren Eindruck zu schildern. Die Rückmeldungen waren durchweg positiv. Die Leser/-innen erwähnten in ihren Aussagen, dass sie nun eine Vorstellung darüber gewonnen hätten, wie ein TZI-Kurs verlaufen könne. Das hat mich ermutigt, den Artikel zu veröffentlichen, um von einer breiteren Leserschaft – insbesondere aus dem Kolleg(inn)enkreis »TZI und Wirtschaft« – Feedback und praktische Anregungen zu erhalten.

Persönliche Ausgangssituation

In meiner Berufspraxis als Erwachsenenbildner und Trainer fällt in Kontraktgesprächen mit meinen potentiellen Auftraggebern irgendwann das Wort »TZI«. Ich warte dann auf eine erste Reaktion und bin erleichtert, wenn mein Gegenüber – möglicherweise aus eigener Erfahrung – weiß, wovon ich spreche. Dieses

---

1   Aus: Themenzentrierte Interaktion, 1997, 2, S. 49–56.

Glück habe ich allerdings selten. In den Vorgesprächen werde ich häufig mit folgenden Fragen konfrontiert:

- Was ist eigentlich TZI?
- Was ist das Spezifische daran?
- Warum ausgerechnet TZI?
- Was spricht für das Modell?
- Was hat TZI mit anderen Ansätzen gemeinsam?
- Wovon grenzt sich TZI ab?

Meine dann einsetzenden Bemühungen, TZI theoretisch zu erklären, schlugen meist fehl. Die ungläubigen Augen meiner Gesprächspartner/-innen verrieten mir, dass ich mich entweder zu ausschweifend im Detail verloren habe oder in der Darstellung von »Allgemeinplätzchen« steckengeblieben bin. Das Aufschreiben der für mich relevanten Aspekte der TZI ergab zunächst eine lose Auflistung von theoretischen Merkmalen und erfahrungsbezogenen Aussagen über das Modell. Es fehlte aber immer noch eine wertende Information über die Gewichtung. In meinem Bemühen nach einer übersichtlichen Strukturierung stieß ich wiederholt auf die bekannte Cohn'sche Abstufung »Axiome« – »Postulate« – »Hilfsregeln«, die schließlich ihren Sinn hat. Dies ist *eine* wesentliche Orientierungshilfe; allein dadurch wird die TZI für »Ortsfremde« aber noch nicht gänzlich vorstellbar. Ich kam zu folgendem Ergebnis: Meines Erachtens besteht das Spezifische von TZI gar nicht in Form von einzelnen, durchaus hervorhebenswürdigen Aspekten, sondern nur in der Gesamtheit seiner Teile. Darin ist TZI jedenfalls einmalig. Der Vollständigkeit halber möchte ich noch darauf hinweisen, dass nicht alles, was TZI beinhaltet, auch unbedingt TZI-spezifisch sein muss. Nur ein Beispiel: Die Förderung der Selbst- und Fremdwahrnehmung findet man in nahezu allen anderen verwandten Ansätzen wieder.

1. TZI ist ein Gruppen-Modell

Die Themenzentrierte Interaktion (TZI) nach Ruth C. Cohn wurde konzipiert für das Lernen und Arbeiten in Gruppen. Ruth Cohns Idee, wesentliche Erkenntnisse und Erfahrungen aus der tiefenpsychologisch orientierten therapeutischen Einzelarbeit auf nichttherapeutische Gruppen zu übertragen, ist unter dem zusätzlichen Einfluss verschiedener Strömungen aus der humanistischen Psychologie zu einem eigenständigen Modell für das Lernen und Arbeiten in Gruppen geworden. Dennoch ist TZI keine neue Form der Gruppentherapie, obwohl therapeutische Effekte durchaus auftreten können. Therapeutische Interventionen dienen primär zur (Wieder-)Herstellung bzw. zum Erhalt der Arbeitsfähigkeit; denn im Unterschied zur Therapie ist das primäre Anliegen einer TZI-Gruppe die Arbeit an einer gemeinsamen Sachaufgabe.

Die Frage, die sich für Ruth Cohn daraus ergab, war: Wie können Menschen, die sich in Gruppen mit einer Aufgabe beschäftigen, dazu angeleitet werden, sich selbst, die anderen und die Sache im Rahmen der umgebenden Realität gleichermaßen ernst zu nehmen, ohne dass einer dieser Faktoren darunter leiden muss; denn alle Faktoren sind ihrer Meinung nach für das Funktionieren einer Gruppe gleich wichtig (s. Abbildung 2).

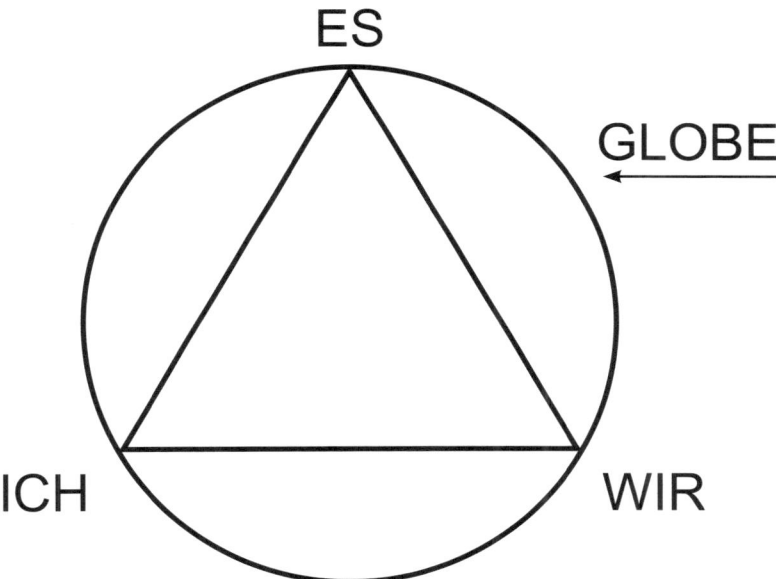

Abbildung 2: Das Modell der Themen-Zentrierten Interaktion (TZI)

Von rein sachorientierten Gruppen unterscheidet sich eine TZI-Gruppe dadurch, dass sich im Modellfall aus der Zusammenkunft von einzelnen Menschen (ICH) eine arbeitsfähige Gruppe (WIR) entwickelt, die eine gemeinsame Sache (ES) bearbeitet und dabei Umfeldeinflüsse (GLOBE) konstruktiv in den Arbeitsprozess integriert. Entscheidend dabei ist, dass diese drei Eckpole (ES, ICH, WIR) und der dazugehörige GLOBE prinzipiell gleichgewichtig sind und zwischen diesen Polen eine dynamische Balance angestrebt wird.

2. TZI ist ein dynamisches Modell

Das Ziel der Gleichgewichtsherstellung zwischen ICH, WIR, ES und GLOBE ist ein entscheidendes Kennzeichen der TZI. Ich bin wichtig, du bist wichtig, die Sache ist wichtig, und die Welt, in der wir leben, ist wichtig. »*Die Anerkennung und Förderung der Gleichgewichtigkeit der ICH-WIR-ES-Faktoren im GLOBE ist die Basis der TZI-Gruppenarbeit und -leitung*« (Cohn u. Farau, 1984, S. 353).

Zur Aufgabe der Leitung gehört, das Thema zu erspüren, das dem aktuellen Stand des Gruppenprozesses entspricht, und es – verbunden mit einer geeigneten Methode und einer angemessenen Struktur (z. B. Kleingruppenarbeit, Plenum, Paargespräche) – zur Bearbeitung anzubieten, damit sich die Gruppe in ihrem gemeinsamen Lernprozess weiterentwickeln kann. Das Thema hat seinen Schwerpunkt – je nach Situation – in einem der drei Pole (ICH, WIR, ES) bzw. im GLOBE und steht für eine bestimmte Zeit (in »klassischen« TZI-Gruppen sind das neunzig Minuten) im Zentrum einer gemeinsamen Bearbeitung; daher »themenzentrierte« Interaktion. Die Einführung in ein Thema zu Beginn einer Sitzung und die Kunst der gelungenen Themenformulierung gehören zum Handwerkszeug des Gruppenleitens. Beispielhaft nenne ich vier Themen – entsprechend der verschiedenen Schwerpunkte – aus einem von mir geleiteten Teamentwicklungs-Workshop:

ICH-Thema: *Mit welchen Gefühlen bin ich angereist? Was geht mir im Moment noch durch Kopf und Bauch?*

WIR-Thema: *Wir treten in Kontakt mit anderen und tauschen uns aus: Was verbindet uns? – Was trennt uns?*

ES-Thema: *Unsere Abteilung soll effizienter werden. – Wir sammeln Vorschläge zur Verbesserung des Arbeitsablaufes.*

GLOBE-Thema: *Gerüchte über eine drohende Schließung unseres Werkes überschatten unsere Arbeit. Wie wirkt sich das auf mich und meine Arbeit aus und wie kann ich ihnen begegnen?*

Dynamik impliziert Flexibilität in Bezug auf Planung, Interesse und Offenheit für den laufenden Prozess. Jede Sitzung und das dazugehörige Thema passen im Idealfall zum laufenden Gruppenprozess. Das Ausbalancieren der Eckpunkte und des GLOBES macht es daher für die Leitung erforderlich, sich die notwendige eigene Beweglichkeit und Offenheit für den Prozess bewusst zu machen.

3. TZI ist ein Leitungs-Modell

Unter dem Fachverband von WILL-International (**W**orkshop **I**nstitut for **L**iving-**L**earning, heute Ruth Cohn Institute – International) lernen TZI-Ausbildungskandidaten und -kandidatinnen das Leiten von Gruppen. In den Ausbildungskursen werden die für Leitung relevanten Aspekte thematisiert. Unabhängig davon verkörpern die Leiter/-innen der Gruppen das Leitungs-modell der TZI durch das eigene Vorleben. Er/sie leitet sich selbst in Form seiner/ihrer eigenen »Chairperson« und leitet die Gruppenmitglieder an, diese Haltung für sich selbst zu übernehmen.

Leiter/-innen von TZI-Gruppen sind partizipierende Leiter/-innen. Sie sind Teilnehmer/-innen mit zusätzlichen Leitungsaufgaben. In dieser Rolle als Modellpartizipanten und -partizipantinnen verhalten sie sich (selektiv) authentisch. Ihr Auftreten ist echt und ehrlich, obwohl nicht alle Gedanken und Gefühle mitgeteilt werden (sollten). Mit anderen Worten lautet die Anforderung: *Sage immer die Wahrheit, aber sage die Wahrheit nicht immer.*

Im fortgeschrittenen Gruppenverlauf tritt die Leitung für eine begrenzte Zeit spürbar in den Hintergrund, weil die Teilnehmer/-innen sich inzwischen zunehmend selbst leiten.

Jede Leitung löst bei den Teilnehmern und Teilnehmerinnen individuelle Gefühls- und Handlungsreaktionen aus. Durch deren aufmerksame Wahr-nehmung und kritische Reflexion eröffnen sich neue Perspektiven für den eigenen Lerntransfer; denn Ausbildungskandidaten, -kandidatinnen und Führungskräfte aus der Wirtschaft, die das authentische Leitungsmodell der TZI erleben, können dadurch selbst allmählich ihr eigenes Leitungskonzept entwickeln und auf ihre Berufspraxis übertragen.

4. TZI ist ein humanistisches Modell

Aus den tiefenpsychologischen Wurzeln der TZI haben sich inzwischen längst starke Zweige gebildet, die ihr Wachstum Vertretern der humanistischen Psycho-logie verdanken. Durch die damit verbundene Methodenvielfalt gerät der Blick für das Wesentliche manchmal aus dem Auge.

TZI ist kein Methodenwerk. Das Modellhafte an der TZI ist nicht die Methode, sondern das Humane, und das Humane drückt sich in der inneren Haltung gegenüber den Menschen aus. Ruth Cohn hat mit der Formulierung von – zwar empirisch nicht beweisbaren, aber dennoch grundlegenden – anthropologischen Annahmen über den Menschen (systemimmanente Axiome) ihre Achtung und ihren Respekt gegenüber allem Leben ausgedrückt. »*Ehrfurcht gehört allem Lebendigen und seinem Wachstum. Respekt vor dem Wachstum bedingt bewertende Entscheidungen. Das Humane ist wertvoll. Inhumanes ist wertbedrohend*« (1983, S. 120).

In der TZI-Praxis zeigt sich diese Haltung nicht nur durch den gelebten Respekt und die vermittelte wechselseitige Wertschätzung, sondern auch durch ein grundlegendes Vertrauen in das menschliche Potential. Diese Zuversicht in Bezug auf schlummernde, ungeahnte Ressourcen eröffnet Menschen neue Handlungsperspektiven und Wachstumsmöglichkeiten.

5. TZI ist ein ganzheitliches Modell

Mit der Forderung einer ganzheitlichen Betrachtung des Menschen knüpft die TZI an gute pädagogische Traditionen an. In der TZI-Praxis wird der ganzheitliche Ansatz in einem dem Gruppenprozess angepassten Thema und der dazugehörigen methodischen Struktur deutlich. ES-Themen sprechen stärker den Kopf an; ICH-Themen konzentrieren sich auf den Bauch und WIR-Themen haben meist auch einen körperlichen Aspekt. Zusätzlich werden in Gruppen häufig die verschiedensten Körperübungen zur Vorbereitung und Begleitung eines im Zentrum stehenden Themas bzw. zur Entspannung nach sehr kopflastiger Arbeit eingesetzt. Kognitiv-rationale, emotionale und körperorientierte Aspekte stehen im Idealfall ebenfalls in einem flexiblen Gleichgewicht. In Bezug auf diesen ganzheitlichen Ansatz ist TZI somit ebenfalls ein dynamisches Modell.

6. TZI ist ein Modell zur Förderung der Selbstverantwortung

Eine grundlegende Annahme (Axiom) Ruth Cohns über den Menschen *lautet:* »*Er ist […] autonom und interdependent. Autonomie (Eigenständigkeit) wächst mit dem Bewusstsein der Interdependenz […] Freie Entscheidung geschieht innerhalb bedingender innerer und äußerer Grenzen. Erweiterung dieser Grenzen ist möglich*« (Cohn, 1983, S. 120). Ich versuche die Bedeutung dieser sehr theoretisch anmutenden Aussagen über die Selbstverantwortung des Menschen mit einem Beispiel aus dem Fußballsport zu veranschaulichen:

1. Aussage: Der Mensch ist autonom und interdependent. Freie Entscheidung wächst mit dem Bewusstsein der Interdependenz; d. h., ein Fußballspieler ist gewohnt, innerhalb eines bestimmten Raumes auf dem Spielfeld zu agieren. Seine Aktionen bestimmt er zwar selbst; andererseits ist er von seinen Mit- und

Gegenspielern abhängig. Je bewusster ihm wird, dass zwischen den Spielern, Zuschauern und dem gesamten Umfeld eine Wechselwirkung besteht, desto stärker wird er seine eigenen Einflussmöglichkeiten auf das Spielgeschehen nutzen können.

2. Aussage: Freie Entscheidung geschieht innerhalb bedingender innerer und äußerer Grenzen; d. h., irgendwann fehlt ihm z. B. die Kondition für lange Spurts; der Trainer hat ihn angewiesen, nicht über die Mittellinie zu gehen; seine Mitspieler greifen seine Spielideen nicht auf.

3. Aussage: Erweiterung dieser Grenzen ist möglich; d. h., der Fußballer kann durch Training seine Kondition verbessern. Er kann die Anweisung des Trainers ignorieren und seinen Aktionsradius verlassen oder mit ihm eine neue Taktik vereinbaren. Er kann seine Mitspieler ansprechen bzw. auf deren Ideen eingehen.

Aus den Axiomen leitet Ruth Cohn Forderungen (Postulate) ab: »*Sei dein eigener Chairman*« – »*Störungen haben Vorrang.* (Ohne ihre Lösung wird Wachstum erschwert oder verhindert.)« In dem Chairperson-Postulat steckt die Aufforderung zur Selbstverantwortung (Cohn, 1983, S. 120 f.).

Das Chairperson-Postulat möchte ich – um im Bild des Fußballs zu bleiben – am Beispiel eines Strafstoßes veranschaulichen. Unser Spieler wird von seinen Mitspielern bedrängt, einen »Elfer« zu schießen. Er traut es sich zwar nicht zu, will aber seine Mannschaft nicht enttäuschen und gibt dem Drängen nach. Er verschießt und macht den anderen Spielern Vorwürfe, weil sie es ja so gewollt hätten. Sich seiner Chairperson bewusst zu werden, hätte in diesem Fall bewirkt, dass der Spieler zunächst innerlich zwischen den Erwartungen der Mannschaft und seinem eigenen Selbstvertrauen abgewogen und seinen Entschluss – z. B. nicht zu schießen – klar mitgeteilt hätte. Er hat die Wahl. Wie auch immer er sich entscheidet, er trägt für sein Handeln und auch sein Nicht-Handeln die Verantwortung.

Störungen haben Vorrang. Scherben auf dem Fußballfeld müssen zuerst weggeräumt werden, sonst können sie zu Verletzungen führen. Dies erscheint einsichtig. Innere Störungen (z. B. Irritationen, unterdrückter Ärger) werden hingegen oft weniger ernst genommen. Im Falle unseres Spielers wäre eine innere Störung z. B. ein latentes Gefühl, vom Spielgeschehen ausgeschlossen zu werden. Er phantasiert, dass seine Mitspieler ihn beim Zuspiel deshalb gemieden hätten, weil sie ihm nicht viel zutrauten. Das führt dazu, dass er sich bei dem fälligen Strafstoß sehr unsicher fühlt und ihn verschießt. Spätestens in der Halbzeitpause ist Zeit, dieses Gefühl auszusprechen. Die Mannschaft kann daraufhin reagieren; der Trainer hat die Möglichkeit, ihn auszuwechseln oder neu zu motivieren.

7. TZI ist ein Modell zur Stärkung der Selbst- und Fremdwahrnehmung

Die Selbst- und Fremdwahrnehmung wird in TZI-geleiteten Kursen generell durch die darin angebotenen Selbsterfahrungsmöglichkeiten und Feedback-Begegnungen gestärkt. Im engeren Sinne ist sie aber im Zusammenhang mit dem »Chairperson-Postulat« Ruth Cohns verknüpft. *»Sei dir deiner inneren Gegebenheiten und deiner Umwelt bewusst. Nimm jede Situation als Angebot für deine Entscheidung«* (Cohn, 1983, S. 121). Durch diese Forderung sensibilisieren die TZI und das vorgelebte Leitungs-Modell für eine tiefer gehende Selbst- und Fremdwahrnehmung. Das gelernte Umgehen mit dem Störungspostulat in Form eines inneren Dialogs ist ein weiteres Instrumentarium zur klareren Selbst- und Fremdwahrnehmung. *Die lange Diskussion nervt mich. – Fühle ich mich durch mein Unbehagen wirklich gestört? – Ist diese Störung so groß, dass ich innerlich nicht mehr dabei sein kann? – Wie geht es anderen? – Kann und will ich es verantworten, dass ich dadurch die Gruppe in ihrem Fluss unterbreche? – Wie entscheide ich mich?*

Sich selbst und andere zu leiten setzt voraus, sich selbst und andere wahrzunehmen.

8. TZI ist ein Modell für lebendiges, motiviertes Lernen und Arbeiten

In den Auswertungsgesprächen meiner Firmenseminare erwähnen die Teilnehmer/-innen häufig die lockere Atmosphäre, in der abwechslungsreich und praxisorientiert miteinander gearbeitet werden konnte. Sie fühlten sich persönlich und inhaltlich gestärkt; die Zeit sei wie im Flug vorübergezogen. Diese und ähnliche Aussagen weisen darauf hin, dass hier ein »lebendiges Lernen« stattgefunden hat. Wenn es gelingt, zwischen den Bedürfnissen der einzelnen Teilnehmer/-innen (ICH), dem Netzgeflecht innerhalb der Gruppe (WIR), der Sachaufgabe (ES) und dem Umfeld (GLOBE) ein dynamisches Gleichgewicht herzustellen, sind die Voraussetzungen für ein lebendiges Lernen geschaffen.

Lebendiges Lernen motiviert zum Weiterlernen. Motivation kann zwar auch zum Gegenstand der Betrachtung gemacht werden; vor allem ist sie aber in TZI-Kursen eine lebendige (Selbst-)Erfahrung. Die Frage vieler Führungskräfte, Lehrer/-innen, Erwachsenenbildner/-innen und Trainer/-innen: *»Wie motiviere ich andere?«*, erledigt sich dadurch fast von selbst, wenn sich Teilnehmer/-innen im Seminar bewusst machen, welche Voraussetzungen hier geschaffen wurden, dass sie einen Zugang zu ihren eigenen Ressourcen gefunden haben und dadurch selbst so hoch motiviert waren.

9. TZI ist ein Modell für die Kommunikation in Gruppen

Zur TZI gehören auch Kommunikationsregeln: »*Sprich per Ich! – Seitengespräche haben Vorrang*«. Doch Ruth Cohn hat zu Recht darauf hingewiesen, dass Regeln Hilfestellungen sind und der Verwirklichung der Postulate dienen. »*Ihre Verabsolutierung ist Missbrauch und dient dem Geist, den sie bekämpfen wollen*« (1983, S. 128). TZI-Arbeit ist – vorausgesetzt, die humanistische Wertehaltung und die daraus abgeleiteten Postulate sind in einer Gruppe deutlich spürbar – ein übertragbares Modell für jede zwischenmenschliche Kommunikation.

Im idealen Falle herrscht in TZI-Gruppen ein reger und ständiger Austausch; Menschen halten inne und sprechen darüber, wie sie in ihrem Lern- und Arbeitsprozess vorangekommen sind und was sie in ihrer Arbeit hindert (Metakommunikation). Ziele und Themen sind transparent; Nachfragen ist erwünscht. Die Teilnehmer/-innen hören einander zu. Die Diskussion springt nicht ständig von einer Idee auf die nächste. Es gibt durchaus Meinungsverschiedenheiten; Konflikte werden akzeptiert, angesprochen und vorrangig bearbeitet, abweichende Meinungen nicht unterdrückt. Grundlegende Meinungsverschiedenheiten werden als »jetzt nicht lösbar« toleriert. Entscheidungsfindungen werden gemeinsam, auf der Basis der Übereinstimmung getroffen; alle sind grundsätzlich damit einverstanden. Kritik wird offen und konstruktiv geäußert. Auch die Leitung wird in die Kritik miteinbezogen. Die Gruppenmitglieder äußern Eindrücke und Gefühle über die Arbeit in der Gruppe frei und ungezwungen.

Schlussbemerkung

Die Reduktion eines kompakten Systems auf neun Kernaussagen birgt zwangsläufig die Gefahr einer unzulässigen Vereinfachung. Dies ist mir wohl bewusst. Andererseits sucht der »Ortsfremde« auf einer Landkarte zunächst nur die groben Orientierungspunkte und die Hauptstraßen. Erst wenn er etwas heimischer geworden ist, macht er sich auf den Weg, die Nebenstraßen, Seitengässchen und Winkel zu erkunden. »Ortskundige« lade ich ein, noch ergänzende Hinweisschilder auf meiner »Landkarte« aufzustellen.

Einige Anregungen zum Austausch:

- Wie ist es mir beim Aufnehmen des Textes ergangen?
- Was ist dem Autor gelungen?
- Welche Aspekte fehlen in der Beschreibung?
- Wie sind meine eigenen Erfahrungen beim Erklären der TZI – insbesondere im Wirtschaftskontext?

Literatur

Cohn, R. (1983). Von der Psychoanalyse zur themenzentrierten Interaktion. Stuttgart: Klett-Cotta.
Cohn, R., Farau, A. (1984). Gelebte Geschichte der Psychotherapie. Zwei Perspektiven. Stuttgart: Klett-Cotta.

Ruth C. Cohn

Verantworte dein Tun und dein Lassen – persönlich und gesellschaftlich[1]

Offener Brief an Günter Hoppe

Der offene Brief von Ruth Cohn ist eine Reaktion auf einen Vorschlag Günter Hoppes (1993), das TZI-Konzept um ein Element zu erweitern. Der Anlass für Hoppes Vorschlag ist sein Entsetzen über inhumane gesellschaftliche Entwicklungen, wie z. B. das Zunehmen privater und öffentlicher Gewalt, sowie über die schädlichen Folgen, die diese Entwicklungen für das Selbsterleben des einzelnen Menschen haben. Die dem Humanismus verpflichtete TZI solle dem Rechnung tragen und in ihrem System aus Axiomen und Postulaten die Aufforderung zur aktiven Einmischung in gesellschaftliche und politische Belange fest verankern. Die drei der TZI zugrunde liegenden wertenden Annahmen – Ruth Cohn nennt sie *Axiome* (s. Einführung) – sind die Basis für das von der TZI angestrebte Verständnis der Arbeit mit Menschen. Die beiden sogenannten *Postulate,* das *Störungs-* und das *Chairperson*-Postulat, haben stärker auffordernden Charakter und geben praktische Hinweise für den Umgang mit sich selbst und anderen. Hoppe möchte den Aspekt der Verantwortung jedes Einzelnen für gesellschaftliche Entwicklungen im TZI-Konzept stärker betonen, indem er ein drittes Postulat formuliert: »Setz dich mit deiner äußeren Welt (deinem Globe) auseinander. Misch dich ein! Greif ein! Was du im Sinne der Humanisierung verändern kannst, verändere!« Ruth Cohns Antwort auf Hoppes Vorschlag macht deutlich, wie sie die Übernahme gesellschaftlicher Verantwortung und deren Verankerung im TZI-Konzept verstanden wissen möchte: als eine höchst persönliche Entscheidung, die nicht durch andere eingefordert werden kann. Sie gibt damit dem Postulat der Chairpersonship den Vorzug vor einer gesellschaftspolitischen Handlungsmaxime.

Lieber Günter!

Es ist leider schon einige Monate her, seit wir, Du, Helga Herrmann und ich, Deinen Entwurf für den Artikel »Misch dich ein« besprachen. Wir drei teilten damals, ebenso wie es auch heute noch wäre, unsere Sorgen über zunehmende

---

1   Aus: Themenzentrierte Interaktion, 1994, 2, S. 85–87.

Gewalttaten und individuellen, auch organisierten Terror. Die Frage ist, wie wir diesem Trend etwas entgegensetzen können, auch als TZI-ler, um Hoffnungs-strahlen aufzudecken, statt mit Resignation, Passivität oder Gegengewalt zu reagieren. Die Frage an jede und jeden von uns: Wie viel Zivilcourage habe ich? … hast du? Wann wären wir mit uns zufrieden über sinnvolle und nötige Reaktionen in einer von Gewalt gefährdeten Situation?

Helgas und meine Gefühle waren kongruent mit Deiner Leidenschaft: Wann können wir zusammen oder einzeln dazu beitragen, zu einer aktivierenden Wachheit zu kommen gegen den ethischen Mord, der die Basis ist für den Mord am Leben? Was tun gegen die Gleichgültigkeit, Passivität, Mutlosigkeit, die zu der immer stärker werdenden steinernen Mauer gegen die Erneuerung humaner Lebensweisen führt? Doch über das Wie waren Helga und ich nicht Deiner Meinung.

Durch ein von Dir erlebtes Beispiel verstanden wir, wie Du zu Deiner Idee gekommen warst, ein »Misch dich ein!« dem verbreiteten »Es nützt doch alles nichts« entgegenzustellen. Speziell WILL-Leute[2], die doch die humanistischen Ideen vertreten, müssten dem zustimmen! Nach diesem Gespräch veröffent-lichtest Du einen Artikel mit der Überschrift »Misch Dich ein, greif ein«. Du bist bei Deiner Idee, »ein drittes Postulat« zu fordern, geblieben, ebenso wie Helga und ich bei unserer Meinung, dass diese Aufforderung, quasi imperativ, unter bestimmten Umständen zu einer Hilfsregel verarbeitet werden könnte, aber nicht zu einem Postulat. Der Sinn eines Postulats liegt in seiner Allgemein-gültigkeit. Ein konkreter Imperativ ist nicht allgemeingültig.

In Deinen beiden Artikeln in der »Themenzentrierten Interaktion« (Hoppe, 1993) und im Buch »Zur Tat befreien« (Hoppe, 1994) hast Du ja deutlich in der Beschreibung, was mit dem Postulat gemeint ist, erklärt, dass es nur im Zusammenhang mit den humanen Werten, z. B. den TZI-Axiomen, ver-standen werden soll. Was jedoch jeweils haften bleibt, sind die Kurzworte dieses »Postulats«, das noch mehr geeignet ist, missverstanden zu werden, als das »Sei deine eigene Chairperson«. Die Axiome der TZI, uralt, doch systemisch neuzeit-lich zusammengefasst, sind Weg-weisend. Sie sind der existentielle und ethische Kompass für Menschenwürde und Lebenswürde. Die zwei Postulate (das Störungspostulat und das Chairperson-Postulat) weisen auf die Verwirklichung der Humanität durch Bewusstwerdung und Bewusstseinserweiterung hin. (Ich habe in frühen Veröffentlichungen oft von einem dritten Postulat gesprochen: »Nimm und gib, wie es deiner eigenen Verantwortlichkeit entspricht«. Ich habe

---

2   1966 gründete Ruth Cohn in New York das Workshop Institute for Living Learning (WILL).
     Seit 2003 wird TZI durch das Ruth Cohn Institute for TCI international vertreten.

dies dritte Postulat später ausgelassen, weil es im Chairperson-Postulat enthalten ist.)

Wenn jedoch, was ich jetzt nach Deinem Artikel auch annehme, dem Handeln, dem Tun in den TZI-Postulaten nicht genügend Inspiration zum Handeln gegeben ist, dann wäre vielleicht ein drittes Postulat denkbar, wie ich's im Titel dieses offenen Briefes geschrieben habe: »Verantworte dein Tun und dein Lassen – persönlich und gesellschaftlich«. In dieser Form wäre sowohl die Allgemeingültigkeit als auch die »Freiheit in bedingenden Grenzen« erhalten. Und dies wären Mindestforderungen für ein Postulat. Das Wie und das Was für mich, für Dich oder für irgendjemand darf nicht durch andere oder ein Postulat entschieden werden. Alle Menschen sind verschieden. Jede Person hat ihre eigene Art – je nach Fähigkeiten, Lebensalter und Situation – für die eigene Entscheidungsmöglichkeit. Und die Fakten, nach denen wir entscheiden, können uns bewusst werden von innen oder angeregt sein durch andere und anderes.

Es gibt Typen von Menschen, die mehr nach innen leben und doch sehr viel Wirkung nach außen haben, und andere, die sehr viel Außenwirkung haben und denen der Weg nach innen zu weit ist. Also jeder Menschentypus und jedes Lebensalter hat mehr oder minder gute Fähigkeiten und Antriebe, sich in seiner Art einzumischen, wobei das Feuer der Jüngsten und das Abkühlen der Ältesten sich vielleicht gegenseitig balancieren. Was jeder, jedem nottut, ist, dass er oder sie die Aufmerksamkeitsfähigkeit und mögliche Bewusstheit realitätsangemessen anerkennt.

Ich bin verantwortlich als Humanistin für meine Entscheidungen. Ich will auch Anregungen aufnehmen, die meinem Verantwortungssinn entsprechen oder ihn erhöhen. Im reifenden Leben ist auch die Möglichkeit, geschichtliches Geschehen, für das ich mitverantwortlich bin, zu erkennen und zu wählen, wozu ich fähig sein könnte im Sinne der Humanität. Wäre z. B. ein aktivistischer Mut für eine schwangere Frau, eine junge Mutter oder einen jungen Vater, einen Greis oder eine Greisin lebensfördernd für sie selbst oder andere, wenn sie sich in ein Handgemenge einmischten? Es gibt eine lebensfördernde Stille, meditativ oder beschaulich, es gibt eine Zeit, sich in eine wissenschaftliche Arbeit zu vertiefen, einem kranken Familienmitglied zu helfen, sich selbst zur Gesundheit zu führen etc. »Misch dich ein«, speziell zur Behinderung oder Verhinderung von Gewalt und Gewalttaten, ist, wie bei fast allen Rezepten, die zu Taten aufrufen, zumindest Frage-würdig. Wer sich von der Arbeit mit TZI überzeugt hat und danach zu leben versucht, glaubt an die Würde von Menschen und Natur.

Wie ein Er oder eine Sie lebt, muss dieser Mensch gemäß seiner Bewusstheit, seinen Werten, seiner Einsicht über die gesellschaftlichen Folgen individuell entscheiden. Nur in einer aktionistischen Gruppe, die sich bereits für ein politisches

Einmischen verpflichtet hat, könnte meiner Ansicht nach eine situative Hilfsregel, nicht aber ein allgemeines Postulat, stipuliert werden; und dann könnte es gelten: »Misch dich ein, greif ein«.

Jetzt, lieber Günter und liebe Lesende der Zeitschrift, habe ich mich eingemischt, vielleicht ein bisschen zu spät. Mich haben einige TZI-ler angesprochen, ob ich mit dem »dritten Postulat« einverstanden sei. Darauf habe ich des Öfteren geantwortet: »Nimm diese Worte als Koan, als einen zu enträtselnden Ausspruch, der dir die Verantwortlichkeit überlässt, mit ihm umzugehen. Lass dich irritieren oder inspirieren durch den Koan, bis die Lösung deine eigene ist.«

Ich freue mich, lieber Günter, dass wir um dieser Sache willen wieder einmal intensiven Kontakt gehabt haben und vielleicht noch haben werden. Und ich hoffe, dass es auf alle Fälle wirkungsvoll bei den Lesenden sein wird – wie auch immer!

Mit herzlichen Grüßen, Deine Ruth

Literatur

Hoppe, G. (1993). »Misch Dich ein! Greif ein!« Ein drittes Postulat für die TZI? Themenzentrierte Interaktion, 7 (2), 31–40.
Hoppe, G. (1994). »Mich Dich ein! Greif ein!« Ein drittes Postulat für die TZI? In C. Löhmer, R. Standhardt (Hrsg.), Zur Tat befreien. Gesellschaftspolitische Perspektiven der TZI-Gruppenarbeit (S. 65–76). Mainz: Grünewald.

Dietrich Stollberg

»Wer den Globe nicht kennt, den frisst er«[1]

Zur Bedeutung des Umfeldes in der themenzentriert-interaktionellen Arbeit[2]

Bei der Arbeit mit Gruppen gibt es viele Unwägbarkeiten. Oft genug erleben auch gut vorbereitete Lehrer/-innen, Projektleiter/-innen und Führungskräfte, dass die Unterrichtseinheit, die Sitzung oder der Workshop ganz anders verliefen als gedacht. Das *Vier-Faktoren-Modell* der TZI ist ein Instrument, das die Planung von Arbeits- und Lernprozessen mit Gruppen auf eine gute Basis stellen soll. Mit ihm kann man die Faktoren, die jegliches Gruppengeschehen beeinflussen, im Vorfeld systematisch analysieren. Auf Basis dieser Analyse entscheidet die Leitung, wie sie das Thema in der jeweiligen Gruppe aufbereitet, um einen möglichst guten Lern- oder Arbeitsprozess zu ermöglichen. Dietrich Stollberg widmet sich in seinem Artikel aus dem Jahr 2006 dem Faktor des Vier-Faktoren-Modells, der besonders missverständlich und vielschichtig ist, dem Globe. Ruth Cohn hat schon sehr früh erkannt, dass man die Arbeit mit Einzelnen und Gruppen nicht losgelöst von deren Umfeld betrachten kann, dass die thematische Arbeit immer auch von Einflüssen beherrscht wird, die über das hinausreichen, was man im jeweiligen Arbeitsumfeld sieht und erlebt. Welche Einflüsse im Faktor Globe gebündelt sind und wie man dieses Wissen für die Arbeit mit Gruppen nutzen kann, wird in Stollbergs Artikel erläutert.

Dieser Aufsatz entsteht, während man in Deutschland und anderswo der Befreiung des Konzentrationslagers Auschwitz gedenkt. In diesem Zusammenhang bekommt die Frage nach dem GLOBE ihr besonderes Gewicht und ihre ureigenste Bedeutung: »Ihre schmerzlichen Erfahrungen mit dem Nationalsozialismus waren für Ruth C. Cohn der Ausgangspunkt ihrer Suche nach einem Weg, um ›mitten im Grauen der Welt‹ etwas tun zu können. Pessimistisches Erkennen und optimistisches Wollen und Hoffen sind also der Nährboden, auf dem Ruth C. Cohn schließlich die Themenzentrierte Interaktion […] entwickelte« (Löhmer, 1994, S. 7).

---

1   Cohn u. Farau, 1984, S. 356.
2   Aus: Themenzentrierte Interaktion, 2006, 1, S. 28–39.

I. Das Thema

Es geht bei diesem Thema – beinahe ausnahmsweise – einmal nicht um das »Dreieck im Kreis«, sondern um den »Kreis, der das Dreieck umschließt«, um die (Welt-)Kugel. Der bekannte Satz Ruth C. Cohns: »Wer den Globe nicht kennt, den frisst er«, formuliert – nicht zuletzt auf dem Hintergrund der Erfahrungen von Shoa und Holocaust – eine grausame Erfahrungswahrheit: Wer die Realität nicht ernst genug nimmt, kommt darin um. Ein Teil der ehemals kaisertreuen und nach wie vor staatsloyalen Juden wollte wie viele andere Deutsche einfach nicht glauben, was von antisemitischen Zielsetzungen des Nationalsozialismus durchaus schon bekannt war und zunehmend höchste Lebensgefahr und die Notwendigkeit rechtzeitiger Flucht bedeutete.[3] Weniger dramatisch, aber für ihn selbst durchaus peinlich, erlebte jener Dozent die Wahrheit dieses Satzes, der einem Kollegium von Hochschullehrern die TZI beibringen sollte, auf großes Interesse stieß, aber das Umfeld nicht angemessen berücksichtigte: Anstatt bei für Hochschullehrer Bekanntem und Gewohntem – nämlich auf der Theorie-Ebene – anzuknüpfen, bat er bereits in den ersten Minuten der ersten Sitzung, die Augen zu schließen und das Thema zu meditieren; statt gewohnt kognitiv begann er ungewohnt spirituell-emotional, und schon verließ der erste Teilnehmer den Raum (vgl. den Bericht einer ähnlichen Erfahrung bei Cohn, 1993b). Der prägnante Satz Ruth Cohns bedeutet zum einen die absolute Notwendigkeit, das Umfeld und den Kontext der jeweiligen Situation wahrzunehmen, ausreichend Informationen über diesen konkreten GLOBE zu besitzen und ihn zu »kennen«, zum andern die Notwendigkeit, die Destruktivität der Realitätsverleugnung einzukalkulieren (»frisst«). Zur Realität gehört immer auch das Phänomen des »Schattens« (vgl. Cohn, 1989, S. 448 f.): Wo es hell ist, gibt es auch dunkle Ecken; wo Gutes geschieht – neue Projekte, Ideen, Kooperation, Humanität etc. –, lauern schon Missbrauch, Missverständnis, Neid, Rivalität, Unmenschlichkeit usw. Diese Doppelgesichtigkeit der Realität zu leugnen, weil nicht sein kann, was nicht sein darf, ist gefährlich, aber zunächst angenehmer als der Blick auf die Schattenseiten schöner Zwischenmenschlichkeit und idyllischer Natur (Fressen und Gefressenwerden). Darin dürfte auch ein Grund für die Unbeliebtheit oder jedenfalls mangelhafte Berücksichtigung des »vierten Faktors« im »Vier-Faktoren-Modell« der TZI und von GLOBE-Themen liegen. »Die ICH-WIR-ES-Faktoren sind TZI-Studenten und

---

3   Das berichteten Ruth Cohn, z. B. in dem Fernseh-Interview des ZDF 1993, und andere jüdische Zeitzeugen immer wieder. Es ist keinesfalls zu verwechseln mit der zynischen These, die Juden hätten sich ihr Unglück selbst zuzuschreiben.

-praktikern fast immer schneller bewusst als die Wichtigkeit des GLOBES. Die Abwehr sagt: »Man kann doch wirklich nicht alles berücksichtigen. Wir haben schon genug mit uns selbst zu tun. Was können wir schon anfangen mit diesem unheimlich großen GLOBE, der um das Gruppenzimmer herum liegt und in es hineinwirkt? Man muss sich bescheiden.« So Ruth Cohn, und sie fährt fort: »Das Bewusstsein der GLOBE-Faktoren ist für jede Gruppe so wesentlich wie das der ICH-, WIR- und Es-Faktoren« (Cohn u. Farau, 1984, S. 356). Im Blick auf die Praxis hat deshalb Matthias Kroeger recht: »Die Tatsache und die Implikationen des GLOBES sollen immer wieder thematisiert, d. h. als freilassende, Aneignung ermöglichende Themen vorgestellt werden, damit jede und jeder sich diesem Thema stellen und es allmählich auf ihre/seine Weise in sich aufnehmen kann. Immer wieder werden politische Themen vernachlässigt, Fragen unseres kosmischen Eingebundenseins belächelt, werden religiöse Fragen und Bedürfnisse wie nicht existent übergangen […] Wichtig bleibt die dosierte, aber regelmäßige Konfrontation mit dem GLOBE, damit nicht durch eine unklare oder abgewehrte Gegenübertragung seitens der Leiter/ innen die Entwicklung dieser Motive bei den Teilnehmer/innen untergründig behindert und abgeschnitten wird […] Bewusstheit der Ablehnung oder der Überforderung durch gewisse Dimensionen des GLOBES wäre schon ein großer Vorteil gegenüber der blinden bzw. diffusen Ablehnung oder Verleugnung, die in unserer Gesellschaft verbreitet ist« (1992, S. 118 ff.).

II. Was ist der GLOBE?

Zunächst beschrieb Ruth Cohn den GLOBE schlicht als »Gegebenheiten der äußeren Situation«: »Bevor die Gruppe zum erstenmal zusammentritt, muss sich der Gruppenleiter mit der Kugel – den Gegebenheiten der äußeren Situation – befassen. Wieviel Zeit steht zur Verfügung bzw. ist minimal oder optimal nötig? Wer zahlt, und was sind die finanziellen Möglichkeiten? Was bedeuten der gewählte oder zu wählende Ort und die Zeit für die Gruppenmitglieder? Welche persönlichen Assoziationen und sozialen Bedeutungen verbinden sich mit diesem Ort und dieser Zeit? Wer hat Interesse am Gelingen dieser interaktionellen Gruppe, und wer in dieser Organisation mag dagegen sein? Hat der Gruppenleiter das nötige Vertrauen der übrigen Repräsentanten der Organisation, um nicht mitten in der Arbeit gestört oder entlassen zu werden? Die Kugel enthält die Frage, ob die Gruppe freiwillig zusammenkommt oder dazu gezwungen wird, wie z. B. Insassen eines Gefängnisses oder – weniger offensichtlich – die Arbeiter einer Organisation« (Cohn, 1975, S. 114). Auch bei Ruth Ronall kehrt dieses einfache und praktische Verständnis des GLOBE aus der Anfangszeit der TZI wieder: »Wenn ich eine Gruppe plane, halte ich mir die Hauptelemente einer Gruppe vor Augen (vgl. das Konzept der Kugel, des GLOBE) und wie jedes dieser Elemente zur Bildung des Gemeinschaftssinns, wie er mir vorschwebt, beitragen kann. Diese Elemente sind: Veranstalter oder veranstaltende Organisation; Thema oder Aufgabe der Gruppe; Teilnehmer – Gruppenzusammensetzung; Zeit – die zeitliche Dauer der Gruppe und ihr Platz in der Geschichte; Ort – in allen seinen Dimensionen (geographisch, Art der Unterbringung etc.); Leiter(innen) und die Leitung als solche« (Ronall, 1980, S. 247).

Die Begründerin der TZI übersetzt GLOBE (Globus) mit »Kugel« und »Umfeld«. »Kugel« heißt er deshalb, weil die Realität nie zugleich von allen Seiten zu sehen und trotzdem ein Ganzes, ein Zusammenhang, ist. Man kann auch (s. o.) von Kontext und (vor allem außerkurslicher) Realität sprechen.

Beispiel: Auf Kursen kann man ein Stück weit der Alltagsrealität und ihren Bindungen, Hemmnissen, Lebenshemmungen etc. entkommen – nicht zuletzt durch den Abwehrmechanismus der Regression; man »vergisst« dann z. B., dass man verheiratet und in vieler Hinsicht verpflichtet, ja »gebunden« ist, verliebt sich und hat nach Kursende mit den Folgen zu kämpfen (ein latentes Thema vieler Kurse, nicht nur der TZI und nicht nur zu deren Beginn in den 1960er und 1970er Jahren).

Ruth Cohn beschreibt Aspekte des GLOBE in konzentrischen Kreisen oder Schalen: vom kleinen GLOBE des Zimmers, wo ich gerade bin, und der Leute, mit denen ich da bin, einerseits hinein in meinen inneren Kosmos und unbewusste Tiefenschichten, andererseits hinaus in die weite Welt bis zur Unendlichkeit des Kosmos – und das nicht nur räumlich. Das, was mich von innen oder außen beeinflusst, bewegt und bedrängt, gehört zum GLOBE (vgl. auch Beschreibung des GLOBE bei Langmaack, 2001, S. 125–133).

Ursprünglich beschrieb Ruth Cohn das Verhältnis der vier Faktoren nicht als Dreieck im Kreis, sondern als Tetraeder (Cohn u. Farau, 1984, S. 343 f.). In diesem – ersten – Modell erscheinen einzelner Mensch, Thema, Gemeinschaft und Umfeld als absolut gleichwertige Faktoren der Gruppenarbeit. Das Umfeld, der Kontext oder gar die Welt als Kosmos wirken in diesem Modell nicht gar so übergewichtig und überfordernd, wie es manche Teilnehmer/ -innen hinsichtlich des Kugel-Modells erleben. Im Kugel-Modell hingegen wird eine Hierarchie der Realitäten beschrieben: »Der Globe weitet sich zum Kosmos aus; denn alles hängt mit allem und allen zusammen, wann und wo es auch geschah, geschieht und geschehen wird. Zum Globe gehören auch Überlieferungen in Wort und Schrift, vergangene und heutige Institutionen, sichtbare und unsichtbare Gestirne, bekannte und unbekannte materielle und geistige

Kräfte« (Cohn u. Farau, 1984, S. 356). Andere Wörter für GLOBE können also auch »*Zusammenhang*« oder »System« sein. Es geht um das gesamte äußere und innere, kollektive und individuelle, bewusste und unbewusste Drumherum der jeweiligen Gruppensituation und der Situation der einzelnen Teilnehmer/-innen samt Aufgabe oder Thema. Das mag der Realität besser entsprechen als das erste Modell der vier Punkte, wirkt aber bedrohlicher als das ursprüngliche und pragmatischere Modell, das sich methodisch-praktisch leichter erfassen lässt: »Auch eine Gruppe ist […] nicht isoliert, sondern in konzentrischen Kreisen von Umweltbedingungen eingebettet. Dazu gehören die Gegebenheiten von Zeit und Raum und der Abhängigkeiten der Teilnehmer von ihren persönlichen und sozialen Abhängigkeiten, die die Motivation und Art der Teilnahme der Mitglieder bestimmen. Zu den Globe-Fakten eines Workshops gehören auch unveränderbare oder flexible Zeitpläne, z. B. soundsoviele Stunden pro Woche, Wochenenden, Abende oder Tage usw. Der Raum kann ein Klassenzimmer, eine Tagungsstätte, ein Heim, ein Büro oder ein beliebiger anderer (vorzugsweise abgelegener) Ort sein. Flexibilität im weitesten Sinne ist möglich und notwendig – man kann Gruppentreffen auch an einer Straßenecke, in Restaurants usw. abhalten. Der Globe ist grundlegend für den Zweck eines TZI-Treffens […] Der Globe umfasst auch die Konstellation der Gruppenmitglieder […] Die meisten Schwierigkeiten in interaktionellen Workshops ergeben sich nicht aus den offen sichtbaren Interaktionen, sondern entstehen aus versteckten, unaufgedeckten, emotional beeinflussenden Konstellationen und tatsächlichen oder vermuteten Manipulationen durch außenstehende, geheime Einflüsse. Sobald diese Schwierigkeiten erkannt sind, entsteht die Aufforderung, sie zu beheben« (Cohn, 1989, S. 26). Hier zeigt Ruth Cohn ein pragmatisch-sozialpsychologisches GLOBE-Verständnis, wie es ohne weiteres jedem einleuchtet, der mit und in Gruppen arbeitet. Ihr humanistisch-psychologisches, von New Age und Esoterik beeinflusstes GLOBE-Verständnis (vgl. Cohn u. Farau, 1984, S. 523) spiegelt sich hingegen u. a. im Dialog mit Friedemann Schulz von Thun: Wie fünf Zwiebelschalen legen sich für Friedemann Schulz von Thun im Gespräch mit Ruth Cohn die Hauptdimensionen des GLOBE um die kleine Realität der konkreten Gruppenarbeit und sogar unseres Daseins: Ich bin Bewahrer/Bewahrerin meiner inneren Welt, ich bin Partner/Partnerin und Mitgestalter/Mitgestalterin meiner zwischenmenschlichen Beziehungen, ich bin Fachmann/Fachfrau in meinem Beruf, ich bin Einzelne/-r in der Gesellschaft und Bürger/-in dieser Erde, »ich bin ein Staubkorn des Universums und eine bange Seele vor Gott« (Cohn u. Schulz v. Thun, 1994, S. 49 ff.).

Wie weit Ruth Cohn bei ihrem GLOBE-Verständnis gehen kann, zeigt eine von einem Schüler verfasste TZI-Geschichte und ihr Kommentar dazu: »Von der Ewigkeit des Globes. Es war einmal ein kleiner Floh, der kam zum Globe. Er fragte ihn: ›Wer oder was ist Gott?‹ Der Globe sprach: ›Gott ist ein unendlich mächtiges Wesen, ohne Anfang und Ende.‹ Der Floh fragte: ›Und wo liegt der Unterschied zu dir?‹ Der Globe verstummte. Nach einiger Zeit des Nachdenkens antwortete er: ›Ich glaube, ich bin Gott‹« (René Bode). Ruth Cohn dazu: »Diese Geschichte entspricht meiner Form einer pantheistisch-religiösen Gläubigkeit, die ein Teil von mir ist. Also ich fühle mich sehr verstanden!« (Cohn, 1993a, S. 172).

Eher systemisch-psychologisch klingen folgende Sätze: »Zum wirksamen Globe gehören auch Faktoren, die wir nur selten in unser Aufmerksamkeitsfeld miteinbeziehen: Menschen, die schon lange gestorben sind, vielleicht schon vor Jahrtausenden, und die dennoch zu uns gehören, zu unserem inneren und äußeren Umfeld. Es soll uns heute auch bewusst werden, dass wir für unsere ungeborenen Kindeskinder mitentscheiden, was jetzt für oder gegen unsere Erde getan wird« (Cohn, 1993a, S. 146 f.).

III. GLOBE, Globalisierung, Politik

Der GLOBE hat u. a. direkt mit dem Phänomen der Globalisierung zu tun. Er beinhaltet also stets eine politische Dimension (dazu u. a. Löhmer, 1994, S. 17–29; Krämer, 2001; Rauch-Schumacher u. a., 1992). Aber nicht nur, weil wir im Zeitalter der Globalisierung leben, sondern schon allein durch die Tatsache, dass die TZI Kooperation thematisiert und dafür notwendige Organisationsprozesse erforderlich macht, verbessern will und – auf Kursen im Wechselspiel von Einzelnem, Kleingruppen und Plenum etwa – einerseits z. B. Transparenz, Partizipation, Authentizität und Offenheit, andererseits je nach Situation und Zielsetzung z. B. bewusst verantwortete Selektivität der Aussagen, Abgrenzung und Einzelverantwortung fördert, erzieht sie zu politischer Wahrnehmung. Das Werben für bestimmte Ideen und Projekte – zunächst innerhalb eines Kurses –, das Gewinnen von Mitstreiter/-innen und Durchstehen von Interessenkonflikten, der Verzicht auf bestimmte Kontakte und Informationen, wenn ich mich für eine andere Arbeitsgruppe entscheide, usw., schließlich und vor allem die immer wieder mühsame Einübung des *Chairperson*-Postulats im konkreten sozialen und kommunikativen Vollzug, die das Entwickeln von Führungsqualitäten ermöglicht, sind politisch relevante Erfahrungen. Aus Organisationsprozessen entstehen Institutionen. Während sie in Kursen naturgemäß kurzlebig und daher nur von relativer Bedeutung sind, entwickeln sie im Alltag, in der Wirtschaft usw. ein Eigenleben, das Institutionen auch dann überleben lässt, wenn ihr ursprüngliches Ziel erreicht oder längst verfehlt ist: Sie geben sich dann neue Ziele und Legitimationen. Die Notwendigkeit von und der Aberglaube an Institutionen sowie der Umgang damit gehört ebenso zum GLOBE, wie entsprechende Themen in TZI-Kursen nicht fehlen sollten.

Es gibt freilich – in den USA ebenso wie in Deutschland und anderswo – eine nicht geringe Abwehr der Wahrnehmung der politischen Dimension des Lebens, denn sie ist oft unerquicklich und wird als überfordernd erlebt: »TZI war von Anfang an für mich politisch […] ich betone es hier noch einmal, dass für mich von Anfang an das Politische und Soziale im Vordergrund standen«, sagt Ruth Cohn zu Hilarion Petzold (Löhmer, 1994, S. 22). Ihr zweites Dreieck – Struktur, Prozess, Vertrauen (mehr dazu in Matzdorf u. Cohn, 1992, S. 81 ff.; Birmelin, 1985; Kroeger, 1989, S. 236 f., 267; Stollberg, 1990, S. 33, 40, 108–111) – macht die politische Seite der TZI besonders deutlich: Werden nicht von allen Mitgliedern der Gruppe akzeptierte, ganz bewusst verantwortete Strukturen gesetzt, wirken unbewusste und manipulierbare Ordnungen in Gruppen, gerade in Großgruppen und Massen; werden lebendiger interaktiver Prozess und vereinbarte Regeln nicht auf der Basis eines gerechtfertigten Vertrauens gemäß dem Konzept der dynamischen Balance im Gleichgewicht gehalten, kommt es entweder zu Chaos oder zur Erstarrung.

IV. Verschiedene Aspekte des GLOBE

Im Überblick lässt sich sagen: Der GLOBE hat u. a. räumliche, zeitliche, kognitive, emotionale, personale, aktionale, politische und religiöse Aspekte. Man kann immer neue Seiten an ihm entdecken. Er ist ja eine Kugel.

– *Räumlich:* Zimmer der Gruppenarbeit, Tagungsstätte, Ort, Land, Kontinent, aber auch: die USA und ihr derzeitiger politischer Einfluss, Asien als aufstrebende Wirtschaftsmacht, Afrika, derzeit in großen Krisen, aber vielleicht der Erdteil der Zukunft, insofern es mich irgendwie beeinflusst und ich aufgefordert bin, mich damit auseinanderzusetzen.

– *Zeitlich:* Wie viel Uhr ist es jetzt? Welchen Wochentag (Feiertag, Sabbat, Sonntag?), welche Jahreszeit haben wir? In welcher Lebensphase befinden sich einzelne Teilnehmer? In welcher Phase steckt die Gruppe/das Team (z. B. Anfang, Mitte, Ende eines Kurses, eines Projekts)? Ich verhalte mich immer im Hier und Jetzt, erinnere mich aber an das Damals und Dort und antizipiere das Dann und Dort: Alle drei Zeiten und Ortsbestimmungen gehören zu einer realistischen Wahrnehmung des GLOBE. – Welche Rolle spielt für mich die übliche Aufspaltung von Arbeits- und Freizeit? Will die

TZI nicht gerade diese Spaltung überwinden: spielend arbeiten, feiernd etwas erfinden, lernen aus Neugier und Interesse, beim Schaffen sich erholen?

- *Kognitiv:* (Meine, deine, andere) Ansichten und Lebenskonzepte aller Art, Prinzipien (z. B. des Lebensstils und der Lebensgestaltung), Kenntnisse des Umfelds (bzw. Mangel an Informationen), Urteile und Vorurteile, GLOBE-Implikationen des Themas (wie kommt das Umfeld im Thema vor, welche seiner vielen möglichen Seiten sind angesprochen?).
- *Emotional:* Wie beeinflusst das Umfeld meine Gefühle (Lust, Unlust, Frieren, Schwitzen, Hunger etc.)? Worauf oder auf wen reagiere ich mit Sympathie, worauf oder auf wen mit Antipathie? usw.
- *Personal und sozial:* Freunde/Freundinnen, Feinde/Feindinnen, Konkurrenten/Konkurrentinnen, Vorgesetzte, Kollegen/Kolleginnen, Partnerschaft(en), Familie, Vereine usw.
- *Aktional:* Aspekte des Handelns und Verhaltens. Das Umfeld fordert stets dazu auf, sich irgendwie dazu zu verhalten, z. B. es zu akzeptieren, dagegen zu protestieren, es umzugestalten, sich an das Umfeld oder das Umfeld an sich (etwa die eigenen Ansichten) anzupassen oder es zu verleugnen. Den GLOBE zu berücksichtigen heißt ferner, was mich und die anderen beschäftigt, ernst zu nehmen.
- *Politisch und ökonomisch* (s. Kapitel GLOBE, Globalisierung, Politik): Das Umfeld erfordert oft verantwortliches Eingreifen, zunächst aber erst einmal adäquate Wahrnehmung der Lage (vgl. u. a. die Situation mancher Juden vor der Shoa) (vgl. Hecker u. a., 1992). Es hat einen Öffentlichkeitsaspekt und eine ethische (moralische) Dimension (vgl. für die Moral z. B. die Goldene Regel – Was du nicht willst, dass man dir tu', das füg' auch keinem andern zu! – und Immanuel Kants kategorischen Imperativ: Handle stets so, dass die Norm deines Verhaltens zur Grundlage einer allgemeinen Gesetzgebung gemacht werden könnte!). Das in der TZI eingeübte (basis-)demokratische Verhalten wirkt auf den jeweiligen sozialen GLOBE der Teilnehmer/-innen zurück.
- *Religiös-spirituell:* »Das Vier-Faktoren-Modell des Dreiecks in der Kugel enthält die Grundlage humanistischer Ethik […] dass unsere Bewusstseinsfähigkeit und Verantwortlichkeit erweiterungsfähig ist und sich über die jeweilige interaktionelle Gruppe hinaus auf Nachbarschaft, Nation, Völker, das Leben auf der Erde – transpersonal und transzendental – erstreckt (Faktor: Globe) […] Die humanistische Wertaxiomatik kann über sich hinaus erweitert werden zu einem transzendierenden Holismus, der die religiöse Realitäts-perspektive mit einbezieht. Dies würde nicht den ethischen Gehalt der Axiome verändern, sondern nur deren Rückbeziehung (religio) zur Transzendenz

hinzufügen. Aus dieser Position heraus würde die Unabhängigkeit der Ethik einem religiösen Glaubensgrunde überantwortet« (Cohn u. Farau, 1984, S. 438). Solche Äußerungen Ruth Cohns finden sich in ihren späteren Publikationen nicht selten, oft im Zusammenhang der Spannung von Autonomie und Interdependenz. Matthias Kroeger spricht im Anschluss an Ruth Cohn davon, dass der GLOBE »das Rätsel und letzte Geheimnis der unendlichen Ferne […] im Unbewussten […] wie draußen im Kosmos unabweislich« in sich schließe (Cohn, 1992, S. 118). Der GLOBE habe eine »transzendierende Funktion«. Damit klingen spirituelle Saiten an. Ruth Cohn selbst: »Wenn das Göttlich-Geistige das Universum durchwebt, bewegend und bewegt, dann sind wir sowohl Bewirkte als auch Bewirkende im göttlichen Werden und Wandel. Theologisch könnte diese Paradoxie eine gedankliche Hilfestellung sein, um die These eines zugleich ewigen und doch werdenden Gottes zu vertreten […] Die bewegende Kraft im All *ist,* und sie wird von uns mitbewegt. Unsere Gebete und unsere Handlungen können Mitbewegende im Göttlichen sein. Wir sind autonom *und* interdependent« (Cohn u. Farau, 1984, S. 524). Es ist also nicht gleichgültig, welcher Religion oder Weltanschauung diejenigen angehören, die miteinander arbeiten und/oder leben. Der religiöse, antireligiöse oder areligiöse GLOBE einer Gruppe bzw. eines Teams ist ernst zu nehmen und explizit zu machen. Er kann gerade in seiner heutigen Vielfalt äußerst anregend und eine Quelle der Kraft einer Gruppe sein.

V. Die soziale Dimension sowie bewusste und unbewusste Ebenen der Wahrnehmung

Der GLOBE hat immer einen individuellen (Ich) und einen kollektiven (Wir), außerdem einen thematischen (Thema) Aspekt: Das Verhältnis des Dreiecks bzw. Tetraeders zur Kugel lässt sich also auch umgekehrt, von der Kugel aus auf die Eckpunkte hin betrachten. Was ist mein GLOBE (mit seinen konzentrischen Kreisen), was deiner, was unserer? Wie beeinflusst der GLOBE das Thema? Das WIR einer Gruppe ist einerseits selbst der soziale GLOBE, andererseits Folge eines umfassenderen sozialen Kontexts – der Gesellschaft, einzelner Familien, verschiedener Sozialisationen einzelner Mitglieder, ihrer vielleicht unterschiedlichen sozialen Schicht- und Milieu-Zugehörigkeit, usw. Eine Rolle spielen auch parteipolitische Optionen, soziales Engagement und dergleichen. Der eine GLOBE besteht also aus verschiedenen GLOBE und deren Schnittmengen. Beschreibend und für die Gruppenarbeit handhabbar kann man vom ICH-

GLOBE, vom DU-GLOBE, vom WIR-GLOBE und vom ES-GLOBE sprechen. Jeweils nur Ausschnitte können wahrgenommen und verarbeitet werden. Reduktion und Selektion sind in Bezug auf den GLOBE unausweichlich, sollen aber möglichst bewusst verantwortet werden.

Wir nehmen nur einen Teil des GLOBE bewusst wahr und müssen deshalb davon ausgehen, dass uns viele Möglichkeiten und Ansichten des GLOBE verborgen (unbewusst) bleiben. Je nach Charakter spielen bestimmte Ängste und Wünsche eine Rolle auch für unsere Wahrnehmung und unseren Realitätsbezug. Manche Teilnehmer/-innen liefern Gesprächs-, Verhaltens- und Handlungsbeiträge, die der Wahrnehmung anderer kaum zugänglich, schwer verständlich oder abwegig erscheinen, aber in einer Atmosphäre des Vertrauens zu gegenseitiger Verständigung und Wahrnehmungserweiterung führen können. Auch durch die Einbeziehung von Träumen, Phantasien, Einfällen aller Art, Wünschen und Ängsten in die Gruppenarbeit lassen sich bewusste Wahrnehmung und damit verantwortliches Verhalten erweitern.

VI. Zusammenfassung und Schlussfolgerungen

Zusammenfassend lässt sich sagen: Der Begriff »GLOBE« in der TZI wird schon von Ruth Cohn selbst wie von ihren Schülerinnen und Schülern mindestens in doppeltem Sinne gebraucht: Einmal bezeichnet er mehr oder weniger pragmatisch das Umfeld eines Kurses oder einer Arbeitsgruppe und ihrer Mitglieder, das bei allem, was die Gruppe tut oder erlebt, mit hereinspielt, wie es umgekehrt auch davon beeinflusst wird. Es soll immer mit ins Kalkül gezogen werden. Zum anderen bezeichnet der Begriff jenes teils banale, teils geheimnisvolle Umfeld, das sich wie unsichtbare Zwiebelschalen oder Schwingungsbereiche um Einzelne wie Gruppen herum einerseits aufbaut, andrerseits schon vorfindet. Es ist ein energetisches Kraftfeld, das sich ins Unendliche nach innen wie nach außen fortsetzt und in den verschiedensten Bereichen des Lebens wahrgenommen und beeinflusst werden kann, aber auch seinerseits Wirkungen entfaltet. Wird es nur ungenügend ernst genommen und nicht verantwortungsvoll gestaltet, bedeutet es äußerste Gefahr.

In der Praxis kommt es darauf an, in allen nach der TZI arbeitenden Gruppen, den jeweiligen GLOBE und die jeweiligen GLOBE bei allen Themen überhaupt wahrzunehmen und in die gemeinsame Arbeit einzubeziehen. Dabei ist mit eigenen und fremden Widerständen zu rechnen: Will ich mich und meine Partner/-innen überhaupt mit GLOBE-Problemen belasten, GLOBE-Hintergründe Einzelner hören, über das Hier und Jetzt hinausgehende Kontextfragen einbeziehen, obwohl sie doch alles komplizierter machen? Ohne Zweifel wird man dabei selektiv vorgehen müssen. Aber das sollte bewusst und reflektiert und, wo es möglich ist, am besten im Konsens geschehen. Leiterin oder Leiter[4] allein können nicht wissen oder entscheiden, welche GLOBE-Aspekte jetzt vonnöten und für eine konstruktive Weiterarbeit der Gruppe hilfreich sind bzw. welche selbst als Widerstand (zu Widerstand vgl. Ockel u. Cohn, 1992; Stollberg, 1987) gegen die thematische Arbeit und als abwegig eingeschätzt werden müssen. Es ist sicher nicht richtig, dass die TZI die Einbeziehung des GLOBE vorwiegend als Umgang mit Störungen thematisiert oder versteht (gegen Schreyögg, 1993). Wohl aber kann es vorkommen, dass sich der GLOBE als Störung meldet, die dringend der Beachtung und Bearbeitung bedarf, bevor es im Hier und Jetzt weitergehen kann[5]. Es ist wichtig, die Wahrnehmung des jeweiligen gefühlsmäßigen und assoziativen Kontexts der Aussagen aller Teilnehmenden zu schulen und sich dafür Zeit zu nehmen, obwohl doch – scheinbar – vieles, was dann gesagt, erinnert und phantasiert wird, »gar nicht zur Sache«, zum Thema gehört.

Wo die *Grenzen* einer assoziativen und emotionalen Erweiterung des unmittelbaren Hier-und-Jetzt-GLOBES liegen, hängt von der jeweiligen Zielsetzung der Gruppenarbeit ab. In jedem Fall wird eine Gruppe nur begrenzt und selektiv GLOBE-Faktoren in ihre Arbeit einbeziehen können. Welche es im Einzelnen sind, lässt sich kaum vorhersagen. Aber es genügt nach Auffassung der TZI nicht, in einer Arbeitsgruppe zu welchem Thema oder Projekt auch immer das Erfassen der Umstände im Tagungshaus oder – etwa im Falle des Teams einer Firma die äußeren Bedingungen der Handelskontakte mit dem in Betracht kommenden fernen Land, die dortigen finanziellen Konditionen und dergleichen oder, im Falle einer religiösen Gemeinschaft (z. B. der Kirche), die äußeren politischen, ökonomischen und religionsgeschichtlichen Bedingungen der internationalen Ökumene – zu berücksichtigen. Vielmehr gibt die TZI durch ihre Axiome moralische Prioritäten als Orientierungshilfen vor: 1. Der Mensch wird als psychobiologische Einheit und Teil des Universums gesehen, das einerseits zur Autonomie berufen ist, andererseits interdependent bleibt. 2. Unabdingbar sind die Ehrfurcht vor allem Lebendigen und der Glaube an

---

4 Ich gehe davon aus, dass Leiter/-innen als Hüter/-innen der Balance nur begrenzte Leitungsfunktionen – und diese nicht exklusiv – übernehmen, weil das Chairperson-Postulat prinzipiell alle als situative Leiter/-innen versteht. Vgl. Stollberg, 1998.

5 Vgl. das Beispiel aus Hecker u. a 1992, S. 53 f. Es geht dort um eine zwei Tage andauernde Störung durch Holocaust-Erinnerungen, die dringend der Bearbeitung bedurften.

die Sinnhaftigkeit des Daseins. 3. Menschliche Freiheit ist in Grenzen erweiterbar und ausbaufähig.[6]

Außerordentlich wichtig für einen verantwortungsvollen und bewussten Umgang mit dem GLOBE erscheint mir die ernsthafte Auseinandersetzung mit dem Problem der Führung bzw. Leitung in TZI-Kursen, Team-Supervisionen und dergleichen: Ich bin zuständig. Die Tatsache, dass in aller Regel eine Leiterin oder ein Leiter als Selbstverständlichkeit akzeptiert, andererseits das in seiner Konsequenz basisdemokratische *Chairperson*-Postulat vertreten wird, erzeugt eine latente Spannung, die dringend der kritischen Aufmerksamkeit bedarf. Zwischen der Notwendigkeit von Leitungsfunktionen und der Fragwürdigkeit von Leitungsrollen, die durch – nicht selten bequeme und seit Schultagen eingeübte – Delegation von Verantwortung und Macht entstehen, wird oft nur ungenügend unterschieden. Schließlich sei auch der Umgang mit Konflikten hervorgehoben: Die TZI soll zwar in einem konstruktiven, ermutigenden und solidarischen Klima geschehen; das schließt jedoch die Tatsache von konfligierenden Interessen nicht aus, sondern macht gerade das offene Austragen von Konflikten möglich und notwendig, soll der Realitätssinn nicht sentimentaler Harmonieseligkeit geopfert werden. Wer vom GLOBE nicht gefressen werden will, muss immer wieder üben, sich ihm aktiv zu stellen. Das geht nirgends leichter, wenngleich immer noch schwer genug, als in einer Gemeinschaft Gleichgesinnter.

Literatur

Bernstein, R. (1990). Den Globe einbeziehen. Themenzentrierte Interaktion, 4 (2), 22–26.
Birmelin, R. (1985). Struktur – Prozess – Vertrauen. Skizzen einer Organisationsentwicklung. In I. Amann, R. Birmelin, R. Cohn, D. Funke, M. Kroeger, B. Langmaack, P. Matzdorf, E. Miescher, A. Ockel, B. v. Platho, G. Quast, H. Reiser, K.-H. Wrage (Hrsg.), Erfahrungen lebendigen Lernens. Grundlagen und Arbeitsfelder der TZI (S. 118–128). Mainz: Grünewald.
Capra, F. (1982). Wendezeit. Bausteine für ein neues Weltbild. München: dtv.
Cohn, R. (1975). Von der Psychoanalyse zur Themenzentrierten Interaktion. Stuttgart: Klett-Cotta.
Cohn, R. (1988). Der Globe. Themenzentrierte Interaktion, 2 (2), 3–6.
Cohn, R. (1989). Es geht ums Anteilnehmen. Die Begründerin der TZI zur Persönlichkeitsentfaltung. Freiburg: Herder.
Cohn, R. (1993a). Der Globe – vom nächsten bis zum fernsten Umfeld. In R. Cohn, C. Terfurth (Hrsg.), Lebendiges Lehren und Lernen. TZI macht Schule (S. 144–173). Stuttgart: Klett-Cotta.
Cohn, R. (1993b). Der Globe im Hörsaal. Ein Dialog mit Vin Rosenthal. In R. Cohn, C. Terfurth (Hrsg.), Lebendiges Lehren und Lernen. TZI macht Schule (S. 153–171). Stuttgart: Klett-Cotta.
Cohn, R., Farau, A. (1984). Gelebte Geschichte der Psychotherapie. Zwei Perspektiven. Stuttgart: Klett-Cotta.

---

6   Die Axiome sind knapp und präzise zusammengefasst in dem auch sonst wegen seiner Klarheit sehr zu empfehlenden Text von Matzdorf, 1993, S. 332–387, hier S. 344.

Cohn, R., Schulz von Thun, F. (1994). Wir sind Politiker und Politikerinnen – wir alle. In C. Löhmer, R. Standhardt (Hrsg.), Zur Tat befreien (S. 30–62). Mainz: Grünewald.

Cohn, R., Terfurth, C. (Hrsg.) (1993). Lebendiges Lehren und Lernen. TZI macht Schule. Stuttgart: Klett-Cotta.

Hecker, J., Hecker, W., Rubner, A., Rubner, E., Ruckdeschel, C., Wolf-Hollander, J. (1992). Störung im Beziehungsfeld Es – Globe. In E. Rubner (Hrsg.), Störung als Beitrag zum Gruppengeschehen (S. 52–55). Mainz: Grünewald.

Krämer, M. (2001). TZI und Politik. In B. Langmaack, Einführung in die Themenzentrierte Interaktion TZI. Leben rund ums Dreieck (S. 242–258). Weinheim u. Basel: Beltz.

Kroeger, M. (1989). Themenzentrierte Seelsorge (4. Aufl.). Stuttgart u. a.: Kohlhammer.

Kroeger, M. (1992). Anthropologische Grundannahmen der Themenzentrierten Interaktion. In C. Löhmer, R. Standhardt (Hrsg.), TZI. Pädagogisch-therapeutische Gruppenarbeit nach Ruth C. Cohn (S. 93–124). Stuttgart: Klett-Cotta.

Langmaack, B. (2001). Einführung in die Themenzentrierte Interaktion TZI. Leben rund ums Dreieck. Weinheim u. Basel: Beltz.

Löhmer, C. (1994). Am Anfang war der Globe. In C. Löhmer, R. Standhardt (Hrsg.), Zur Tat befreien (S. 17–29). Mainz: Grünewald.

Löhmer, C., Standhardt, R. (Hrsg.) (1994). Zur Tat befreien. Mainz: Grünewald.

Matzdorf, P. (1993). Das »TZI-Haus«. Zur praxisnahen Grundlegung eines pädagogischen Handlungssystems. In R. Cohn, C. Terfurth (Hrsg.), Lebendiges Lehren und Lernen. TZI macht Schule (S. 332–387). Stuttgart: Klett-Cotta.

Matzdorf, P., Cohn, R. (1992). Das Konzept der Themenzentrierten Interaktion. In C. Löhmer, R. Standhardt (Hrsg.), TZI. Pädagogisch-therapeutische Gruppenarbeit nach Ruth C. Cohn (S. 39–92). Stuttgart: Klett-Cotta.

Ockel, Anita, Cohn, R. (1992). Das Konzept des Widerstandes in der Themenzentrierten Interaktion. In C. Löhmer, R. Standhardt (Hrsg.), TZI. Pädagogisch-therapeutische Gruppenarbeit nach Ruth C. Cohn (S. 177–206). Stuttgart: Klett-Cotta.

Rauch-Schumacher, R. u. a. (1992). TZI in der politischen Arbeit. In C. Löhmer, R. Standhardt (Hrsg.), TZI. Pädagogisch-therapeutische Gruppenarbeit nach Ruth C. Cohn (S. 326–341). Stuttgart: Klett-Cotta.

Ronall, R. (1980). Intensive Gestalt-Workshops. Erfahrungen in Gemeinschaft. In R. Ronall, B. Feder (Hrsg.), Gestaltgruppen (S. 241–283). Stuttgart: Klett-Cotta.

Schreyögg, A. (1993). »GLOBE« – die unbekannte Größe. Ein Versuch zur Präzisierung des Kontextverständnisses in der TZI. Themenzentrierte Interaktion, 7 (1), 12–28.

Statzer, M. (1995). »Wer den Globe nicht kennt, den frisst er.« Themenzentrierte Interaktion, 7 (1), 91–97.

Stollberg, D. (1987). Vermeidungen in der Themenzentrierten Interaktion. In K. Hahn, M. Schraut-Birmelin, K. Schütz, C. Wagner (Hrsg.), Gruppenarbeit: themenzentriert. Entwicklungsgeschichte, Kritik und Methodenreflexion (101–116). Mainz: Grünewald.

Stollberg, D.(1990). Lernen, weil es Freude macht (3. Aufl.). München: Kösel.

Stollberg, D. (1992). Wo viel Licht ist, ist viel Schatten. Zum Begriff des Schattens in der TZI. In C. Löhmer, R. Standhardt (Hrsg.), TZI. Pädagogisch-therapeutische Gruppenarbeit nach Ruth C. Cohn (S. 207–217). Stuttgart: Klett-Cotta.

Stollberg, D. (1998). Ich leite, du leitest – wer leitet? Themenzentrierte Interaktion, 12 (1), 88–97.

Hermann Kügler

ES oder Thema? Plädoyer für eine präzise Begrifflichkeit[1]

Das *Vier-Faktoren-Modell* der TZI versucht, die vier Phänomenbereiche, die für das Geschehen in einer Gruppe maßgeblich sind, nicht nur zu benennen, sondern auch in ein fruchtbares Verhältnis zueinander zu bringen. Diesem Zweck soll vor allem das den Gruppenprozess strukturierende »*Thema*« dienen. Nun gibt es aber, wie im folgenden Text ausgeführt wird, innerhalb der TZI-Literatur, aber auch in der TZI-Praxis, eine Tendenz, den ES-Faktor zudem wahlweise mit dem Namen »Thema« zu belegen. Auch wenn nun das Thema ebenfalls ein fester Bestandteil der TZI-Konzeption ist *(s. Bücking),* erweist sich diese Tendenz als äußerst unglücklich, denn durch sie wird verhindert, dass sich die Leistung der Zusammenführung der vier Faktoren nachweisen lässt, die das Thema innerhalb eines durch TZI angeleiteten Gruppenprozesses erbringen soll. Beim »Thema« geht es nämlich darum, Bezüge zwischen ICH, WIR, ES und dem GLOBE so herzustellen, dass Erleben, Eigenaktivität und Gruppenaktivität angeregt werden, kurz, dass *lebendiges Lernen* nicht nur möglich, sondern wahrscheinlich wird. Setzt man nun aber eine dieser Bezugsgrößen mit dem Thema gleich, so vergibt man die Chance einer wichtigen Differenzierung. Der Text plädiert daher für eine sorgfältige Unterscheidung zwischen ES und Thema in Wort und Tat.

Wieder einmal habe ich mich geärgert. In eines meiner TZI-Seminare brachte ein Teilnehmer ein Arbeitspapier aus einem vorgängigen Kurs mit, das er dort von der Leiterin erhalten hatte. Das Dreieck in der Kugel war da aufgemalt und an der oberen Spitze des Dreiecks fand sich das Wort »Thema«. Auf meine Bemerkung hin, es müsse ES heißen, bestenfalls »Aufgabe«, und »Thema« bezeichne in der TZI etwas ganz anderes, entspann sich eine lebhafte Diskussion, die noch reichlich Stoff für die ganze Mittagspause bot.

Aber welche Bezeichnung ist korrekt? Eine – keineswegs vollständige – Sichtung von in Kursen verteilten Arbeitsmaterialien, soweit sie mir zugänglich sind, und der einschlägigen Literatur zeigt, dass über die korrekte Begriff-

---

1   Aus: Themenzentrierte Interaktion, 1997, 1, S. 22–28.

lichkeit der »dritten Ecke« des Dreiecks offenbar kein Konsens besteht. Für das ICH und das WIR verwendet niemand eine abweichende Nomenklatur, für den GLOBE ebenso wenig.

Dem widerspricht nicht, dass, um das ICH zu erläutern, die Bezeichnung »Individuum« oder »Einzelperson« verwendet wird, dass das WIR mit »Gruppe« und der GLOBE mit »Umfeld« näher erklärt wird. Das ist z. B. die Wortwahl im von der Internationalen Ausbildungskommission herausgegebenen »Wegweiser für die Fort- und Weiterbildung«, der übrigens für die dritte Dreiecks-Ecke dann auch von »Thema« und »Aufgabe« spricht.

Es geht mir hier aber nicht um die Erklärung der Fachtermini, sondern um deren korrekte Bezeichnung bei der Begriffseinführung. Dabei fällt auf, dass sich für das ES auch die Ausdrücke finden: »Aufgabe«, »Stoff«, »Sache«, »(Sach-)Anliegen« und – siehe oben – »Thema«. Der so eingeführte Begriff wird erklärt als »Sachthema«, »Inhalt«, »Lernziel« und »Arbeitsgegenstand«.

Verschiedene Sprachregelungen

Ein wie gesagt keineswegs vollständiger Gang durch die TZI-Literatur ergibt folgendes Bild: Elmar Osswald (1980) spricht vom »Anliegen«. Karl Horst Wrage (1985) scheint ES und Thema miteinander gleichzusetzen, ebenso wie Dieter Funke (1985). Annedore Schultze bezeichnet in einem Schaubild (1987, S. 51) die obere Ecke des Dreiecks ebenfalls mit »Thema«, andernorts (1994, S. 119 f.) mit »Aufgabe«. Jürgen Muche scheint das ES mit dem Thema gleichzusetzen; jedenfalls ist das von ihm dargestellte Schaubild (1988, S. 54) so beschriftet. Denn »es geht um das Thema, den einzelnen und die Gruppe« (1989, S. 104).

Erika Roch (1988) verwendet in den zahlreichen Schaubildern ihres Artikels für die dritte, obere Dreiecks-Ecke durchgängig die Bezeichnung »Thema«. Bramstädt und Cords (1989) definieren das Es als »Sachthema«. Barbara Langmaack (1991) bezeichnet auf mehreren Schaubildern ihres Buches die obere Ecke des Dreiecks mit dem Wort »Thema« bzw. »Thema/Sachaufgabe«. Die gleiche Wortwahl im Text und bei der Bezeichnung von Schaubildern benutzt sie in ihrem zusammen mit Michael Braune-Krickau (1989) herausgegebenen Lehrbuch der Gruppenarbeit mit TZI.

Hajo Stabenau (1992) bezeichnet die obere Ecke des Dreiecks mit »Thema«. Gleiches tut Franz Schapfel (1996). Der Förderverein »Lebendiges Lernen e. V.« (Untere Hauptstr. 13, 85354 Freiburg) hat an seine Mitglieder 1995 eine Jahresgabe verschickt, in der als Beilage ein Schaubild beigefügt ist, in dem die obere Ecke des Dreiecks mit »Thema/Aufgabe« beschriftet ist.

Ich selber war einmal auch nicht sorgfältig in der Wortwahl und habe in meinem Beitrag über TZI und Jugendarbeit »Thema« gesagt, wo es richtig ES hätte heißen müssen. Noch ein Blick in die englischsprachige TZI-Literatur: Maria Piantanida (1990) schreibt für das ES richtig »Task« und nicht »Theme«.

Und was sagt Ruth Cohn selbst? In dem grundlegenden Beitrag von ihr und Paul Matzdorf (1992) »Das Konzept der Themenzentrierten Interaktion« scheinen die Begriffe ES und »Thema« gelegentlich – wenn auch nicht durchgehend – synonym verwendet zu werden. »Das ES ist das Thema der Gruppe« heißt es da (S. 72), aber dann: »Im TZI-System bedeutet »Thema« das formulierte Anliegen« (S. 78).

In der »Gelebten Geschichte der Psychotherapie« (Cohn u. Farau, 1984) führt sie im Kapitel über das Modell der themenzentrierten Interaktion (S. 351) für die »dritte Ecke im Dreieck« den Begriff ES ein und beschreibt das ES dann als das Thema oder die Aufgabe. In ihrem in der Zeitschrift Gruppendynamik erschienenen Aufsatz »Gucklöcher. Zur Lebensgeschichte von TZI und Ruth C. Cohn« (1994) bleibt sie bei dieser Wortwahl und erläutert das ES als die »Sache, […] die bearbeitet wird« (S. 353).

Vom ES zum »Thema«

Nun mag, wer bis hierher gelesen hat, einwenden, so bedeutsam sei das vielleicht alles gar nicht und es gebe in der TZI wichtigere Fragen zu verhandeln als die nach der korrekten Benennung der oberen Ecke des TZI-Dreiecks. Ich bin auch sofort bereit, dem zuzustimmen. Es geht ja nicht um rechthaberisches Durchsetzen der »reinen Lehre«; aber um der Sache willen plädiere ich für eine möglichst klare Begrifflichkeit, die dem Anliegen nur dienen kann. Ist doch, wie schon der Fuchs zum Kleinen Prinzen sagt, die Sprache die Quelle vieler Missverständnisse, die es nicht auch noch zu fördern gilt.

Von der Sache her spricht m. E. Folgendes für die Verwendung der Bezeichnung ES: Die drei Ecken des Dreiecks geben die Pole der Aufmerksamkeit an, auf die sich die konkrete Arbeit mit und in einer Gruppe in dynamischer und nie endgültig zu findender Balance ausrichtet. Im Balancieren der konkreten Gruppenarbeit kann dann mal das ICH, mal das WIR, mal das ES und mal auch der GLOBE stärker das Thema bestimmen und auch jeweils selbst zum Thema werden.

Das ICH wird in Persönlichkeitsgruppen z. B. dann zum Thema, wenn es darum geht, die eigene Biographie noch einmal unter einem bestimmten Blickwinkel anzuschauen. Das WIR kann zum Thema werden, wenn es etwa darum geht, die Kommunikationsstruktur einer Gruppe zu verstehen. Das ES wird zum Thema, wenn die Gruppe arbeitsfähig geworden ist und sich dem Stoff, den es zu bearbeiten gilt, zuwendet. Auch der GLOBE kann zum Thema werden, etwa wenn Rahmenbedingungen einer Gruppenarbeit neu ausgehandelt oder Grenzen verschoben werden.

Wie wird aus einem ES ein Thema? Dies geschieht so, dass die Bedeutung, die dieses ES für ICH und WIR hat, in der Themenformulierung benannt wird, damit der ES-Aspekt des Themas lockt, sich in einer dafür geeigneten Struktur mit ihm zu befassen. Diese Zusammenhänge hat m. E. am klarsten Helmut Reiser dargestellt (Reiser u. Lotz, 1995, S. 126–131) und am Beispiel der Unterrichts-gestaltung in der Schule in dem folgenden Schaubild (Abbildung 3) visualisiert:

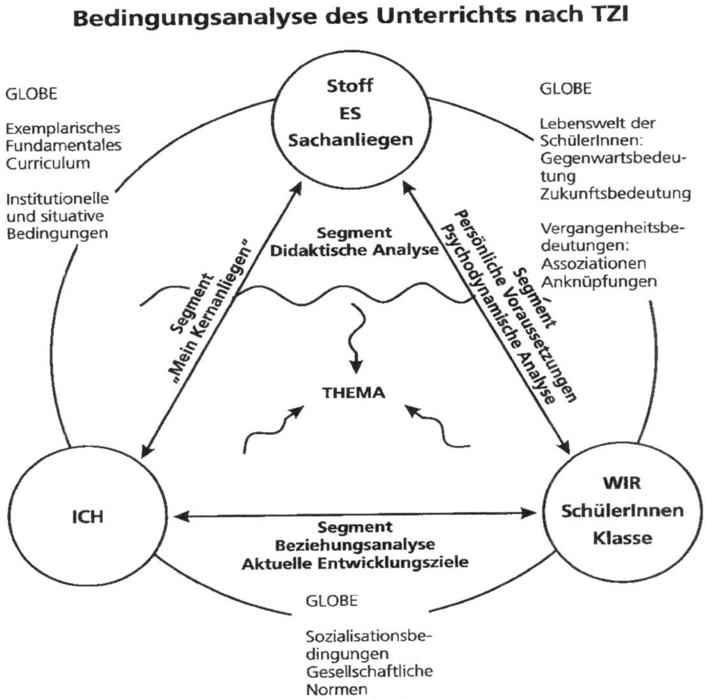

Bedingungsanalyse des Unterrichts nach TZI

GLOBE

Exemplarisches
Fundamentales
Curriculum

Institutionelle
und situative
Bedingungen

**Stoff
ES
Sachanliegen**

GLOBE

Lebenswelt der
SchülerInnen:
Gegenwartsbedeu-
tung
Zukunftsbedeutung

Vergangenheitsbe-
deutungen:
Assoziationen
Anknüpfungen

**Segment
Didaktische Analyse**

Segment „Mein Kernanliegen"

Persönliche Voraussetzungen / Psychodynamische Analyse

THEMA

ICH

**WIR
SchülerInnen
Klasse**

**Segment
Beziehungsanalyse
Aktuelle Entwicklungsziele**

GLOBE

Sozialisationsbe-
dingungen
Gesellschaftliche
Normen
Persönliche Werte

Abbildung 3: Beispiel der Unterrichtsgestaltung in der Schule (Reiser u. Lotz, S. 127)

Das Unterrichtsthema ist etwas anderes als der Unterrichtsstoff. Im Thema sollen nicht nur der Stoff, sondern auch die GLOBE-Bezüge, die ICH-Bezüge und die WIR-Bezüge eines Lernvorganges enthalten sein. Wenn ein Lehrer z. B.

zu einer Unterrichtseinheit als Thema angibt: »Die Frühblüher«, so ist dies ein
Stoff und kein Thema. Ein Thema kann aus dem Stoff werden, wenn er sich fragt,
was die Schüler mit diesem Stoff zu tun haben, was in der Gruppe gewollt oder
ungewollt ausgelöst werden kann, wenn sich die Klasse damit beschäftigt, was
er an diesem Stoff wichtig findet. Ein Thema zu diesem Stoff kann z. B. sein:
»Wir finden heraus, warum Krokusse und Tulpen schon so früh im Jahr blühen
können – welcher ›Trick‹ ist hier dabei?«

Genauso und m. E. völlig zutreffend schreibt Karl Platzer-Wederwille (1996):
»Im Unterricht ist das ES der Gegenstand, nicht das Thema. Das Thema steht in
der Mitte des Dreiecks. Es verbindet die Ecken miteinander« (S. 101).

Ein Thema kann den Akzent mehr auf ES-, ICH-, WIR- oder GLOBE-Aspekte
setzen. Die TZI zielt darauf, diese vier verschiedenen Aspekte in ein solches Verhältnis zu setzen, dass Erleben, Eigenaktivität und Gruppenaktivität angeregt
werden. Deshalb dürfen die Schwerpunkte nicht langandauernd einseitig sein.
Dieses Ziel nennt die TZI »dynamische Balance«.

Man könnte nun einwenden, mit dem Wort »Thema« sei doch präzise das
ausgedrückt, was der Begriff ES meint. Ich kann mir ohne Schwierigkeiten
denken, dass die Autoren, die in ihrer Wortwahl für das ES »Thema« sagen,
das auch so meinen und die Begriffe je nach besserer Wirksamkeit verwenden
(und z. B. statt GLOBE auch erst einmal »Mitwelt« oder »Umfeld« sagen). Manch
einen mag einfach weniger interessieren, was »richtig« oder »falsch« ist, als eine
wirksame Betrachtungsweise. Dann wäre mit »Thema« einerseits die »obere
Ecke« vom Dreieck, andererseits die »Mitte« desselben gemeint. Nur halte ich
diese Wortwahl nicht für präzise und deswegen auch nicht für hilfreich, weil sie
verwirrend ist, da ES und Thema dann nicht unterschieden werden. Oder will
man das eine mit dem Wort »Thema« Gemeinte dann »Sach-Thema« nennen
und das andere »Thema« oder »Arbeitsthema«?

Ich kann zum Taschenmesser sicherlich auch Schere sagen und mich in
dieser Wortwahl dennoch mit meinen Mitmenschen verständigen, da ich ja mit
beiden Instrumenten schneiden kann. Wer eine fremde Sprache erlernt, wird
analoge Erfahrungen immer wieder machen. Nur kommt dann irgendwann der
Punkt, an dem aus Gründen der Zweckmäßigkeit eine präzisere Sprachregelung
sinnvoll und auch erforderlich ist.

ES und Thema sind zweierlei

Wie kommt es nun zu einem derartig unterschiedlichen Sprachgebrauch in
der TZI? In der faktisch verwendeten Begrifflichkeit zeigt sich sicherlich auch

ein Ringen um die »dritte Sache«: Wie ist sie zu fassen? Wie kann genau ausgedrückt werden, was damit gemeint ist? Das kann ja in der Tat ganz verschieden sein: Für den Unterricht in einer Schulklasse ist das gemeinsame Dritte der zu bewältigende Stoff, in einer Konferenz die Traktandenliste, in einer Planungsrunde das Sachanliegen, das es zu bearbeiten gilt.

Ich schlage vor, für die »ES-Ecke« des Dreiecks die Bezeichnung ES auch tatsächlich zu verwenden. Ich sehe im Gesamt der TZI-Nomenklatur nicht die Gefahr, dass diese Bezeichnung – vorausgesetzt, sie wird sachgemäß eingeführt – zu einer Verwechslung mit dem in der Tiefenpsychologie ganz anders verwendeten Begriff führen könnte. Dann lässt sich der Fachterminus ES erklären als das Sachanliegen (meinetwegen auch als »Anliegen«, »Aufgabe«, »Stoff«, »Sache« oder »Arbeitsgegenstand«), um das es in einer Gruppe geht oder gehen kann. Mit dem Thema setzt der Leiter oder die Leiterin das Sachanliegen mit ICH und WIR in Bezug, um es innerhalb des gegebenen GLOBES mit einer angemessenen Struktur zu bearbeiten.

Natürlich gibt es eine ICH-Thema-Beziehung, wie es eine ICH-WIR-Beziehung, eine ICH-ES-Beziehung und eine ICH-GLOBE-Beziehung gibt. Aus der Beziehung, die ich als Leiter zum ES und zum WIR im derzeit gegebenen GLOBE habe, formuliere ich das Thema und führe es ein und ermögliche somit den teilnehmenden Personen, ihren Bezug zum ES über das gemeinsame Thema zu finden.

Literatur

Bramstädt, H., Cords, R. (1989). Was ist TZI? – Ein Positionspapier. Themenzentrierte Interaktion, 3 (2), 73–75.

Cohn, R. (1994). Gucklöcher. Zur Lebensgeschichte von TZI und Ruth C. Cohn. Gruppendynamik 25 (4), 345–370.

Cohn, R., Farau, A. (1984). Gelebte Geschichte der Psychotherapie. Zwei Perspektiven. Stuttgart: Klett-Cotta.

Cohn, R., Matzdorf, P. (1992). Das Konzept der Themenzentrierten Interaktion. In C. Löhmer, R. Standhardt (Hrsg.), TZI. Pädagogisch-therapeutische Gruppenarbeit nach Ruth C. Cohn (S. 39–92). Stuttgart: Klett-Cotta.

Funke, D. (1985). Glaubensgesprächskreise in der Gemeinde. In I. Amann, R. Birmelin, R. Cohn, D. Funke, M. Kroeger, B. Langmaack, P. Matzdorf, E. Miescher, A. Ockel, B. v. Platho, G. Quast, H. Reiser, K.-H. Wrage (Hrsg.), Erfahrungen lebendigen Lernens. Grundlagen und Arbeitsfelder der TZI (S. 168–179). Mainz: Grünewald.

Kügler, H. (1995). Notebooks, Feten und GO-Anträge. Themenzentriertes Arbeiten in einem kirchlichen Jugendverband. Themenzentrierte Interaktion, 9 (2), 72–85.

Langmaack, B. (1991). Themenzentrierte Interaktion. Einführende Texte rund ums Dreieck. Weinheim: Psychologie Verl.-Union.

Langmaack, B., Braune-Krickau, M. (1989). Wie die Gruppe laufen lernt. Anregungen zum Planen und Leiten von Gruppen. München: Psychologie Verl.-Union.

Muche, J. (1988). Textzentrierte Interaktion: »Wir feiern unser Naturalismus-Fest«. Themen-
    zentrierte Interaktion, 2 (1), 53–62.

Muche, J. (1989). »Und jetzt – da ist dieses Brett auf einmal weg!« – Schülerorientierter Sport-
    unterricht. Themenzentrierte Interaktion, 3 (2), 99–108.

Piantanida, M. (1990). Applying the Principles of Group Interactions to Interdisciplinary Teams.
    Themenzentrierte Interaktion, 4 (1), 27–41.

Platzer-Wederwille, K. (1996). Humanisierung des Berufsfeldes Schule. Themenzentrierte Inter-
    aktion, 10 (1), 96–107.

Osswald, E. (1980). Sachzentrierter Unterricht nach TZI in der Staatsschule. Basellandschaftliche
    Schulnachrichten 41.

Reiser, H., Lotz, W. (1995). Themenzentrierte Interaktion als Pädagogik. Mainz: Grünewald.

Roch, E. (1988). TZI als Methode, pädagogisches System und persönliche Einstellung. In H. Belz,
    Auf dem Weg zur arbeitsfähigen Gruppe (S. 77–102). Mainz: Grünewald.

Schapfel, F. (1996). Zum Spannungsverhältnis von neuen beruflichen Anforderungen und Subjekt-
    werdung. Themenzentrierte Interaktion, 10 (1), 66–87.

Schultze, A. (1987). Dynamisierende Übungen und Spiele im Gruppenprozeß und die TZI. In K.
    Hahn, M. Schraut-Birmelin, K. Schütz, C. Wagner (Hrsg.), Gruppenarbeit: themenzentriert.
    Entwicklungsgeschichte, Kritik und Methodenreflexion (S. 47–55). Mainz: Grünewald.

Schultze, A. (1994). Das gesellschafts-politische Anliegen der TZI. In R. Standhardt, C. Löhmer
    (Hrsg.), Zur Tat befreien. Gesellschaftspolitische Perspektiven der TZI-Gruppenarbeit (S. 114–
    130). Mainz: Grünewald.

Stabenau, H. (1992). Soziale und emotionale Bildung Erwachsener. Themenzentrierte Interaktion,
    6 (1), 15–38.

Wrage, K. (1985). Themen finden – Themen einführen. In I. Amann, R. Birmelin, R. Cohn, D.
    Funke, M. Kroeger, B. Langmaack, P. Matzdorf, E. Miescher, A. Ockel, B. v. Platho, G. Quast,
    H. Reiser, K.-H. Wrage (Hrsg.), Erfahrungen lebendigen Lernens. Grundlagen und Arbeits-
    felder der TZI (S. 68–91). Mainz: Grünewald.

Helga Modesto

Demokratisches Verhalten in der TZI-Gruppe: Eine Herausforderung an die Chairperson[1]

Dieser Beitrag veranschaulicht das erste *Axiom*. Die als existentiell-anthropologi-
sches Axiom bezeichnete Idee vom Menschen hat im Postulat »Sei deine eigene
Chairperson« ihre Konkretion gefunden. Helga Modesto verbindet Idee und Postulat
des ersten Axioms mit der Vorstellung vom *»partizipierenden Leiten« (s. Raguse)*.
Dies meint, anders als bei anderen Modellen, dass die Leitenden immer auch Teil
des Geschehens in einer Gruppe sind. So ist der Faktor »Ich« im *Vier-Faktoren-
Modell* sowohl die Leitungsperson wie auch jede/-r Teilnehmende. Damit wird die
Funktion der Leitung eine besondere und grenzt sich gegen andere Verfahren ab
(vgl. Reiser). Sie muss immer wieder neu austarieren, wann Leitung (z. B. durch eine
Themensetzung, durch Strukturvorgaben) notwendig ist und wann Partizipation.
Helga Modesto zeigt in ihrem Beitrag, wie diese Vorstellungen zur Demokratisie-
rung beitragen.

Als Mensch, als meine eigene Chairperson, versuche ich bewusst, in meiner
Haltung und meinem Verhalten der Realität meiner gleichzeitigen Autonomie
und Interdependenz gerecht zu werden, und zwar so human, so vollmenschlich,
wie möglich. Das heißt, ich entdecke, nütze und fülle meinen Freiheitsraum aus,
so weit er wirklich reicht (und er reicht weiter, allerdings anders weiter, als ich
zunächst meine), bestimme mich selbst (und zwar entsprechend dem, was ich
wirklich will und für mich entscheide, und nicht nach dem, wonach es mich im
Moment gelüstet) und erreiche damit mehr, als ich je vermutet hätte. Und: Ich
verhalte mich nicht an der Realität meiner Interdependenz vorbei, vor allem
nicht an den anderen Menschen vorbei. Ich nehme sie zunächst grundsätzlich
ernst, bei aller Verschiedenheit, Andersartigkeit, bei allem, was mich an ihnen
verwirrt oder stört. Freilich ist das eine psychische Gratwanderung. Denn ich
möchte die anderen an- und ernst nehmen, ohne mich, meine Grundhaltungen,
meine Überzeugungen, Wünsche und Bedürfnisse aufzugeben und ohne der-

---

1   Aus: Themenzentrierte Interaktion, 1990, 1, S. 48–57.

art auf meinen Grundhaltungen, Überzeugungen, Wünschen und Bedürfnissen
zu bestehen und zu beharren, dass ich den bzw. die anderen aufgeben müsste.
Geht das überhaupt? Besteht, wenn ich diese Haltung verwirklichen möchte,
nicht die Gefahr eines kontur- und profillosen Schwimmens in einer seichten
Mitte, die weder eine echte eigene Überzeugung noch einen klaren Konflikt,
eine offene, kritische Auseinandersetzung zulässt? Diese Gefahr ist riesengroß.
Dennoch: Ich muss dieses Risiko eingehen, wenn ich Chairmanship in meinen
Beziehungen, wenn ich Demokratie lernen will.

Demokratie, Herrschaft in einem Gemeinwesen nach dem Willen des Volkes
(im Gegensatz zur Herrschaft nach dem Willen eines Einzelnen oder einer, wie
auch immer gearteten Gruppe oder Klasse) setzt voraus, dass jene, die in dem
Gemeinwesen ihren Willen kundtun und sich selber und die Gruppe (mit-)
leiten, Chairpersons im Sinne des Chairman-Prinzips von TZI sind. Denn sie
müssen lernen (ob sie TZI nun kennen oder nicht):
- wahrzunehmen bzw. zu wissen, was sie wollen,
- zu artikulieren, was sie wollen,
- die eigenen Bedürfnisse und die Bedürfnisse der anderen abzuwägen als
  Voraussetzung für ihre bewusste Entscheidung,
- die Konsequenzen aus ihrem Verhalten zu tragen, Irrtümer und Fehler zuzugeben und neu anzufangen, wenn etwas schiefgelaufen ist,
- echte, akzeptable und, wenn auch vorläufige, so doch hier und jetzt ernst zu
  nehmende Kompromisse zu finden,
- ihren Platz im Gemeinwesen (in der Gruppe), der ihr eigener ist, zu suchen
  und zu finden und sich dabei nicht von Machtstreben leiten zu lassen,
  sondern vom Streben nach Eigenwohl und Gemeinwohl zugleich, da eins
  das andere bedingt.

Da es die ideale, perfekte Chairperson nicht gibt, sondern wir alle unter-
wegs (vielleicht zu ihr hin) sind, gibt es auch nicht die ideale, perfekte TZI-
Gruppe und nicht die ideale, perfekte Demokratie. Aber es gibt TZI-Gruppen,
die erstaunlich menschlich reif (als Chairpersons in Beziehung und mit
gemeinsamer Arbeit an einer Aufgabe) agieren und Demokratie so weitgehend verwirklichen (natürlich als winzig kleine und oft von außen auch
nicht übermäßig belastete »Gemeinwesen«), wie ich (denn ich habe es wiederholt erlebt) das nie für möglich gehalten hatte. Natürlich, wenn ich so etwas
erleben und erlebbar machen will, muss ich – als Teilnehmer oder als Leiter –
etwas dafür tun. Konkret gesagt, ich muss, als mein eigener Chairman, es
wollen und – authentisch – tun. Denn: Bedingungsloses Ernstnehmen des und
der anderen geschieht nicht, wenn es nur in meinem Wollen allein bleibt. Ich

behandle konsequenterweise und authentisch den anderen wie eine Chairperson (der merkt das sofort), und wenn er oder sie eine solche jetzt nicht oder noch nicht bewusst ist, dann muss ich ihr oder ihm Raum geben, damit sie oder er so werden kann. Dabei billige ich ihm (ihr) zu, dass er/sie wirklich so werden kann, und gehe aus Überzeugung davon aus, dass dieses Wachsen wirklich geschieht. Der Raum, den ich den anderen gebe (das gilt wiederum für Leiter und Teilnehmer in der Gruppe), muss so begrenzt sein, dass er als Rahmen, als nicht zu viel, aber doch genügender Schutz, empfunden werden kann. Dieser Raum heißt Vertrauen. Und wird als solcher von den anderen nur angenommen, wenn ich selbst Vertrauen schenke. *Und:* Er muss gleichzeitig so weit sein, dass der andere seinen Weg, sein Wachsen, seine Leitlinien darin selber suchen und finden kann, seine Leitgedanken und Erfahrungen, an denen entlang er immer mehr autonom wird und fähig, seiner Interdependenz Rechnung zu tragen. Dieser Raum heißt dann: dem anderen etwas zutrauen und Freiheit geben.

Wenn ich – als Leiter oder Teilnehmer – diese Haltungen bewusst, mit Überzeugung und Freude in mir verwirkliche, dann kann ich erfahren und erleben, was Demokratie wirklich ist. Sie ist etwas, was mit den innersten Tiefen des Menschseins zu tun hat, und viel mehr als eine Staatsform. Sie ist die dem Wesen des Menschen (in der Ausformung und Aktualisierung seiner Möglichkeiten) gemäße Form des Miteinanders, die allerdings auch höchste Ansprüche an die Chairpersonship des Einzelnen stellt.

Fazit: In einer TZI-Gruppe, in der es jedem Einzelnen weitgehend gelingt, *seine eigene Chairperson in der Gruppe* (= nicht nur »ICH«, sondern »ICH in der Gruppe«) zu sein, verwirklicht sich, im kleinen Rahmen und gleichzeitig real, wirklich, erfahrbar (nicht theoretisch, nicht ideell, nicht konzeptuell), Demokratie. Das zu erleben, macht erfahrungsgemäß auf alle Beteiligten Eindruck.

Gut, und was nun? Ich bilde mir nicht ein, es könnte Demokratie damit in unseren Institutionen, in unseren sich demokratisch nennenden Gemeinwesen eingeführt werden. Ich kann – für mich (und für wen könnte ich sonst sprechen) – nur sagen: Ich tu es, ich will es versuchen, so zu leben, mich so zu verhalten, wo immer ich hinkomme, und ich hoffe, dass die Realitäten, die da geschehen, ausstrahlen, Wirkungen nach vielen Richtungen haben. Aber die Effizienzkontrolle ist nicht mehr mein Problem. Einiges von den Wirkungen erfahre ich und werde ich erfahren und wenn das geschieht, macht es mich sehr froh. Es ist gut, auch annehmen zu können, dass es Auswirkungen gibt, von denen ich nichts erfahre. Ich möchte einiges bewusst dem Zufall überlassen und einfach vertrauen auf die Kraft authentischer Menschlichkeit, die überall ist und wirkt und ausstrahlt.

Freilich – eines habe ich hier zwar angedeutet, aber dennoch zu wenig betont und besprochen: Wie geht es mir – nicht theoretisch, sondern praktisch und konkret – mit meinen persönlichen »wunden Punkten«, »Schwachstellen«, Übertragungen und Gegenübertragungen, Emotionen und Aggressionen, wenn ich als Chairperson meiner selbst andere als ihre eigene Chairperson ernstnehmen will? Wie geht es mir in der Frustration, im Konflikt, wenn ich im Kreuzfeuer (das mich hilflos und wütend macht) von Gefühlen (eigenen Gefühlen und den Gefühlen anderer), die ich wahrnehme und die mich auch wütend und hilflos machen, in der Gruppe stehe?

Das ist ja der eigentlich springende Punkt allen Umgehens mit Menschen, allen Lehrens, Beratens, Heilens, Helfens. Hier kommt jeder an seine Grenzen, hier beginnt die Flut der Rationalisierungen, der Ausreden, der klugen, weniger klugen, geschickten, plausiblen Erklärungen, der Vermeidungsstrategien, der verkappten Feigheiten, der ästhetisch und ethisch verbrämten eigenen Ängste und Hilflosigkeiten, der Wünsche nach Anerkennung und Zuwendung, die alles Verhalten diktieren, der eigenen Verletzlichkeiten und Verletzbarkeiten, denen ich mich »fügen« muss, weil's mir sonst ans Leben ginge.

Genug der Aufzählung, jeder weiß, worum es geht. Rezepte gibt es nicht. Ich kann nur von mir, meinen Versuchen und von dem, was mich die Erfahrung gelehrt hat, erzählen:

– Ich habe mich entschieden und bemühe mich daher, mir über mich selbst möglichst nichts vorzumachen,
– ich konfrontiere mich so oft als möglich mit der Tatsache, dass ich einiges gut oder sehr gut, einiges mäßig, einiges schlecht und einiges gar nicht kann, übe mich darin, das eine wie das andere zuzugeben, und sehe zu, wie es mir dabei geht,
– ich vergegenwärtige mir, wann immer ich darauf stoße, die Tatsache, dass ich es nie allen recht machen kann und dass es Menschen gibt und immer geben wird, die mit mir nichts anfangen können, die mit mir nichts zu tun haben wollen, und ich lasse innerlich diese Menschen eben so sein,
– ich erinnere immer wieder, dass ich als Ich einmalig bin und wertvoll und dass ich mich dieser Tatsache anheimgeben kann und auch der entsprechenden Erfahrung, dass ich noch nie wirklich total verlassen und verstoßen war, wenn ich nur die Hände und den Mund geöffnet und Beziehung aufgenommen habe,
– ich mache mir oft bewusst: Ja, ich will, ich will mich selber und andere ernst nehmen und Demokratie ausprobieren. Und:
– Ich erinnere die großartigen Erfahrungen, die ich dabei schon gemacht habe und die sich nicht wegleugnen oder ungeschehen machen lassen, weil sie

geschehen, Wirklichkeit, Realität, Geschichte geworden sind und insofern auch für mich »Autorität« (Realität ist Autorität) sind.

Über die Demokratie hinaus: Partnerschaftlichkeit, Geschwisterlichkeit

Im Konzept der TZI erübrigt sich hierarchisches Oben und Unten. Dadurch, dass die Teilnehmer jeder sich selbst und die anderen als eigenen Leiter ernst nehmen und respektieren, und dadurch, dass der TZI-Gruppenleiter als »Modellteilnehmer« gilt, der nicht einen Status innehat, sondern eine Funktion – als Aufgabe und Chance für sich selbst, als Dienst für die Gruppe – übernimmt, rücken die Menschen in der TZI-Gruppe offener und unbefangener näher zusammen. Sie empfinden sich gegenseitig (das weiß ich aus vielfacher eigener Erfahrung) als Mitmenschen, die etwas gemeinsam suchen, tun, die nicht unter dem Druck stehen, wetteifern oder sich profilieren zu müssen, und die daher auch Zeit und »Raum« haben, neben dem eigenen und dem Miteinanderlernen, sich danach zu fragen, wie sie mit sich selber und mit anderen im Leben des Alltags umgehen und was daran zu ändern sei. Der Umgangsstil in der TZI-Gruppe geht daher über die »Regeln« der Demokratie hinaus und ist eher als partnerschaftlich oder geschwisterlich zu bezeichnen. Wir haben uns darüber in TZI-Kursen Gedanken gemacht und einiges herausgefunden:

1. In der Demokratie gilt Mehrheitsentscheidung. TZI will das nicht. TZI will nicht die Unterdrückung der Minderheit durch Mehrheitsbeschlüsse. Freilich wird auch in TZI-Gruppen das Abstimmen nie ganz zu eliminieren sein. Die Härte, die das mit sich bringt, kann gemildert werden durch ein Eingehen auf die und Ernstnehmen der Argumente und Anliegen des jeweils anderen und durch das Suchen eines menschlich akzeptablen Kompromisses, in dem die Minderheit sich zumindest ernst genommen fühlen kann, und dadurch, dass die Gründe für und wider sowie die Gründe für die Entscheidung für alle transparent gemacht werden. Die Verschiedenheit der Standpunkte und Bedürfnisse kann in der TZI-Gruppe klar zur Sprache kommen. Es kann im Lauf des Prozesses deutlich und erfahrbar werden, dass einmal dieser, einmal jener »nachgibt« bzw. beide ein Stück nachgeben und dass im Lauf der Zusammenarbeit und des Zusammenseins die Bedürfnisse möglichst vieler »drankommen«. In einer Atmosphäre der Solidarität – die in der TZI-Gruppe meist gut entstehen kann – ist der einzelne Teilnehmer eher bereit, seine Wünsche auch einmal zurückzustellen, wenn er weiß, er ist angenommen und wird nicht zugunsten einer bevorzugten Klasse, die das Sagen hat, unterdrückt oder abgeschoben.

Dann wird er auch eher bereit sein, an einem Thema, das nicht seines ist, für sich zu lernen und, für ihn vielleicht überraschend, auch eigene Erfahrungen zu machen. Das Partnerschaftliche an diesem Verhalten in der TZI-Gruppe, das schon über Demokratie hinausgeht, heißt demnach:

a) Ich nehme meine Wünsche und Bedürfnisse wahr, sie sind mir wichtig, und ich gehe auf den anderen und seine Bedürfnisse ein und bin offen dafür, dass er auch auf mich eingeht.

b) Ich sorge dafür und ich vertraue darauf, dass ich auch meine eigenen Interessen einbringen kann und dass sie angenommen und bearbeitet werden, und bin meinerseits offen für die Interessen der anderen.

c) Ich bin flexibel und offen dafür, dass ich am Thema oder Bedürfnis eines anderen etwas lernen kann.

2. Demokratie – streng genommen – bedeutet Gleichheit aller. Im Extrem sieht das dann so aus, dass alle alles bestimmen. Alle sind gleich. Dazu kommt es, wenn das hierarchische Gefälle total abgebaut ist. Solche »Gleichheit« legt sich wie ein eiserner Panzer um eine Menschengruppe, vernichtet alles lebendige Wachsen des Einzelnen, erzeugt Misstrauen, Korruption, Egoismus, Betrug, Ausbeutung, demoralisiert und entmenschlicht. Schon das zentrale Chairperson-Postulat bewahrt die TZI-Gruppe vor diesem nivellierenden Extrem. Wenn ich den Einzelnen in seiner Individualität und Einmaligkeit ernst nehme, dann sind nicht alle gleich, sondern jeder ist anders. Jeder hat andere Fähigkeiten, Stärken, Grenzen und Schwächen. So kann einer dies machen, ein anderer jenes, je nach seiner Begabung und Fähigkeit. Aber: Dabei ist keiner »etwas Besseres« als der andere, keiner steht höher, auch wenn sie Verschiedenes tun. Auch wenn es in einer Gruppe Menschen gibt, die durch Intelligenz, Temperament, Sachkenntnis, Kompetenz auf einem Gebiet, Erfahrung und Lebenserfahrung herausragen, sollte und kann das Bewusstsein der Verschiedenheit und des letztlich aufeinander Angewiesenseins extreme Aggressionen und Rivalitäten vermeiden, so dass Partner bzw. Geschwister bei allem geschwisterlichen Zank und den entsprechenden Prügeleien eben doch Geschwister bleiben.

3. Letztlich ermöglicht das TZI-Konzept (das wurde in Punkt 1 und 2 schon deutlich), vor allem, wenn es als Haltung internalisiert ist, über alle demokratische Haltung hinaus eine »Gesinnungsänderung«, ein Umdenken, Umorientieren, weg von misstrauischem Sich-gegenseitig-Belauern hin zur Unabhängigkeit von dem, was der andere tut, hin zum Vertrauen in mich selbst und in die anderen. Je ausdrücklicher es um Macht geht, umso schwieriger, ja unmöglich wird solche »Wende«. (In Politik und Wirtschaft ist man weit davon ent-

fernt.) Dennoch gibt es nicht nur TZI-Seminare, sondern Gruppen, Teams, Gemeinden, wo so etwas möglich wird, und es gibt vereinzelt auch bei uns das, was wir an den brasilianischen kirchlichen Basisgemeinden bewundern. Eine »Pastoral der Befreiung« hat in Südamerika Ansätze verwirklicht, die TZI total entsprechen: »Ohne dass wir uns von vornherein abgestimmt hätten, wurde fast einstimmig der Leitgedanke ›participação communhao‹, das heißt, ›mitmachen und so zur Einheit der Gemeinschaft kommen‹, zur Methode erklärt und auch als Zielsetzung der gegenwärtigen und zukünftigen Pastoral Lateinamerikas festgelegt. Damit ist eine neue Epoche angebrochen […] das Volk soll fortan seine Geschichte selbst in die Hände nehmen« (Arns, 1983, S. 75). Dieses »Die eigene Geschichte selbst in die Hände nehmen können«, setzt eine große Freiheit und menschliche Reife des Volkes voraus und ist ein Mehr-als-Demokratie in Richtung hin auf Partnerschaftlichkeit und Geschwisterlichkeit in Solidarität. Wir sind, wo immer Menschen menschlich zusammen sind, die lebendig lernen oder glauben wollen, mehr oder weniger weit von der Verwirklichung dieser Vorstellung entfernt. Gleichzeitig gilt, dass es – oft erstaunliche – Ansätze in dieser Richtung gibt. Im Grunde genommen ist das die Modell- oder Idealform einer TZI-Gruppe, in der die ICHS und das WIR ein Maximum an Autonomie bei voller Akzeptierung der Interdependenz als Realität gefunden haben.

»Demokratische« Haltungen in meinem TZI-Erfahrungsbereich

1. Partnerschaftlich miteinander umgehen ist schwierig und ungewohnt; es kann eingeübt werden.
   Der praktische Bereich, in dem sich die genannte »demokratische Komponente« bzw. die gelebte Partnerschaftlichkeit verwirklicht, ist zunächst die TZI-Gruppe, in der solche Partnerschaft bewusst gelebt, ausprobiert und reflektiert wird. Das Erfahrene, Gelernte zeigt sich dann im konkreten Leben und Arbeitsbereich der Teilnehmer, normalerweise erst in Ansätzen, dann allmählich immer klarer und deutlicher. Wie in der TZI-Gruppe, so ist auch im Leben ein Lernen im Hinblick auf mehr »Demokratie« möglich. Ich kann schon in der TZI-Gruppe (und in angemessener Weise übertragen auch im Privatleben und in der Arbeit) etwas dafür tun, damit demokratisches Verhalten möglich und lebbar wird. In TZI-Gruppen, vor allem dann, wenn Teilnehmer da sind, die TZI schon – mehr oder weniger – kennen und deswegen ein partnerschaftliches, menschlich gutes Arbeiten erwarten, spüre ich oft neugierige und freudige Erwartung auf ein geschwisterliches Mit-

einander. Gleichzeitig aber auch deutlich eine Scheu vor dem konkreten
Anfangen, ein Zögern, ja manchmal sogar ein Gegensteuern. Mehr als einmal wurde mir gesagt (und zwar meist nicht so deutlich, wie ich es hier
formuliere): »Du weißt ja, wie man partnerschaftlich miteinander umgeht,
nun erzähl uns einmal davon, wir hören zu«, oder: »Zeig uns Übungen, die
das demonstrieren«, oder: »Lass uns darüber reden, was wir, du und ich an
Erfolgen und Missglücken schon erlebt haben, und reflektieren, wie ich, du
es machen könnten, dass …«, so etwas mag zunächst ganz gut klingen, und
ich habe schon eine Zeit gebraucht, bis ich meine Weise fand, mit solchen
Aufforderungen umzugehen:
Ich möchte nicht davon erzählen bzw. referieren, wie man partnerschaftlich
miteinander umgeht – ich möchte partnerschaftlich miteinander umgehen.
Wir können natürlich darüber reflektieren, wie es uns dabei geht. Ich möchte
nicht irgendwelche Übungen vorschlagen oder vorführen, die mit dem,
was hier und jetzt in der Gruppe los ist, wenig oder nichts zu tun haben.
Ich möchte nicht etwas demonstrieren, was im Moment vielleicht gar kein
Anliegen ist. Und: Ich möchte nicht, dass wir uns gegenseitig nur (positive
und negative) Erfahrungen erzählen, wie demokratisches oder partnerschaftliches Verhalten irgendwo und irgendwann geglückt oder missglückt ist,
oder gar versuchen, Rezepte zu basteln und auszuteilen, wie »man es macht,
wenn …« oder »damit …«. Beides klärt wenig und hilft nichts. Gleichwohl
sind die menschlichen Anliegen, die wir meist alle in der Gruppe spüren,
drängend und dringend und sehr ernst zu nehmen. Darum müssen wir
gemeinsam (nicht ich allein bzw. nicht das Leitungsteam allein) Wege suchen,
hier und jetzt und miteinander Erfahrungen zu machen, die uns helfen, notwendige Haltungen und Verhaltensweisen zu finden. Oft lassen Scheu vor
Engagement, vor Anstrengung und Blamage, vor den Konsequenzen der
»Mitbestimmung« (Mitbestimmung wird gewünscht, Mitverantwortung
gefürchtet), Angst vor Ablehnung durch die anderen, vor der Verbindlichkeit eigener Entscheidungen (es ist auch angenehm, im Unverbindlichen zu
bleiben) die Gruppenteilnehmer zögern, sich auf das einzulassen, was sie
eigentlich möchten, nämlich mitgestalten, mitbestimmen, mitarbeiten. Sehr
eindrücklich habe ich schon erlebt, wie mein entschiedenes »Nein« zu der
Aufforderung, »jetzt doch etwas zu bringen« – ich bringe mich ja ständig
selber ein mit dem, was ich bin und kann, und mit meinen Erfahrungen,
mit meinen Vorschlägen und meiner Bereitschaft, zusammenzuarbeiten –,
zuerst zu Frustration, dann aber zur Ent-Täuschung jener Täuschung führte,
in der viele befangen waren, als sie glaubten, eine Methode »lebendigen
Lehrens und Lernens« kennenzulernen, mit der man, sofern man sie hand-

habt, Lebendigkeit und menschlich gutes Miteinander erzeugen kann. Es braucht Geduld, langen Atem, eine grundsätzlich positive Einstellung gegenüber den Mit-Teilnehmern und dem Anliegen der gemeinsamen Arbeit. Und ein aufmerksames, sorgfältiges – möglichst gemeinsames – Hinspüren auf den Prozess der Gruppe, auf das, was sie zum Leben, zum Lebendigsein und zum »Wachsen« braucht. Solche Aufmerksamkeit und Geduld lohnt sich immer, auch wenn es manchmal lange dauert und mühsam ist.

2. Demokratisch-partnerschaftliche Freiheit
Im demokratisch-partnerschaftlichen Miteinander ist persönliche Entscheidung und Verantwortung ständig gefragt. Daher ist es wichtig, dass Menschen, die so leben und arbeiten wollen, lernen, ihre Freiheit wahrzunehmen und zu verwirklichen. Solches Lernen geschieht bewusst (bzw. kann für jeden geschehen, der das will), gleichsam »in Zeitlupe« und im doch relativ überschaubaren Rahmen der TZI-Gruppe. Hier kann jeder bewusst über sein Tun und Lassen entscheiden, über sein So-Tun oder Anders-Tun, sein Sich-Einsetzen oder Sich-Raushalten, seine Nähe oder Distanz zu anderen, sein Aufmerksamsein auf sich selbst und (oder) auf andere. Und er kann bewusst die Konsequenzen wahrnehmen, die das eine oder das andere mit sich bringt, und er kann seine Erfahrungen machen, wie es ihm geht, wenn ihn keiner zu etwas zwingt, und erleben, dass es oft unbequem ist, wenn er für sein Verhalten niemand anderen verantwortlich machen kann als nur sich selber. Er kann auch erfahren, dass er in der Gruppe (wie auch im Leben und Beruf) einen Freiheitsraum hat, den er, nur er allein, gestalten kann (wenn er will), wie er will. Diesen Raum gestaltet kein anderer. Dieser Raum ist größer, als er ihn sich vorgestellt hat.
Ich denke, es ist meine Aufgabe als TZI-Leiterin, die Freiheitsräume, durch deren Gestaltung Demokratie und Partnerschaft möglich wird, für die anderen wahrnehmbar zu machen und sie ihnen anzubieten. Dies geschieht in erster Linie durch mein Verhalten und kaum durch Reden oder Erklären. Ich zeige also dem anderen seinen Freiheitsraum. Aber ich gehe nicht hinein (auch dann nicht, wenn der andere das möchte). Und ich sorge dafür, dass auch kein anderer hineingeht. Nur so kann Partnerschaft entstehen und Vormundschaft vermieden werden. Und nur so kann in der Gruppe ein kleines Modell von »Demokratie« entstehen, das ich als Leiterin im Nachhinein gegebenenfalls deutlich machen kann.
Die Freiheit, den eigenen Raum zu gestalten, kann wie eine beglückende Entdeckung erlebt werden. Es erscheint dann nicht mehr so wichtig, dass menschliche Freiheit nicht absolut und nicht grenzenlos ist, sondern ein-

gegrenzt und bedingt von vielen Faktoren und Prozessen. Der eigene Freiheitsraum ist so groß, die Gestaltungsmöglichkeiten sind so vielfältig, dass
genug damit zu tun ist, will man es bewusst und differenziert tun. Schließlich
kann dabei noch die Erfahrung gemacht werden: Was ich freiwillig tue, tue
ich gern, was ich gern tue, gelingt mir meist recht gut. Wenn mir etwas gut
gelingt, habe ich Freude und ein Erfolgserlebnis, das mir hilft, meine Fähigkeiten weiter zu entdecken und zu ihnen zu stehen, und das macht mein
Leben und damit auch das Leben meiner Mitmenschen reicher und schöner.

3. Toleranz als TZI-Realität und -Aufgabe
Toleranz ist keine Aktivität, sondern eine Haltung. Und zwar jene Haltung,
aus der heraus ich einen Menschen, einfach weil er Mensch und als solcher
ein Wert ist, grundsätzlich akzeptiere und achte; auch dann, wenn ich mit
dem, was er denkt, meint, vertritt, tut, nicht einverstanden bin, es ablehne. Ich
kann – und soll das wohl auch – ausdrücken und sagen, wie ich denke, meine
und fühle; das muss aber kein Grund sein, mich vom anderen Menschen
total zu distanzieren und ihn anzufeinden oder zu bekämpfen. Genauso
wenig, wie ich deswegen aufgeben, zurückstecken oder resignieren muss
oder soll oder meine Ansichten und Haltungen ändern muss. Ich möchte
den anderen wirklich »leben lassen«, ohne ihm zu nahe zu kommen und
ohne ihm zu fern zu bleiben, und ich möchte aus »meinem Herzen keine
Mördergrube machen«, ich möchte so denken, handeln und sein, wie ich
bin (= mich auch »leben lassen«). Oft ist es schwer, zu glauben, dass so
etwas möglich sein könnte, und man versucht es gar nicht erst. Gewöhn-
lich, wenn Menschen einander nicht verstehen oder etwas gegeneinander
haben, gibt es die beiden (Extrem-)Möglichkeiten: entweder Feindschaft,
Anfeinden, Kampf (offen oder versteckt), Verurteilung und Vernichtung
als Selbstdurchsetzung oder Rückzug, Resignation, Klein-Beigeben, Nachgeben (mit vernünftigen Argumenten oder auch nicht) als Selbstaufgabe.
Die Beachtung der TZI-Forderung, sich selbstverantwortet zu leiten und im
Kontakt mit anderen vom eigenen Denken und Fühlen, von den eigenen
konkreten Erfahrungen zu reden, anstatt den anderen zu werten, hilft in der
Gruppe (und im Leben und Beruf), Toleranz als bewusstes Verhalten (nicht
als verwaschenes Es-allen-recht-machen-Wollen, nicht als taktierende oder
feige Unverbindlichkeit und nicht als gut kaschiertes Sich-Heraushalten, auch
nicht als konfliktscheues »Unterden-Teppich-Kehren« von Konflikten) zu
entdecken und ein Stück weit zu leben bzw. einzuüben.
Es ist schon viel geschehen, wenn bewusst wird, dass ein Ärger über einen
Menschen nicht dessen totale Ablehnung bedeutet. Das verpflichtet mich,

meinen Ärger anderen gegenüber so zum Ausdruck zu bringen, dass diese Haltung deutlich wird, und es verpflichtet mich, mich nicht als total abgelehnt zu fühlen, wenn einer mir einmal seinen Ärger über mich sagt. Partnerschaft *ist* möglich in einer pluralistischen Gruppe (und insofern kann diese eine ausgezeichnete Lernmöglichkeit für die Realität des Alltags sein). Pluralismus als Verschiedenartigkeit der Meinungen und Haltungen, der Lebensstile und subjektiven Werte ist eine Gegebenheit, die zur Demokratie gehört und gleichzeitig zu deren Prüfstein wird! Ich habe die Erfahrung gemacht, dass mit einer überzeugt gelebten TZI-Haltung auch in sehr inhomogenen und pluralistischen Gruppen eine partnerschaftlich-demokratische Haltung entstehen kann. Allerdings immer nur dann, wenn wenigstens ein Minimum an Willen dazu vorhanden ist. Woraus sich zeigt, dass auch der Versuch, partnerschaftlich-geschwisterliche »Demokratie« in der TZI-Gruppe einzuüben und im Alltagsleben durch TZI zu initiieren bzw. zu verwirklichen, letztlich nur dann glückt, wenn Menschen, die entscheidungsfähig sind und eigenverantwortlich handeln (also Chairpersons), sich bewusst für ihr Engagement in dieser Richtung entscheiden.

Literatur

Arns, P. E. (1983). Puebla, Menschenrechte und franziskanischer Geist. In L. Boff, W. Bühlmann (Hrsg.), Baue meine Kirche auf (S. 75–88). Düsseldorf: Patmos.

Dietrich Stollberg

Ich leite, du leitest – wer leitet?[1]

Das Verständnis von Leitung ist wesentlich für die Arbeit mit TZI. Das TZI-Leitungs-
konzept unterscheidet sich grundlegend von dem anderer Gruppenmodelle. Im *Vier-
Faktoren-Modell* ist die Leitungsperson ein ICH wie jedes andere Gruppenmitglied
auch. Das Leitungs-Ich nimmt zwar durch die Leitungsfunktion eine Sonderrolle ein,
ist aber trotzdem gleichwertiges Mitglied der Gruppe, das sich auch einbringt, am
Geschehen teilnehmen kann und dies in reflektierter Weise auch tut. Ein bewusst
zu reflektierender Aspekt in der Leitungsrolle ist die Frage: Wie weit geht meine
Verantwortung als Leitende/-r in der Fürsorge für die Gruppenmitglieder und die
thematische Arbeit und wo beginnt die Verantwortung des einzelnen Gruppen-
mitglieds für sich selbst und die Verantwortung der Gruppe für die thematische
Arbeit? Dietrich Stollberg hat sich mit diesem Spannungsfeld zeitlebens sowohl
theoretisch als auch praktisch in seinem Leitungshandeln beschäftigt. Sein Artikel ist ein klares Plädoyer dafür, als Leiter/-in einer Gruppe die Verantwortlichkeit
der Teilnehmer/-innen stets im Fokus zu haben und das eigene Leitungshandeln
konsequent darauf auszurichten, die Übernahme von Selbstverantwortung der
Einzelnen zu fordern und zu fördern. Sein Text erinnert daran, dass die Entwicklung
der Themenzentrierten Interaktion durch Ruth Cohn auch eine Reaktion auf die
Erfahrungen der Nazi-Diktatur war, in der sich Menschen weitestgehend haben ent-
mündigen lassen. Cohn erhoffte sich von der Arbeit mit TZI auch eine Stärkung der
Persönlichkeit, der *Chairpersonship,* des Einzelnen und die wachsende Befähigung,
Verantwortung für sich, die zu verhandelnden Sachthemen und das eigene Umfeld,
den *Globe* (s. D. *Stollberg*, Globe), zu übernehmen. Dietrich Stollbergs Text kann
man als Konsequenz dieses Emanzipationsauftrags lesen. Er macht deutlich, wie
sich das TZI-Leitungsverständnis von stärker autoritär verstandenen Leitungskonzepten unterscheidet. Stollberg lotet mit seiner pointierten Haltung vor allem den
Pol der Selbstverantwortung jedes Einzelnen aus. Man kann seinen Text damit auch
als Appell an Leitungsverantwortliche verstehen: Seht Eure Aufgabe als Leiter/-in

---

1   Aus: Themenzentrierte Interaktion, 1998, 1, S. 88–97.

von Gruppen im Sinne von Ruth Cohn auch darin, Menschen zu unterstützen, sich autoritären Systemen zu widersetzen und sie zur Verantwortungsübernahme zu befähigen.

I. Keine Gruppe ohne Leitung

Immer wieder heißt es in TZI-Gruppen: »Und wer leitet?« Dabei geht man selbstverständlich davon aus, dass eine oder einer die Leitung im Sinne des Hüters/der Hüterin der Balance übernehmen müsse. Ein gewisser Widerspruch zum *Postulat:* »Jede/jeder ist ihre/seine eigene *Chairperson*«, ist unverkennbar und wird gelegentlich auch zur Sprache gebracht. Dass keine Gruppe auf der Welt ohne Steuerungsmechanismen, d. h. Leitungsfunktionen, die aktiv wahrgenommen werden, auskommt, ist unbestritten. Die Möglichkeiten, diese Leitung zu bewerkstelligen, sind jedoch vielfältig. Sie gehen über sogenannte Leitungsstile hinaus und sind nicht zuletzt von erheblicher sozialer und politischer Bedeutung. Zunächst betrachten wir die Leitungsstile. Man hat verschiedene beschrieben, z. B. den autoritären, demokratischen und Laisser-faire-Stil. Alle setzen ein klares Gegenüber von Leiterin oder Leiter und Gruppe voraus.

1. Der autoritäre Führungs- oder Leitungsstil
   gibt eindeutig vor, was zu tun oder zu lassen und wie das zu realisieren sei. Er duldet keinen Widerspruch und beruht auf der Voraussetzung, dass eine oder einer dem anderen überlegen sei und diese Überlegenheit (an Kenntnissen, Fähigkeiten und/oder Macht) zum Wohle aller einsetzt. Er funktioniert nach dem Schema Befehl und Gehorsam und hat u. a. den Vorteil, sehr rasch Entscheidungen fällen und in die Tat umsetzen zu können, da Entscheidungsprozesse von Gruppen bekanntlich sehr viel Zeit beanspruchen, wenn nicht eine Minderheit von der Mehrheit, z. B. durch Abstimmung, überfahren werden soll. Viele Verfassungen sehen daher für den Krisenfall begrenzt autoritäre Möglichkeiten, etwa für den Staatspräsidenten, vor. Es kann also durchaus im Interesse des Gemeinwohls liegen, wenn einer führt und alle folgen. Als Machtmittel zur Durchsetzung autoritärer Entscheidungen dienen in der Politik z. B. das Militär, aber auch die Justiz, Gefängnisse, Folter, andere Sanktionen; in Schule und Ausbildung sind es Zeugnisse und Zensuren, die Möglichkeit, Versetzung und Abschlüsse zu verweigern, Verweise von der Ausbildungsstätte usw.; in der Wirtschaft die sattsam bekannte Entlassung, Aussperrungen, Strafversetzungen u. Ä.; in allen sozialen Kontexten Ausgrenzung, Verweigerung von Kommunikation

und Information, von Solidarität und gegenseitigem Schutz etc. Der autoritäre Leitungsstil wird, ist er erst einmal eingeführt und akzeptiert, niemals begründet und bedarf keiner Rechtfertigung seiner Konsequenzen.

2. Der demokratische Leitungsstil
   versucht, dem Gesamtinteresse der Gruppe dadurch zu entsprechen, dass die Übereinstimmung der Mehrheit einer Gruppe über deren Ziele und Wege herbeigeführt wird. Minderheiten können evtl. ein Sondervotum abgeben, das bei weiterer Entscheidungen vielleicht in Erwägung gezogen, oft aber auch »vergessen« wird. Die demokratische Leitung lässt sich die Leitungsfunktionen von der Mehrheit übertragen, z. B. durch Wahl = Abstimmung oder nachträgliche Bestätigung per acclamationem. Bei ausgeschriebenen (TZI-)Kursen ist diese Wahl als Abstimmung mit den Füßen vorausgesetzt durch die Annahme, dass nur kommt, wer die vorgegebene Leitung samt Thema und anderen Angaben akzeptiert, d. h., wer bereit ist, der Führung Vertrauen entgegenzubringen und Macht an sie abzugeben. Die Leiterin oder der Leiter handelt im Auftrag der Gruppe, also nach dem Delegationsprinzip, und entlastet damit die anderen von Leitungsaufgaben. Er oder sie holt sich im Zweifelsfalle immer wieder Rückendeckung von der ganzen Gruppe, ihrer Mehrheit oder ihren einflussreichsten Mitgliedern (die ihrerseits als latente Führerinnen und Führer de facto Leitungsfunktionen übernehmen oder auch an die offizielle Leitung abgeben), indem er oder sie für seine oder ihre Vorschläge und Absichten um Verständnis und Zustimmung wirbt. Schlimmstenfalls droht sie/er aber auch damit, die Leitungsrolle abzugeben und damit den Mitgliedern Leitungslasten aufzubürden bzw. einen Konflikt um die Nachfolge zuzumuten. Unter Rolle wird hier ein ganzes Bündel wichtiger Funktionen verstanden, die von einer oder mehreren Personen übernommen werden, d. h., es kann gleichzeitig in einer Gruppe verschiedene Führungsrollen geben, die durch unterschiedliche Übernahme oder Delegation von Aufgaben und Funktionen definiert sind. Eine Variante des demokratischen Führungsstils stellt im Interesse von mehr Gleichberechtigung die Rotation von Leitung dar, z. B. regelmäßig wechselnder Vorsitz. Jedes Mitglied wird gelegentlich – meist nach einem formal genau festgelegten Plan – leiten und ordnet sich dafür die übrige Zeit der Leitung und den durch sie ins Werk gesetzten Verfahren, z. B. Abstimmungen, unter.

3. Der Laisser-faire-Stil
   überlässt alles dem Zufall. Es gibt zwar auch in einer so geleiteten Gruppe eine Leiterin oder einen Leiter, diese leiten jedoch nur insofern, als sie

die Notwendigkeit von Leitung repräsentieren, ohne tatsächlich aktiv zu leiten oder entschlossen einzugreifen. Oft wird ihnen besonders viel Macht zugeschrieben, weil ihr Nichtstun alsbald Ängste und Wünsche, Phantasien (z. B. über geheime Absichten), Projektionen und andere Abwehrmechanismen auslöst und die Gruppe zunächst in große Hilflosigkeit stürzt. Durch die Aktivität Einzelner und durch Richtungskämpfe versucht die Gruppe, die Orientierungslosigkeit zu überwinden, das gemeinsame Ziel, Thema, Projekt zu bestimmen, eine Führungshierarchie bzw. Rang- und Verfahrensordnung, Verhaltensnormen, inhaltliche und formale Strukturen herzustellen und das Leitungsvakuum auszufüllen. Die bereits vorhandene Leitung wird dabei oft kräftig attackiert; man fordert von ihr Übernahme der Verantwortung für das vermeintliche Chaos und versucht schließlich, sie zu ersetzen, wenn sie sich weiterhin verweigert oder – wie in psychoanalytischen Selbsterfahrungsgruppen – das Geschehen nur deutet. Psychoanalytische und gruppendynamische Verfahren machen sich diese Gesetzmäßigkeiten zunutze, um unbewusste Muster und Phantasien Einzelner oder der ganzen Gruppe ins Bewusstsein zu heben und zu bearbeiten. Bis die Gruppe sich partnerschaftlich und gemeinsam leitet, ist freilich noch ein weiter Weg zu gehen.

II. Leitungsmodelle »höherer Ordnung«

1. Hat eine Gruppe, die entweder laisser-faire geleitet wurde oder gar keine Leitung, jedoch eine ausreichende Motivation, sich überhaupt zusammenzufinden, hatte, die schlimmsten Stadien der Chaosbewältigung und Struktursuche überwunden und ist der Wille zur Gemeinsamkeit stark genug, münden die Auseinandersetzungen und Abklärungen (auf allen Ebenen: Interessenlage, Beziehungen, Argumente, Gefühle usw.) nach einiger Zeit in entweder den autoritären oder den demokratischen Leitungsstil ein, der entweder per delegationem oder per resignationem zustande kommt. Im Falle der Resignation, die z. B. durch lange zermürbende Debatten herbeigeführt werden kann, akzeptiert die Gruppe schließlich manches, wenn nur jemand die Leitung übernimmt und die Gruppe von weiteren Auseinandersetzungen erlöst. Je hilfloser oder müder eine Gruppe ist, desto leichter wird sie Macht abgeben und sich den Forderungen jener unterwerfen, die im Kampf um die Führung durchgehalten haben. Manche werden weder führen noch sich unterwerfen, sondern einfach nur Mitläufer sein wollen.

2. Es gibt aber auch die Möglichkeit, dass mehrere nach gemeinsamer Erarbeitung dessen, was zu tun ist, sich verschiedene Aufgaben teilen und

ein Leitungsteam bilden. Dieses führt entweder mit starker Rückendeckung (Vertrauen, ständiger Informationsaustausch u. a.) durch die gesamte Gruppe oder baut seine Hausmacht (bei geringer Kooperationsbereitschaft der Gruppe) zunehmend aus, bis es autoritär regieren kann. Die Führungsriege kann auch als fliegendes Team, das sich nach dem Rotationsprinzip erneuert, gestaltet werden. In TZI-Gruppen kommt diese Leitungsform öfter vor. Sie bewegt sich durchaus noch im Rahmen des Üblichen und ist insofern noch nicht von höherer Ordnung.

Zu letzterer Kategorie rechnen wir Leitungsformen, die weder eine noch mehrere konstante Leitungspersonen erkennen lassen, sondern in welchen sich eine Gruppe scheinbar führerlos organisiert und schöpferisch betätigt. Solche Modelle sind keineswegs Utopie, sondern aus der Sozialgeschichte, aus Ethnologie und Ethologie, ja sogar aus der Tierwelt bekannt (vgl. z. B. staatenbildende Insekten), kommen aber zunehmend auch in der modernen Arbeitswelt vor. Wir nennen sie partnerschaftlich oder geschwisterlich (vgl. Moser, 1990, S. 42–47). Ich habe selber mehrere Jahre in einem Team mitgewirkt, das sich dieses Leitungsmodell allmählich mühsam erworben hatte. Weder patriarchale noch matriarchale Herrschaftsformen stehen im Hintergrund, sondern die Leitung funktioniert ohne Herr(innen)schaft. Alle Mitglieder einer solchen Gruppe sind sich des gemeinsamen Ziels, Themas, Projekts bewusst, bejahen dieses und tragen nach Kräften dazu bei, dass es auch erreicht wird. Dieses geschieht entweder nach einer vereinbarten starren Aufgabenverteilung oder spontan je nach Situation, Notwendigkeit, Bedarf und Kompetenz. Früher sprach man manchmal in Bezug auf einzelne Gruppenmitglieder in diesem Zusammenhang von dafür erforderlicher Rollenflexibilität. Solche weitgehend autonomen Teams, die alle Mitglieder der Gruppe einschließen, gelten als besonders kreativ und innovativ, brauchen aber viel Zeit für den ständigen Interessenausgleich, permanente Ziel-Neubestimmung und Orientierung, möglichst umfassenden Informationsaustausch (bezogen auf die gemeinsame Aufgabe) für die Bearbeitung von Störungen Einzelner in Bezug auf ihre Möglichkeit, mitzuarbeiten (es kann sich z. B. auch um Krankheiten handeln, die die Gefahr implizieren, aus dem sozialen und solidarischen Zusammenhang der Gruppe herauszufallen, Informationen zu versäumen usw.), für Krisen der Kooperation oder des Vertrauens, aber auch hinsichtlich der gestellten Aufgabe (»Wir schaffen es nicht«), und für allgemeine Konfliktbewältigung. Dabei muss Dissens im Detail toleriert und integriert, aber Konsens in Bezug auf das Gesamtziel erreicht und aufrechterhalten werden. Dieser partnerschaftliche Führungsstil ermöglicht allen Beteiligten größte Identifikation mit dem gemeinsamen Projekt (corporate identity), Kongruenz von Eigen- und Gemeinschaftsinteressen, Übernahme von Verantwortung und last, not least persönliche Befriedigung. Auch in einer solchen Gruppe wird delegiert – nicht jeder kann immerzu alles machen –, aber nicht ein für alle Mal, sondern von Fall zu Fall. Wenn die Mitglieder gut aufeinander eingespielt und ihre Kooperation gut trainiert ist, sehen sie je nach Situation und eigener Fähigkeit, was notwendig ist und ob bzw. wie sie ihr »Scherflein« zur Lösung des Problems beitragen können. Dazu gehört auch, dass sie sich gegenseitig kritisieren können, ohne Kränkungen auszulösen. Es handelt sich um das basisdemokratische Modell der geteilten Leitung (shared leadership). Alle leiten einander gegenseitig, spielen sich die Bälle zu und lassen sich ihrerseits von der gemeinsamen Aufgabe oder Idee, dem gemeinsamen Ziel oder Thema leiten. Die Stütze definierter Rollen entfällt. Bei diesem Modell kann man eigentlich nicht mehr von einem »Führungsstil« sprechen. Wichtig ist, dass die notwendigen Führungsfunktionen ausgeübt werden, von wem ist sekundär.[2]

III. Rolle und Funktionen

1. Die Fragwürdigkeit einer festen Verbindung von Leitung und Rolle
    Halten wir fest: Keine Gruppe ohne Leitung! Jede Gruppe ist alsbald auf einem Weg, hat sich durch irgendeine Aufgabe zusammengefunden und bedarf nun der Orientierung, wie das Ziel verfolgt, das Thema bearbeitet werden soll. Die Frage ist nur, woher diese Orientierung kommen bzw. wie sie gewonnen werden soll. Und diesbezüglich gehen die Meinungen auseinander. Wir sind es seit Kindergarten- und Schulzeiten gewohnt, dass eine oder mehrere Autoritätspersonen für diese Orientierung sorgen. Bei TZI-Kursen gilt nach wie vor als selbstverständlich, dass die Leiter/-innen, die den Kurs ausschreiben, für Vorplanung, Durchführung und letzten Endes auch für Ergebnisse die Verantwortung übernehmen. Aber in der TZI gilt das gegenüber traditionell geführten Kursen nur mit erheblichen Einschränkungen: Die Teilnehmenden sollen zur Mitarbeit motiviert, jedenfalls teilweise an der Leitung beteiligt und in die Verantwortung einbezogen werden[3]. Man spricht hinsichtlich der Leiter/-innen von partizipierender Leitung, allerdings noch selten oder nie hinsichtlich der übrigen Teilnehmenden. Die Gegenseitigkeit ist noch nicht ausgereift. Das ist das Thema dieses Aufsatzes. Denn

---

2   Im Deutschen ist dieses Modell u. a. bei Antons, 1973, S. 94 f. und 97 beschrieben.
3   Vgl. Modesto, 1990. Helga Modestos Anliegen und meine Absicht mit dem vorliegenden Text gehen in die gleiche Richtung.

dem Satz: »Keine Gruppe ohne Leitung«, entspricht der andere: »Leitung ist nicht an fest umschriebene Rollen und deren Inhaber/-innen gebunden.«

2. Leitungsfunktionen

Voraussetzung dieser These ist die genaue Wahrnehmung der Leitungs-funktionen, die herkömmlicherweise in der Leitungsrolle vereinigt sind. Denn die Spannung zwischen den beiden Sätzen – Leitung ja, Rolle nein – erklärt sich daraus, dass in jeder aufgabenorientierten Gruppe Führungs-funktionen unerlässlich sind. Welche Führungs- oder Leitungsfunktionen lassen sich beobachten und müssen von Mitgliedern der Gruppe auf jeden Fall übernommen werden, wenn sie nicht von außen vorgegeben sind und die Gruppe damit heteronom machen?

Als erste ist die Zielbestimmung zu nennen: Ziel, Thema, Aufgabe oder Projekt als Grund der Zusammenkunft der Gruppe und Basis für die Zusammenarbeit ihrer Mitglieder müssen genau abgeklärt werden. Eine möglichst präzise Übereinkunft darüber spart später Zeit und Konflikte. Eine erste Vorgabe dafür ist bei aus-geschriebenen Kursen der Ausschreibungstext, evtl. auch ein Anschreiben der Veranstalter über weitere Details zu Inhalt und Verfahren, Literatur, Materialien etc. Alle sollen sich vorbereiten, um sich aktiv an der Leitung beteiligen zu können. Um eine klare Übereinkunft (Kontrakt) aller zu erreichen, muss die ein-seitig getroffene Ausschreibung in einem Prozess der Aneignung und eventuellen Veränderung mit allen zum gemeinsamen geistigen Besitz der Gruppe werden. Denn der anfänglich überarbeitete explizite oder implizite Kontrakt hat Folgen für die Weiterarbeit. Auf ihn muss sich jede und jeder Einzelne verlassen können, solange keine Modifikation im Sinne aller nötig wird. Verwandt mit der Ziel-bestimmung und Erstellung des Kontrakts ist die Orientierungsfunktion. Wenn weder eine Autoritätsperson noch ein unumstößliches Gesetz, das von außen vorgegeben ist, vorschreibt, was zu tun und zu lassen bzw. wie zu verfahren ist, muss sich die Gruppe darüber verständigen. Diese Funktion läuft wie ein roter Faden im gesamten Gruppenprozess mit. Sie schließt die Beschaffung von Informationen zum Thema und deren Austausch ebenso ein wie Überlegungen zur Organisationsstruktur eines Abschnitts der Arbeit (Plenum, Kleingruppen: thematisch oder nach anderen Gesichtspunkten, Zeitplan, Verteilung von Einzel-aufgaben, Kontaktnahme mit dem Umfeld, z. B. einer Hausleitung oder einem Auftraggeber, ja vielleicht mit einem ganzen Dorf usw.).

Wenn einige Mitglieder nicht gut informiert sind, können sie ihre Kompetenz nicht optimal einbringen. Themabezogene Informationstransparenz ist deshalb sehr wichtig. Sie stärkt außerdem das Vertrauen und den Zusammenhalt in der Gruppe. Je mehr von nur wenigen hinter verschlossenen Türen ausgehandelt wird, desto mehr Misstrauen oder Desinteresse entstehen. Besonderer Aufmerksamkeit aller bedürfen die Bearbeitung von Störungen Einzelner (in Bezug auf die Mitarbeit am Thema) und der konstruktive Umgang mit Konflikten. Das Postulat der Priorität von Störungen betrifft also eine zentrale Leitungsfunktion. Die Konfliktlösungsfunktion ist damit nicht identisch, sondern umfassender. Sie impliziert die Notwendigkeit, unterschiedliche Erkenntnisse, Zielvorstellungen und Lösungswege nicht zu rasch aus Harmoniesucht abzugleichen, sondern auf ihre Potenz für die Gesamtaufgabe hin abzuklopfen und im konstruktiven Streit, der nie das gemeinsame Ziel aus dem Auge lässt, einer Synthese zuzuführen. Gleichermaßen gehören dazu Ermutigung zum eigenen und differenten Standpunkt und ein Klima gegenseitiger Toleranz, d. h. Sanktionsfreiheit bei scheinbaren oder offensichtlichen Irrtümern. Denn Fortschritt wird nur durch Versuch oder Irrtum erreicht! Ganz anderer Art sind die Leitungsfunktionen, welche gewährleisten, dass möglichst viele Ebenen menschlicher Wahrnehmungs- und Ausdrucksfähigkeit zum Zuge kommen: kognitive Argumente ebenso wie Gefühle, die Sache ebenso wie die Beziehungen, die Geschichte der einzelnen Mitglieder der Gruppe, d. h. ihre Identität, ebenso wie das Hier und Jetzt oder Zukunftsvisionen und das Umfeld GLOBE. Hüter der Balance können alle Mitglieder einer Fortgeschrittenengruppe sein, die gerade etwas mehr Abstand von emotionalen Verwirrungen in der Gruppe haben. Aber auch besonders engagierte Teilnehmerinnen und Teilnehmer sind de facto an der Herstellung der Balance beteiligt, indem sie Defizite ausagieren. Zu den Leitungsaufgaben gehört auch die Repräsentation der Gruppe nach außen, z. B. gegenüber Auftraggebern, Hausleitungen, Gemeindevertretungen usw.: Es ist gar nicht einzusehen, weshalb nur die Inhaberin oder der Inhaber einer Leitungsrolle (Kursleiter, Direktorin) diese Funktion wahrnehmen könnte. Wer das Mandat der Gruppe für dieses Mal bekommt, spricht mit voller Legitimation. Das geht dem Umfeld oft schwer ein, weil es an eindeutige Repräsentativrollen gewöhnt ist, die im Übrigen tatsächlich leichter durchschaubar machen, wer zuständig ist und mit wem man es zu tun hat. Oftmals hilft man sich mit einem nominellen Leiter bzw. einer nominellen Leiterin für die Außenwelt, manchmal auch Sprecher/-in genannt, die/der nach innen aber keinerlei Weisungsbefugnis hat. Diese Beispiele von Leitungsfunktionen sollen genügen. Es dürfte jedoch nicht schwer sein, weitere anzufügen.

IV. Partnerschaftlich geteilte Führung unterrichten

Die meisten TZI-Kurse dienen weniger der Bearbeitung von Sachthemen, also der Anwendung der TZI, als dem sozialen Lernen, d. h. dem Erwerb von TZI-Fähigkeiten selbst. Die Umsetzung der Balance von ICH-WIR-ES im Umfeld mit Hilfe von Struktur, Prozess und Vertrauen soll eingeübt werden. In Anfänger-gruppen sind dazu klare Vorgaben, konkrete Verhaltenshilfen (»Sag ›ich‹ statt ›man‹, stell keine Fragen …«) und weitgehende Übernahme der Führungs-funktionen durch die Kursleitung notwendig. Das sind die Leute, die aus einer durch und durch »verschulten Gesellschaft« (Spranger, Illich) kommen, gewöhnt und von dort müssen sie abgeholt werden, will man sie nicht überfordern. Fort-schritte innerhalb eines Kurses und innerhalb einer TZI-Ausbildung zeichnen sich u. a. jedoch dadurch aus, dass die ursprünglichen Leiterinnen und Leiter ihre Rolle zurücknehmen und nach und nach in den Hintergrund, d. h. in eine Reihe mit allen anderen treten. Aus durch ihre TZI-Erfahrung den anderen in Sachen TZI überlegenen Inhaberinnen und Inhabern der Leitungsrolle werden allmählich Gruppenmitglieder wie alle anderen auch. Das starke Gefälle von Lehrern und Schülern schwächt sich ab, aus der Asymmetrie einer durch Rollen starr festgelegten, helfenden Beziehung wird allmählich eine gleichrangige und gleichberechtigte Partnerschaft innerhalb eines sozialen Organismus, in dem Symmetrien und Asymmetrien rasch und nach Bedarf wechseln.

Alle entscheidenden Kursschritte werden dann nicht mehr hinter ver-schlossenen Türen und/oder in Auseinandersetzungen innerhalb einer Leitungs-gruppe bearbeitet, sondern im Plenum, so mühsam das anfangs auch ist. Es braucht Geduld, Frustrationstoleranz und den entschlossenen Willen zur gemeinsamen Problemlösung. Hinzu kommt auf Seiten der (offiziell auf dem Papier immer noch vorhandenen) Kursleitung der Mut, sich selbst überflüssig zu machen, die Leitungsrolle mehr und mehr zu verweigern, die folgenden Aggressionen zu ertragen und um Verantwortungsübernahme durch alle zu werben (vgl. Klein, 1992, S. 54 f.). Dabei wird im Unterschied zu einer psycho-analytischen Gruppe in der Regel nicht gedeutet (interpretiert) oder geschwiegen, sondern durchaus beharrlich erklärt, das eigene Verständnis der Situation offen-gelegt und zur Verfügung gestellt, was an Informationen etwa noch nicht aus-reichend zur Sprache gekommen ist. Es geht ja nicht um die Bearbeitung von unbewussten Phantasien und Projektionen, sondern um Realitätsbezug und Transparenz, psychoanalytisch gesprochen: nicht um Regression, sondern um Arbeit auf der ICH-Ebene. Auseinandersetzungen bleiben dabei nicht aus; das Abdriften der Gruppe in schönere und regressive Gefilde der Verspieltheit, der Erotik oder auch des Theoretisierens mag als Intermezzo ganz erholsam sein, kann aber auf Dauer nicht zugelassen werden. Die Gruppe selbst – es bedarf dazu keiner besonderen Leitungsperson – wird die Balance wieder herstellen; jemand wird zu Ordnung und Realität im Namen des Themas aufrufen.

Bei alledem ist zu berücksichtigen, dass Gruppen aus recht unterschiedlichen Gründen zusammenkommen. Ein Universitätsseminar hat ganz andere Aufgaben zu bewältigen als beispielsweise ein TZI-Zertifikats/Diplom-Workshop. Bei letzterem ist es sehr wichtig, dass und inwieweit das Postulat »Jede und jeder ist seine eigene Chairperson« konsequent ernst genommen wird, bei ersterem werden nach dem Motto: »Wir alle gestalten miteinander dieses Seminar, Sie sind für Ihren Lernerfolg selbst verantwortlich«, nur einige Leitungsfunktionen von der Dozentin/dem Dozenten abgegeben, während andere unbedingt bei ihr oder ihm bleiben, schon deshalb, weil die Zeit für einen durch und durch alternativen Arbeitsstil, der erst entwickelt werden müsste, gar nicht reicht. Das Arbeitsziel ist hier ja – je nach Thema – in der Regel nicht in erster Linie, Verständnis für das Chairperson-Postulat oder die Ausbildung von Subjektfunktionen im Studium zu wecken, auch nicht irgendein anderer Aspekt des sozialen Lernens. Dieses wird nur insoweit benötigt, als der überkommene akademische Lehrstil abgelöst und – auch um der Sache willen – schrittweise verbessert werden soll. Das jeweilige Seminarthema und das Umfeld, also der GLOBE, machen völlig unterschiedliche Adaptionen des in der TZI Gelernten erforderlich. Aber solche didaktischen Überlegungen wären ein eigenes Kapitel.

Immer gilt jedoch: Wer den Leuten mehr Arbeit abnimmt als unbedingt nötig, der schwächt sie. Unsere Betreuungsgesellschaft ist ein zutiefst entmündigendes und manipulatives System, das wie eine verwöhnende Mutter ihre Kinder in Abhängigkeit festhält. Die Frage bei jedem Kurs und Seminar muss lauten: Welche persönlichen und fachlichen Kompetenzen bringen die Teilnehmer/-innen schon mit? Es sind meist wesentlich mehr, als uns lieb ist. Oft kommen Menschen zu uns, die über jahrelange Erfahrung als Lehrerinnen und Lehrer, Gruppenleiter/-innen aller Art verfügen – auch wenn sie nicht mit TZI gearbeitet haben. Viele Gruppenmitglieder zeigen jedoch ihre Kompetenz zunächst nicht deutlich, um nicht Opfer der Geschwisterrivalität zu werden. Denn zur geteilten Leitung kommt eine Gruppe nur über die Bearbeitung der Geschwisterrivalität, die ja nicht länger durch Projektionen auf den gemeinsamen Feind, Elternfiguren, die die Leiterrolle innehaben, aufgefangen wird. Es bedarf also immer wieder der Ermutigung, zeitweilig in Führung zu gehen, Konkurrenz zu wagen und Einflussnahme zu riskieren. Einziger Bewertungsmaßstab bleibt das Thema bzw. die Förderung des gemeinsamen Projekts. Die humanistische Wertorientierung wird dabei vorausgesetzt. Grundsätzlich gilt: Diese Gruppe besteht nur aus Leiterinnen und Leitern! Damit wird übrigens die Einrichtung von Ko-Leitungen und Assistenzen fragwürdig. Die entscheidende Frage an die Ausbildenden bleibt, ob diese bereit sind, sich der entsagungsvollen Aufgabe zu stellen, sich selbst überflüssig zu machen und auf die durch regressive Projektionen zustande kommende Guru-Rolle zu verzichten. Sie werden sich dann zwar auch noch einbringen, aber weniger aus der Leiterrolle heraus oder als TZI-Lehrer/-innen, sondern als Menschen unter Menschen, mit Einfällen, Anfragen, verschiedenen Kompetenzen (u. a. für die eigene Befindlichkeit, Modellverhalten), auch mit Kritik, energischem Einspruch, wobei die ursprüngliche Führungsrolle nicht autoritär zu missbrauchen ist usw. Die mühsam erworbene TZI- oder gar Ausbildungskompetenz sozusagen zu vergessen, mag als Zumutung und nachgerade als Kränkung empfunden werden. Aber darauf läuft es hinaus, wenn echte Partnerschaft und Humanisierung das manipulative und letztlich autoritäre Gegenüber von Lehrer/-innen und Schüler/-innen ablösen sollen.

Dass zwischen Anfängergruppen und Teams von Fortgeschrittenen ein weiter Weg liegt, sollte deutlich geworden sein. Die erörterten Führungsstile und Leitungsmöglichkeiten entsprechen auch dem Prozess einzelner Menschen wie ganzer Gruppen von der Unmündigkeit zur Übernahme von Verantwortung im Rahmen dessen, was jeweils möglich ist. Dabei ist der Unterschied sozialpsychologischer Gesetzmäßigkeiten in Klein- und Großgruppen zu berücksichtigen, der die Unterscheidung von Situationen notwendig macht, in denen basisdemokratisches Verhalten oder repräsentativdemokratische, delegatorische Verfahren erforderlich sind.

Literatur

Antons, K. (1973). Praxis der Gruppendynamik. Göttingen: Hogrefe.

Klein, I. (1992). Gruppenleiten ohne Angst. München: Pfeiffer.

Kroeger, M. (1988). Zwischen Utopie und Wirklichkeit. Zu Theorie und Praxis der Peergruppenarbeit. Themenzentrierte Interaktion, 2 (2), 26-35.

Modesto, H. (1990). Demokratisches Verhalten in der TZI-Gruppe. Eine Herausforderung an die Chairperson. Themenzentrierte Interaktion, 4 (1), 48–57.

Moser, M. (1990). Kooperation und/oder Geschwisterlichkeit. Ein Vergleich der strukturellen TZI-Konzepte von Helga Belz und Helga Modesto. Themenzentrierte Interaktion, 1990, 4 (2), 42–7.

Helmut Reiser

Gruppe und Gruppenleitung aus der Sicht der Themenzentrierten Interaktion und des Systemisch-konstruktivistischen Ansatzes[1]

Da es sich bei der TZI um ein Gruppenverfahren handelt, sollte der im alltäglichen Gebrauch etwas unscharfe Begriff der »Gruppe« eine Präzisierung erfahren. Darum bemüht sich der folgende Text durch die Einführung einiger Unterscheidungen, die die Erscheinungsformen von Gruppen betreffen. Als besonders hilfreich erweist sich dabei die Kontrastbildung zwischen TZI und dem konstruktiv-systemischen Ansatz. In letzterem werden Gruppen als soziale Systeme angesehen und diese Betrachtungsweise erlaubt es, Gruppen und Gruppenprozesse auf fruchtbare Weise zu beobachten und zu analysieren. Doch auch für die Gruppenleitung nach TZI sind systemische Überlegungen dazu in der Lage, das Handlungsspektrum des Leiters zu erweitern. Das auf den ersten Blick größte Hindernis für eine Übernahme sind allerdings die unterschiedlichen Sprachwelten, in denen sich das Arbeiten mit TZI und die systemische Arbeit präsentieren. Hier bietet der Text von Helmut Reiser eine nützliche Hilfestellung für die Übersetzung. Was dabei sichtbar wird, sind einerseits zahlreiche Stellen und Bereiche, in denen die TZI seitens der systemischen Arbeit befruchtet werden kann (aber auch umgekehrt), andererseits aber auch die Bruchstellen zwischen beiden Ansätzen.

1. Historische Hintergründe des jeweiligen Begriffs von Gruppe

Die Themenzentrierte Interaktion wurde von Ruth C. Cohn entwickelt auf dem zeitgeschichtlichen Hintergrund der Gruppenpsychoanalyse, der Encounter-Bewegung und der experimentellen und Erlebnis-Therapie in Gruppen (Cohn, 1975, insbes. S. 111–119, 1984, S. 255–344). Es handelte sich hierbei um Gruppen von Erwachsenen, die freiwillig zu Therapie- oder Selbsterfahrungszwecken zusammenkamen. Von Anfang an traten jedoch bei Ruth Cohn neben der

---

1   Aus: Themenzentrierte Interaktion, 2004,1, S. 44–63.

Selbsterfahrungsgruppe auf der Basis der Psychoanalyse, der Erlebnistherapie und der Gestalttherapie zwei weitere Gruppentypen hinzu: die Ausbildungsgruppe in der Psychoanalytiker-Ausbildung, die als Lern-/Arbeitsgruppe oder Supervisionsgruppe verstanden werden kann, und Begegnungsgruppen zu Themen von psychologischer oder sozialer Bedeutung für das Gemeinschaftsleben. Es ging also bei der TZI nicht mehr um Therapie (für Therapie gibt es laut Ruth Cohn geeignetere Verfahren), sondern um die Humanisierung des gesellschaftlichen Lebens, des Lernens in Schulen und in anderen Kontexten, des Arbeitens in der Wirtschaft usf. Obwohl hier »Erziehungs-, Trainings- und Kommunikationsgruppen« ins Blickfeld kamen, war doch die Ausgangslage die Arbeit einer Gruppe freiwilliger Erwachsener an einem alle betreffendem Thema, und zwar einer Gruppe, die zu diesem Zweck zusammengekommen ist. Auch wenn sich diese Gruppenanlässe heute ausgeweitet haben auf halbfreiwillige und nichtfreiwillige Teilnehmer und in der Pädagogik, die sich an TZI orientiert, Kinder und Jugendliche als Gruppenteilnehmer/-innen beachtet werden, ist der Ausgangspunkt die Sekundärgruppe, das heißt die zu einem bestimmten Zweck zusammengekommene Gruppe, im Gegensatz zur Primärgruppe, der gewachsenen Gruppe in Familie und Nachbarschaft. Die Schulklasse und die Gruppe am Arbeitsplatz können unter beiden Aspekten betrachtet werden, was zur Folge hat, dass es diskutiert werden kann, ob eine Schulklasse eine »Gruppe« ist.

Von diesem Ausgangspunkt her schwingt in der Verwendung des Begriffs »Gruppe«, mit dem unproblematisiert und landläufig der Gegenstand der TZI-Arbeit bezeichnet wird, die Bedeutung mit, dass in dieser sozialen Gruppierung eine überschaubare Anzahl von Menschen zusammengekommen ist, um ein gemeinsames Ziel zu verfolgen – was ja bei sozialen Gruppierungen nicht immer der Fall ist.

Der systemisch-konstruktivistische Ansatz hat seinen historischen Ausgangspunkt in der Familientherapie, also in der Arbeit mit einer Primärgruppe. Auch wenn er diesen Ausgangspunkt heute überschritten hat, sind seine Reflexionen und Techniken auf Gruppen ausgerichtet, die in der realen Lebenswelt in Interaktion stehen, also auf bestehende Interaktionssysteme. Die gruppalen Strukturen, gewohnten Umgangsweisen, individuellen und kollektiven Konstruktionen von Realität wurden hier einer dekonstruierenden Betrachtung unterzogen und für neue Horizonte geöffnet, das heißt, es wird in ein bestehendes soziales System interveniert. Die Interventionen waren ursprünglich nicht darauf gerichtet, eine Gruppe zu konstituieren, sondern gehen von einer bestehenden verfestigten Struktur aus, die im Laufe des Beratungs- oder Therapieprozesses oder der pädagogischen Einwirkung sich verflüssigen soll und veränderungsfähig werden soll. Inzwischen hat sich in Therapie und Pädagogik der systemische Ansatz über diese Ursprünge hinaus entwickelt, z. B. auch auf die Gestaltung von zusammengesetzten Therapiegruppen, Fortbildungsgruppen, Begleitung von Lernprozessen.

Dabei hat der systemisch-konstruktivistische Ansatz in Bezug auf Therapie, Beratung, Erziehung einen universellen Anspruch: In allen drei Bereichen werden dieselben Denkmuster und Techniken eingesetzt (Schlippe u. Schweitzer, 1999).

Die Vorstellung davon, was eine Gruppe ist, und die Techniken der Leitung einer Gruppe sind von diesen verschiedenen Ausgangslagen her mit bestimmt.

Natürlich gilt der Gegensatz zwischen Primärgruppe und Sekundärgruppe nicht absolut; es gibt Überschneidungsbereiche. Die Differenz wird letztlich durch die Interpretation des Beobachters hergestellt, nicht durch objektive Unterschiede. Am Beispiel der Schulklasse oder der Arbeitsgruppe im Betrieb wird dies besonders deutlich. Beide Gruppierungen kann ich als soziale Systeme konstruieren oder ich kann sie als »Gruppen« im Sinne der TZI betrachten. Es stellt sich die Frage, ob es eine Differenz dieser beiden Sichtweisen gibt und wenn ja, ob diese Differenz Folgen für die Gruppenleitung hat.

Deshalb sollen in den folgenden Abschnitten die Sichtweisen auf »Gruppe« bzw. auf »soziales System« näher erläutert werden.

2. Die Gruppe in der TZI

Der Buchtitel »Auf dem Weg zur arbeitsfähigen Gruppe« (Belz, Eichberger u. Roch, 1988) drückt aus, worum es der TZI geht: die Kooperation in einer Gruppe zu optimieren. Als Gruppe wird dabei eine überschaubare Anzahl von Menschen – in der Kleingruppe ab drei Personen, in der Großgruppe bis zu mehreren hundert Personen – bezeichnet, die in Interaktion stehen und sich dabei auf eine gemeinsame Aufgabe oder Tätigkeit beziehen. (Die interessante Frage nach virtuellen Gruppen sei dabei ausgeklammert.) Die Gruppe ist insofern ein Produkt ihrer Organisatoren, im Regelfall der Gruppenleitung, da sie – auch wenn die Gruppierung zuvor bereits existierte – durch die Angabe der Zielsetzung und der Angabe von Ort und Zeit des Zusammentreffens durch diese erst konstituiert und in ihrer Funktion bestimmt wurde. Die Gruppe ist so konstituiert – zumindest in der Wahrnehmung ihrer Organisatoren, aber noch nicht zwangsläufig arbeitsfähig. Nach dem Modell der TZI setzt die Gruppenleitung verschiedene Techniken ein, die es ermöglichen, dass die Gruppe arbeitsfähig wird, in der Sprache der TZI ausgedrückt, damit ein WIR entsteht. Die in der TZI geführte Diskussion um Phasen des Gruppenprozesses hat im Hintergrund die Voraussetzung, dass es sich um eine Gruppe handelt, die arbeitsfähig werden soll, sich zum WIR entwickeln soll.

Der Begriff WIR ist visionär aufgeladen: Von einem WIR kann gesprochen werden, wenn die Teilnehmer sich – zumindest tendenziell – auf die gemeinsame Aufgabe und aufeinander beziehen, wenn also dem Balancemodell folgend sowohl »Bezugnahme« auf die Sache wie auch »Beziehung« zu den anderen Teilnehmern, in anderen Worten: »Kooperation« und »Begegnung«, entwickelt werden können (Lotz, 2003, S. 74 ff.).

Der Leitgedanke dieser Entwicklung ist das sich gegenseitig verstärkende Wachstum von Autonomie und Interdependenz der Einzelnen in der Gruppe. Dieser Gedanke kann auch für die Gruppe als Ganzes angewendet werden: Die Gruppe vertieft ihren Bezug zur Sachaufgabe, die einen Punkt aus dem GLOBE fokussiert, umso mehr, je autonomer sie in ihren Entscheidungen wird und je bewusster ihr die Abhängigkeiten vom GLOBE werden.

Entlang des Chairperson-Postulats kann aber festgehalten werden, dass diese Entwicklung ihren Ausgangs- und ihren Endpunkt bei der einzelnen Person nimmt, genauer bei den bewussten Entscheidungen, die von der Person jeweils getroffen und verantwortet werden. Der bewussten Entscheidungskompetenz stehen jedoch vielfältige Störungsquellen entgegen, die im Störungspostulat angesprochen werden.

Unbewusstheit ist in Weiterführung eines psychoanalytischen Theorems eine Quelle oder auch ein Ausfluss von »Störungen«, aber in »Störungen« können sich produktive aus dem Unbewussten kommende Themen ausdrücken. Deshalb haben sie Vorrang. Die Gruppenprozesse, die Arbeitsfähigkeit behindern oder befördern, werden deshalb in der TZI in einer mehr oder weniger ausgeprägten Nähe zu psychoanalytischen Vorstellungen über unbewusste Gruppenprozesse konzeptualisiert. Sowohl das Modell der Basic Assumptions nach Bion wie das Modell der Gruppenmatrix nach Foulkes wird in der TZI-Praxis angewendet, selbst wenn explizit nicht auf die Psychoanalyse Bezug genommen wird: Das Modell der Basic Assumptions geht davon aus, dass den sichtbaren Interaktionen, der Ebene der Arbeitsgruppe, unbewusste Strömungen zugrunde liegen, die von unbewussten Annahmen gesteuert werden, worum es in der Interaktion geht (Eisbergmodell). Das Modell der Gruppenmatrix nimmt an, dass sich in der Interaktion auf bewusster und unbewusster Ebene unbewusste Themen und Lebensthemen der Einzelnen in spezifischen Knotenpunkten verknüpfen zu bewussten oder unbewussten Gruppenthemen (Foulkes). In beiden Modellen sind Personen, betrachtet als ganzheitliche Entitäten von Körper, Emotion und Kognition, die Grundelemente der Gruppe, die jedoch dann in ihrer Gesamtheit mehr darstellt und ausdrückt als die Summe der einzelnen, persönlichen Beiträge. Deshalb kann jede Kommunikation einer Person nach zwei Richtungen befragt werden: was sie ausdrückt von dieser Person und was sie ausdrückt von der Gruppe.

Obwohl auf der Reflexionsebene psychoanalytische Aspekte mit im Spiel sind, wird in der Gruppenleitung mit dezidiert nichtpsychoanalytischen Techniken gearbeitet, um Übertragungseffekte aufzulösen, vornehmlich mit Themen- und Strukturvorschlägen. Diese Bearbeitungstechniken sind auf das Hier und Jetzt konzentriert und auf die Antizipation der Zukunft gerichtet. Die Vergangenheit wird im psychoanalytischen Sinne als »Wiederholung« früherer Erfahrungen mit bedacht, führt jedoch zu Interventionen, die zur Aktivität jetzt auffordern und so den Blick auf die Zukunft richten (Rubner, 2002).

Die wichtigsten Interventionsinstrumente sind Themensetzungen und Strukturvorschläge zur Arbeit der Gruppe. Bei Gelingen dieser Interventionen arbeitet die Gruppe in einer Interaktion, die möglichst frei von Steuerungen durch die Leitung, aber zielorientiert durch die Themen- und Strukturvorgaben ist, an der Sachaufgabe. Leitungsinterventionen werden begründet und begrenzt durch das zentrale methodische Prinzip der Dynamischen Balance innerhalb des Vier-Faktoren-Modells von ICH, WIR, ES, GLOBE.

Da bei den Lesern dieser Zeitschrift die Umrisse der TZI als bekannt vorausgesetzt werden können, genügt es, an dieser Stelle einige Punkte des Verständnisses von Gruppe nach der TZI festzuhalten:

- Der Anwendungsbereich sind nichttherapeutische Lern- und Arbeitsgruppen.
- Die Gruppe ist als Interaktionsraum konzipiert, in dem sich Personen begegnen.
- In der Gruppe kann sich ein WIR entwickeln.
- Diese Entwicklung nimmt ihren Ausgangspunkt von den bewusst verantworteten Entscheidungen der Einzelnen und zielt auf deren Chairpersonship.
- Sie hat in Bezug auf das WIR die visionäre Leitidee der Begegnung und die visionäre Leitidee der Kooperation.
- »Störungen« können Fingerzeige und Orientierungshilfen für die Entwicklung sein.
- Unbewusste Prozesse in der Gruppe können bewusst werden und müssen Beachtung finden. Die Wiederholung von Vergangenem wird aufgenommen und in zukunftsgerichtete Themen transformiert.
- Die Beschreibung der Gruppenprozesse und die Steuerung der Leitungsinterventionen geschieht mit Hilfe des Vier-FaktorenModells (ICH, ES, WIR, GLOBE) und dem methodischen Grundsatz der Dynamischen Balance.

– Letztlich drückt sich in der visionären Vorstellung eines gelingenden Gruppenprozesses die Entwicklungsidee von TZI aus: Humane Entwicklung wird möglich, wenn Autonomie und Interdependenz gleichzeitig wachsen und sich gegenseitig verstärken.

3. Gruppe als soziales System

In der systemisch-konstruktivistischen Sichtweise wird die Gruppe als eine Form eines sozialen Systems betrachtet, nämlich als Interaktionssystem, das so lange existiert, wie die Interaktion anhält, besser: solange ein Beobachter eine Interaktion beobachtet. Systeme werden konstruiert durch den Beobachter, der eine System-Umwelt-Grenze annimmt, um zwischen Innen und Außen unterscheiden zu können.

In der Perspektive des radikalen Konstruktivismus ist eine außerhalb der Konstruktionen des Beobachters existierende objektive Realität nicht erkennbar, das heißt: Die Gruppe existiert in der Vorstellung, die ein Beobachter oder konsensuell mehrere Beobachter sich von ihr machen. Die beteiligten Personen haben jedoch ihre je eigenen Wahrnehmungen von der Welt, je eigene Bedeutungszuschreibungen, je eigene Konstruktionen von der interaktionellen Realität, in der sie kommunizieren. Eine Feststellung, welche der Konstruktionen die »richtigere« oder die »wahrere« sei, ist nicht möglich.

Dieser Beobachterabhängigkeit des sozialen Systems stehen im systemisch-konstruktivistischen Ansatz in einem paradoxen Verhältnis einige Annahmen über die Eigenschaften eines sozialen Systems gegenüber.

Nach der Systemtheorie sind die Prozesse in einem System zirkulär und selbstregulativ, das heißt: Es gibt keine linearen Verhältnisse von Ursache und Wirkung, sondern alle Prozesse bedingen sich gegenseitig. In diesem komplexen Zusammenhang steuert sich das System selbst. Es folgt selbsterzeugten operativen Regeln und entscheidet, ob es Informationen und Mitteilungen, die von außen auf das System prallen, für irrelevant erklärt und ignoriert oder aufnimmt und verarbeitet. (Luhmann unterscheidet zwischen der Information als Inhalt und den Mitteilungen, die mit der Information verbunden sind, z. B. Bitten, Wünschen, Fragen usf.)

Eine auf einen bestimmten Effekt im System zielende Intervention von außen kann diesen Effekt nicht sicher erzeugen, auch wenn sie im System ankommt, da die Verarbeitung im System den operativen Regeln des Systems folgt. Insofern ist das System operativ geschlossen, auch wenn es gleichzeitig informationell offen ist, das heißt, auf den Austausch mit seiner Umwelt angewiesen. Die Funktionen der operativen Regeln des Systems bedingen sich aus dem Zusammenspiel der internen gewachsenen Kommunikationsstrukturen mit dem Kontext des Systems, das heißt der Einbettung des Systems in seine Umwelt.

3.1. Soziale Systeme

Bei meinen bisherigen Ausführungen ist von Beiträgen von Personen, von Verhalten, von Kommunikationen die Rede. Damit ist noch nicht entschieden, was als Elemente des sozialen Systems zu betrachten ist: Kommunikationen oder Personen. Folgt man der Theorie von Luhmann, dann sind nicht Personen die Elemente der sozialen Systeme, obwohl ihnen zweifellos die Zugehörigkeit zu sozialen Systemen zugerechnet wird, sondern Kommunikationen. Theoretisch ist dieser gewöhnungsbedürftige Gedanke überzeugend: Die Struktur sozialer Systeme setzt sich nicht aus Personen zusammen, sondern aus Kommunikationen, die aneinander anschließen, Muster bilden, bestimmte Kommunikationen ausschließen und andere ermöglichen oder hervorrufen. Ein soziales System hat eine Geschichte von Kommunikationsweisen und Kommunikationsinhalten, von denen es determiniert ist. Diese Kommunikationen werden im Prozessieren des sozialen Systems erzeugt und auf diese Weise erzeugt sich das soziale System beim Prozessieren selbst, es ist »autopoietisch«. Gleichermaßen ist es funktional bezogen auf seine Umwelt. In ihren Operationen sind nach Luhmann (2002) psychische Systeme und soziale Systeme füreinander Umwelt, also operational völlig voneinander getrennt, und zugleich vollständig voneinander abhängig; die psychischen Operationen der beteiligten Personen sind Voraussetzung für psychische Prozesse. Dennoch folgen psychische und soziale Systeme jeweils völlig verschiedenen operativen Regeln, das heißt, ich kann über Kommunikation nur in kommunikative Prozesse intervenieren, niemals in psychische Prozesse.

Nicht alle systemischen Konzepte folgen diesen Grundannahmen. Bei den Definitionen von »Gruppe« verschiedener systemischer Autoren wird auch mit dem Begriff der Mitglieder als Komponenten der Gruppe operiert (Hesse, 2002, S. 15) oder von einer Ansammlung von Menschen gesprochen (Mehta, Jorniak u. Wagner, 2002, S. 117). Der Begriff der Mitgliedschaft, mit dem verschiedene Autoren arbeiten, muss nicht auf konkrete Menschen, sondern kann auch auf eine Kommunikationsform zurückgeführt werden. Mir drängt sich in der Breite der Meinungen systemischer Autoren der Eindruck einer Unschärfe der Begrifflichkeiten in diesem wichtigen Punkt auf. Molter greift dies auf und definiert stringent: »Unter den vielen Möglichkeiten, Gruppen systemisch zu definieren, bezeichne ich Gruppe als einen temporär zusammengesetzten Handlungszusammenhang, sprachlichen und außersprachlichen (Kon-)Text bzw. soziales System« (2002, S. 208).

Die Frage, was als Grundelemente oder Komponenten einer Gruppe aufgefasst wird, ist nicht nur eine akademische, sondern hat auch große Bedeutung für die Praxis von Interventionen. Wenn ich von der Annahme ausgehe, dass die Grundelemente eines sozialen Systems Kommunikationen sind, dann gehe ich davon aus, dass ich in keiner Weise »Psychisches« verändern kann, sondern ich kann nur Änderungen von Kommunikationen anregen. Kommunikationsmuster, von denen ich annehme, dass sie nicht viabel sind, kann ich durch Interventionen irritieren, so dass das soziale System sich neu äquilibrieren muss und Veränderungen der operativen Regeln vornimmt. Es erfindet neue Kommunikationen und nur darauf kommt es in sozialen Systemen an. Der Begriff der Person bleibt als Klammer zwischen psychischem System und kommunikativen Äußerungen erhalten, die Interventionen zielen jedoch nicht auf die Veränderungen von Personen, sondern von Kommunikationsmustern.

3.2. Leitungsinterventionen

Die Leiterinterventionen sind gegenüber den zwischen den Personen verhandelten Inhalten neutral; der Leiter nimmt gegenüber den unterschiedlichen Konstruktionen von Wirklichkeit und den unterschiedlichen Interessen einen »allparteilichen« Standpunkt ein; er sorgt dafür, dass alle zu Gehör kommen. In der Prozesssteuerung sind die Leiterinterventionen dagegen direkt: Der Prozess wird gesteuert durch Fragen und Aufgabenstellungen, die von den Leitern an bestimmte Personen gerichtet werden. Dabei bietet der systemisch-konstruktivistische Ansatz eine Reihe von Fragetypen und Frageabfolgen an, die entweder als zirkuläre Fragen die Wahrnehmungen von Kommunikation aufdecken (z. B.: A. wird gefragt, wie nach seiner Meinung B. auf C. reagiert) oder als Fragen, die Einschätzungen bewusst machen und dazu Entscheidungen herausfordern, oder als Fragen, die Möglichkeitsräume für neue Lösungen eröffnen.

Bekannt ist z. B. die sogenannte Wunderfrage: »Wenn das Problem durch ein Wunder über Nacht weg wäre: Woran könnte man erkennen, dass es passiert ist?« (Schlippe u. Schweitzer, 1999, S. 159), mit einer kleinschrittigen Abfolge von weiteren Frageformulierungen, die zu Ausbildungszwecken regelrecht eingeübt werden. Die Fragetechniken dienen zur Zeit fast als Erkennungszeichen der systemisch-konstruktivistischen Methode, so wie früher die Hilfsregeln der Kommunikation nach TZI für das System der TZI genommen wurden. Im systemischen Vorgehen werden eine Reihe weiterer Techniken eingesetzt, z. B.

Verschreibungen, Skulpturen, Genogramme, Metaphern usf., auf die hier jetzt nicht näher eingegangen werden kann (Schlippe u. Schweitzer, 1999, Kap. 7 u. 8).

Auch in den Anwendungsbereichen, in denen es um die Therapie von Einzelnen geht, lenkt die systemische Sichtweise den Blick auf Kommunikationsstrukturen, die nicht als personenabhängig begriffen werden, sondern als funktional bedingt im Zusammenhang mit dem internen Zusammenhalt des Systems und den übergreifenden Kontextabhängigkeiten.

Kommunikationsmuster ermöglichen es, dass Kommunikationen aneinander anschließen können. Dazu ist ein »Verstehen« der Kommunikation nötig, so dass sich die nächste Kommunikation anschließen kann, indem sie den Mitteilungen der vorherigen Kommunikation zustimmt oder sie verwirft. In diesem Sinne erzeugt das soziale System »Sinn« als Festlegung auf eine Auswahl aus der unbegrenzten Fülle von Verstehens- und Antwortmöglichkeiten. »Verstehen« und »Sinn« sind hier nicht tiefenhermeneutisch gemeint, wie in der humanistisch-psychologischen oder der psychoanalytischen Orientierung, sondern bezogen auf die Operationen der Kommunikation.

Die Verstehensmöglichkeiten werden als vielfältig angesehen und nach ihrer Brauchbarkeit für viable Lösungen ausgesucht und angeregt. Lösungsorientierte und »narrative« Varianten der systemischen Therapie gehen davon aus, dass es darauf ankommt, neue, besser geeignete Erzählungen zu erfinden, neue Sinnfindungsmöglichkeiten zu erschließen. Deshalb wird vermieden, sich in die Problemsicht und die Problemanalyse zu vertiefen. Vielmehr wird eine Leichtigkeit und Lockerheit des Interaktionsstils angestrebt und der Blick auf die Ressourcen gelenkt.

Auch unabhängig von den Handlungsformen lässt sich mit dem Modell eines sozialen Systems eine Gruppe beobachten und analysieren. Nach meiner Erfahrung sind diese Überlegungen auch für die Gruppenleitung nach der TZI hilfreich, wenn ich weiß, dass ich damit den Referenzrahmen wechsle und mit dem Unterschied theoretischer Perspektiven hantieren kann.

3.3. Fazit

Abschließend lassen sich einige Punkte des systemisch-konstruktivistischen Verständnisses von Gruppe festhalten:
- Anwendungsbereich sind ursprünglich Gruppen, die real zusammen leben oder arbeiten, und dyadische Beratungssituationen; in letzter Zeit erfolgt eine Umsetzung auf Therapie- und Fortbildungsgruppen.
- Gruppe wird verstanden als Interaktionssystem. Die Konstruktion des Systems geschieht durch einen Beobachter.

- Die Struktur des Interaktionssystems wird gebildet aus Kommunikationen.
- Die Prozesse in Interaktionssystemen sind selbstregulativ und zirkulär.
- Das System ist operativ geschlossen und informationell offen.
- Anstöße von außen können bei struktureller Kopplung mit der Umwelt in das System gelangen, werden dort aber nur nach den systemeigenen Regeln verarbeitet.
- Aufgebaute Kommunikationsmuster und Regeln sind funktional für den internen Zusammenhalt wie für die Koppelung mit der Umwelt.
- Sie können durch geeignete Interventionen irritiert werden.
- Die Leiterposition ist inhaltlich allparteilich und in der Prozessteuerung direkt durch spezielle Fragetechniken und Aufgabenstellungen (Leiter als Choreograph).
- Ziel ist es, das System zu verflüssigen und ihm dadurch zu einer flexibleren inneren Struktur und System-Umwelt-Kopplung zu verhelfen und es zu befähigen, viablere Lösungen zu finden.

4. Sprachspiele und Differenzen

Beim Lesen meines Versuchs, die beiden Ansätze hintereinander doch unter gleichen Fragestellungen zu beschreiben, wird deutlich geworden sein, dass sie sich in völlig verschiedenen Sprachwelten bewegen. Da wird mitunter in einer anderen Sprache etwas beschrieben, was gar nicht so verschieden sein muss, und manchmal scheinen Welten dazwischen zu liegen.

Deshalb lassen sich nicht einfach Gemeinsamkeiten und Differenzen feststellen, sondern ausgehend von den unterschiedlichen Sprachformen gilt es, für einzelne, identifizierbare Bereiche herauszuarbeiten, wo Ähnlichkeiten in den Bedeutungszuschreibungen bestehen und wo es keine Entsprechungen gibt.

Die nachfolgende Tabelle 1 versucht Formulierungen für einzelne Bereiche gegenüberzustellen, um sie anschließend zu vergleichen.

Tabelle 1: Sprachspiele

Bereich	TZI	Systemisch-konstruktivistischer Ansatz
Grundannahme	Autonomie – Interdependenz	Operative Schließung – Informationelle Offenheit
Umwelt	Globe	Kontextbezug
Ethik	»Verantworte dein Tun und dein Lassen!« (Ruth Cohn)	»Handle stets so, dass die Anzahl der Möglichkeiten wächst!« (von Foerster u. Pörksen, 1998, S. 36)
Haltung	Wertschätzung	Respekt
Leiterposition	Mehrfache Aufmerksamkeit Selektive Aufmerksamkeit	Allparteilichkeit Neutralität
Grundelement der Gruppe	Personenorientierung (Biographien und Gruppenmatrix)	Kommunikationsorientierung (Strukturen und Funktionen)
Prozessmodell	Dynamische Balance (Vier-Faktoren-Modell)	Zirkularität Selbstregulation
Zeitperspektive	Aus unbewussten Wieder-holungen in der Gegenwart zu Zukunftsorientierungen	Strukturdeterminierung aus der Vergangenheit – Lösungsorientierung für die Zukunft
Leitungsverhalten	Prozessbezogen (vergleichsweise) indirekter über Themen und Strukturen; inhaltlich selektiv teilnehmend	Prozessbezogen (vergleichsweise) direkter durch Fragen und Aufgabenstellungen; inhaltlich neutral
Interaktionsstil	Möglichst freie, selbstregulierte Interaktion in der Gruppe	Im Ablauf leitergesteuerte, lösungsorientierte Interaktion

In der Grundannahme der gegenseitigen Durchdringung von Autonomie und Interdependenz erweist sich Ruth Cohn als eine Vorläuferin systemischen Denkens. Im Gegensatz zu der systemischen Beschreibung des System-Umwelt-Verhältnisses geht sie jedoch von ganzheitlichen, entscheidungsfähigen und selbstreflexiven Menschen – Subjekten – aus und spricht von einem anthropologischem Axiom, also von einer Aussage über den Menschen als Gattungswesen. Eine anthropologische Aussage würde in eine rein systemisch-konstruktivistische Sichtweise nicht mehr passen. Auch der GLOBE steht bei ihr unter dem Vorzeichen des Holismus und weist neben rationalen Bezügen auch emotionale und spirituelle Bezüge auf.

Der Eindruck, dass in beiden Redeweisen fast etwas Ähnliches, aber auf sehr differente Art und Weise angesprochen wird, verstärkt sich in der ethischen Haltung beider Ansätze. Auch in der TZI geht es nicht um bestimmte Werte im Sinne eines Wertekanons, sondern um »Wertschätzung« (Röhling, 2002).

Innerhalb der TZI-Community wird die konstruktivistische Grundposition der TZI oft unterschätzt: TZI fordert auf, ethische Entscheidungen zu treffen, gibt aber nicht bestimmte ethische Entscheidungen vor. Wenn es so klingt, wie im zweiten Axiom, erweist sich bei genauerem Hinsehen, dass eine Problembeschreibung vorliegt, keine Lösung. Die Lösungen müssen von den Einzelnen selbst verantwortet werden. Ganz ähnlich haben sich Überlegungen zu einer systemischen Ethik entwickelt, die vor allem vor dem Respekt vor den verschiedenen Lösungen der verschiedenen Personen getragen ist und auf eine Erweiterung der Handlungsoptionen und Lösungsmöglichkeiten zielt. In diesem Punkt muss ich meine Skepsis gegenüber der Ethik des systemisch-konstruktivistischen Ansatzes, die ich 1996 (Reiser, 1996) geäußert habe, widerrufen. Aber auch hier liegt eine entscheidende Differenz zwischen dem systemisch-konstruktivistischen Ansatz und der TZI in einem Akzent: TZI akzentuiert die Verantwortung, der systemisch-konstruktivistische Ansatz die Freiheit des anderen. Verantwortungsübernahme kann auch zu aktiver Parteinahme führen und verharrt nicht in einer beraterischen, beobachtenden Haltung. Hier wird erkennbar, dass TZI dem Erziehungsgeschäft wesentlich nähersteht und der systemisch-konstruktivistische Ansatz mehr dem Geschäft der Beratung.

Auch im Vergleich der Leiterposition und des Leitungsverhaltens zeigt sich teilweise Parallelität bei deutlicher Differenz im Akzent. In beiden Vorstellungen wird erwartet, dass der Leiter verschiedene Perspektiven einnehmen und wahrnehmen kann und seine eigenen Perspektiven relativiert und zurücknimmt. TZI betont jedoch daneben auch die Authentizität und die Partizipation des Leiters, während vom Systemiker eine inhaltliche Abstinenz verlangt wird. Bei diesem Punkt ist jedoch das breite Anwendungsspektrum beider Ansätze zu beachten, das ich weiter unten diskutieren möchte.

Die Prozessmodelle haben ebenfalls Vergleichbares und je Eigenes. TZI legt sich in einer modellhaften Komplexitätsreduktion auf vier Faktoren fest und strukturiert damit sein gesamtes methodisches Aussagesystem. Die Ideen der Zirkularität und der Selbstregulation, vor allem bezogen auf die Prozesse in der Gruppe, werden in ihm implizit vorweggenommen. Die Leitungstechnik des systemischen Ansatzes befriedigt jedoch nicht die Vorstellung von Selbstregulation der Themenzentrierten Interaktion, in der die Interaktion der Gruppe einen entscheidend höheren Freiraum genießt. Dennoch kann in diesem Punkt eine partielle Deckungsgleichheit konstatiert werden.

Dies ist bei der Annahme unbewusster Prozesse, die im systemisch-konstruktivistischen Ansatz nicht beachtet werden, nicht mehr möglich. Im Systembegriff kann die Strukturdeterminierung durchaus noch verstanden werden, im Sinne der Wiederholung von Mustern aus der Vergangenheit und in der Praxis der systemischen Therapie wird mit unbewussten Vorstellungen und Prozessen kreativ umgegangen – nur in der Behandlungstheorie haben sie (derzeit?) keinen Platz. Aufgrund der Gegensätzlichkeit der Leitungsinterventionen und der unterschiedlichen Zielsetzungen entwickeln sich in Gruppen, die nach der TZI geleitet sind oder nach systemisch-konstruktivistischen Vorstellungen, unterschiedliche Interaktionsstile. Die TZI ist sehr auf Personen und gemeinsame Themen ausgerichtet; TZI-Leiter beteiligen sich am Prozess, nicht in dem Sinne, dass sie Inhalte vorgeben, sondern in dem Sinne, dass sie ihre Gefühle und Gedanken in dem Maße, wie es die Autonomie der Gruppe fördert, äußern. Das systemisch-konstruktivistische Vorgehen operiert rationaler und zielorientierter, die Leiter bleiben inhaltlich mehr draußen und steuern den Prozess kleinschrittig und direkt. Unter Beachtung der Hilfsregel Ruth Cohns: »Wenn du eine Frage stellst, sage, warum du fragst und was deine Frage für dich bedeutet. Sage dich selbst aus und vermeide das Interview!« (1975, S. 124), könnte mit der systemisch-konstruktivistischen Arbeit gar nicht begonnen werden. Obwohl die TZI den Blick auf die Ressourcen richtet, ist bei ihr doch der »Schatten« immer mitgedacht und die Auseinandersetzung mit ihm wird nicht vermieden. Der Slogan in der Ankündigung eines systemischen Workshops: »Nicht Störungen, sondern Lösungen haben Vorrang« baut aus Sicht der TZI eine unproduktive Dichotomie auf. Leichtigkeit und Lockerheit des Interaktionsstils führen in der TZI nicht zur Vermeidung von Trauer, Schmerz und Durchschreiten der depressiven Position. Hier wird der psychoanalytische Hintergrund der TZI aufs Neue deutlich.

5. Gibt es Verbindungsmöglichkeiten zwischen der TZI und dem systemisch-konstruktivistischen Ansatz?

Die Frage nach den Verbindungsmöglichkeiten stelle ich von der TZI aus. Ich unterscheide hier drei Ebenen:
- die Ebene des Vergleichs und des Dialogs,
- die Ebene systemisch-konstruktivistischer Reflexionshilfen,
- die Ebene der partiellen Verwendung systemisch-konstruktivistischer Vorgehensweisen.

5.1. Vergleich und Dialog

Der in diesem Beitrag auf allgemeiner Ebene begonnene Vergleich könnte interessanter fortgesetzt werden, wenn er auf spezifische Handlungsfelder zugespitzt würde; so könnten z. B. die reichhaltigen Beiträge zu einer systemisch-konstruktivistischen Didaktik detailliert verglichen werden mit den Beiträgen zur Didaktik auf der Grundlage der TZI. Bei solchen Vergleichen ist zu erwarten, dass die beiden Konzepte für ein bestimmtes Arbeitsfeld auch bestimmte Varianten ihrer Methodologie entwickeln, die auf die Eigenlogik des Handlungsfeldes reagieren. Man kann davon sprechen, dass ein Konzept, so auch die TZI, unterschiedliche »Formate« (nach Janny Wolf-Hollander, mündliche Mitteilung) für unterschiedliche Handlungsfelder entwickelt. Das Format »Unterricht nach dem systemisch-konstruktivistischem Ansatz« und das Format »Unterricht nach der TZI« hätten sicher eine Reihe weiterer Parallelen, die auf die Eigenlogik des Handlungsfeldes »Unterricht in der öffentlichen Schule« in ähnlicher Weise reagieren.

Für den Handlungsbereich »Beratung« haben Andrea Dlugosch als Vertreterin der TZI und Rolf Werning als Vertreter des systemisch-konstruktivistischen Ansatzes einen Dialog veröffentlicht, bei dem es um den Vergleich des Formats »Kollegiale Beratung nach der TZI« mit dem Format »Kollegiale Beratung nach dem systemisch-konstruktivistischen Ansatz« geht (Dlugosch u. Werning, 2002). Dieser Text hat meine Aufmerksamkeit für die Ähnlichkeiten und Differenzen geschärft. Nach einer Schilderung der beiden Ansätze stellen sie als ersten Punkt der Gemeinsamkeit die dialektische Form der Verbindung von Autonomie und Interdependenz fest, wobei Werning aus systemischkonstruktivistischer Sicht die Determination durch Kontextgebundenheit und die Autonomie der Wahl des Beobachterstandpunktes heranzieht. Ein zweiter Punkt der Übereinstimmung ist die Betonung bewertender Entscheidungen des Subjekts, die immer an die Beobachtungen des Subjekts gebunden sind. Die daraus entstehende Wertschätzung der subjektiven Wahrnehmungen anderer, die respektvolle Neugier, die dem anderen entgegengebracht wird, ist eine weitere Gemeinsamkeit. In der Ausbildung von Studierenden werden übereinstimmend die Kompetenz, die Verwobenheiten in systemische Zusammenhänge zu erkennen, die Kompetenz, nicht für die Lösungen Verantwortung zu übernehmen, sondern die Verantwortung beim »Problemsystem« bzw. bei der Gruppe (TZI) zu belassen, und die Kompetenz der mehrfachen Aufmerksamkeitsrichtung beschrieben.

Der Eigenlogik des Handlungsfelds Beratung ist es geschuldet, dass eine Distanz der Leitung zu den Beratungspartnern erforderlich ist. Und dennoch wird an diesem Punkt eine Differenz sichtbar, die Dlugosch und Werning herausarbeiten. Auch in der Kollegialen Beratung nach der TZI nimmt die Leitung am Prozess teil, indem sie ihre Gefühle und Wahrnehmungen selektiv zur Verfügung stellt. Von der Technik her (TZI tritt hier als Verfahren zur Beratung durch die Gruppe auf und der systemisch-konstruktivistische Ansatz als dyadisches Verfahren, das in der Gruppe erlernt wird) ist diese Differenz vorgegeben. Ebenso wird deutlich, dass in diesem Beispiel der beraterischen Ausbildung der Ansatz der TZI Selbst- und Fremdeinschätzungserfahrungen stärker hervorhebt als der systemisch-konstruktivistische Ansatz.

Neben einem breiten Überschneidungsbereich ist an diesem Beispiel auch ein deutlich unterschiedliches Profil der beiden Ansätze festzustellen. Die TZI arbeitet auch mit den emotionalen Reaktionen in der Gruppe und der Hypothese des »Spiegelphänomens«, wonach Emotionen in der Gruppe als Reaktionen auf emotionale Hintergründe des Beratungsfalls interpretiert werden können. Durch Identifikationen werden biographische Assoziationen angerissen und durchgearbeitet, soweit sie die professionelle Entwicklung betreffen. Es ist nicht zu übersehen, dass unterschiedliche Leitungstechniken auch unterschiedliche Interaktionsstile hervorbringen.

5.2. Systemisch-konstruktivistische Reflexionshilfen

Obwohl der TZI ein systemisches Denken naheliegt, kann der systemisch-konstruktivistische Ansatz in mehrerer Hinsicht die Reflexion der Gruppenarbeit wesentlich erweitern und präzisieren. Der systemische Blick lenkt das Augenmerk auf die Kontexte, in der Sprache der TZI: den GLOBE. Für die Analyse des GLOBE verfügt TZI nicht über eine eigene Technik und Anleihen aus psychologischen Theoremen helfen hier wenig. Er geht hier nicht um personale Interaktionen, sondern um Strukturen und Funktionen. Hier ist das systemisch-konstruktivistische Denken die ideale Ergänzung der TZI. Ebenso wie die TZI Reflexionshilfen und Theoreme aus der Psychoanalyse benutzt, ohne die Techniken der Psychoanalyse anzuwenden, kann sie systemische Analysen verwenden, ohne die systemisch-konstruktivistischen Handlungsanweisungen übernehmen zu müssen.

5.3. Partielle Verwendung systemisch-konstruktivistischer Vorgehensweisen

Techniken wie Skulpturen, Metaphern, positives Konnotieren werden heute als systemische Techniken benannt, sind jedoch bereits der humanistischen Psychologie und damit auch der TZI eigen. Hier besteht partiell ein Überschneidungsbereich.

Die systemischen Fragetechniken, die berechtigterweise im Zentrum des systemisch-konstruktivistischen Vorgehens stehen, da sie zugleich Beobachtungs- wie Handlungsinstrumente sind, sind jedoch mit der Leiterhaltung in der TZI schlecht vereinbar. Eine Serie solcher Fragen verändert das Interaktionsklima. Die Erwartung richtet sich auf die Fortsetzung des Prozesses durch den Leiter, die Interaktion in der Gruppe erlischt ohne fortgesetzte Leiterimpulse. Psychoanalytisch gesehen wird die Übertragung der Elternfigur auf die Leitung reaktiviert. Das systemische Vorgehen erfordert auch deshalb die Neutralität in inhaltlichen Fragen und die verschiedenen Techniken des Rückzugs aus dem beratenen System, wie etwa das »Reflecting Team«, um immer wieder aus dieser aktiven Position in die Beobachterposition zurückzukommen. Der TZI-Leiter antwortet auf das Übertragungsproblem anders, nämlich durch Offenlegung (selektive Authentizität).

Sowohl in bestimmten Formaten wie auch in bestimmten Situationen, die beratende Interventionen erfordern, ist trotz dieser grundsätzlichen Inkompatibilität der Vorgehensweise in der Leitung eine systemisch rekonstruierende, dekonstruierende und neu konstruierende Fragetechnik angezeigt. In Supervisionskontexten erweist sie sich als besonders hilfreich.

Man muss sich jedoch im Klaren sein, dass bei partieller Anwendung systemischer Fragetechniken das unbewusste Verhältnis zwischen Gruppe und Leiter aus der TZI-Balance rutschen kann. Nun ist dies in der TZI nichts Außergewöhnliches. Ruth Cohn selbst hat bei Störungsbearbeitungen ganz selbstverständlich z. B. Gestalttechniken eingesetzt, um danach zu den Techniken der TZI-Gruppenarbeit zurückzukehren. Die Kunst liegt im Zurückkehren. Je sicherer aus der Erfahrung der Gruppe und dem Können der Leitung das Zurückkehren in den Interaktionsstil der TZI gelingt, desto produktiver kann das zeitweise Verwenden systemischer Fragetechniken in der Gruppe sein.

6. Ausblick

Nach meiner Ansicht ist es berechtigt, die TZI als ein psychoanalytisch-systemisches Verfahren zu charakterisieren. Sie nimmt beide Zugänge in einem eigenständigen Entwurf in sich auf, der dadurch gekennzeichnet ist, dass er einer demokratischen Vision der individuellen Bildung und der Gemeinschafts-bildung folgt. Für mich ist diese Zielsetzung zugleich beruhigend konservativ als Gegenbewegung gegen die Verwertungs- und Manipulierungstendenzen des »flexiblen Menschen« (Sennett, 2000).

Der Graben zwischen der Systemtheorie und der Psychoanalyse wird schmaler, wenn es gelingt, die konstruktivistische Linie in der Entwicklung der Psychoanalyse herauszuarbeiten und sie systemtheoretisch neu zu formulieren, und wenn auf der systemischen Seite die betonte Abkehr von der Theorie des Unbewussten fallen gelassen werden kann. Die TZI muss sich um die Profilierungen und Auseinandersetzungen beider großer Schulen nicht kümmern, wenn sie ihr Eigenes verfolgt und sich dabei beider Quellen bedient.

Literatur

Belz, H., Dehm, C., Eichberger, M., Roch, E. (1988). Auf dem Weg zur arbeitsfähigen Gruppe. Mainz: Grünewald.

Cohn, R. (1975). Von der Psychoanalyse zur Themenzentrierten Interaktion. Stuttgart: Klett-Cotta.

Cohn, R. (1984). Buch II. In A. Farau, R. C. Cohn (Hrsg.), Gelebte Geschichte der Psychotherapie. Stuttgart: Klett-Cotta.

Dlugosch, A., Werning, R. (2002). Curriculum Beratung und Kooperation. In B. Warzecha (Hrsg.), Zur Relevanz des Dialogs in Erziehungswissenschaft und Behindertenpädagogik, Beratung und Therapie (S. 181–210). Münster u. a.: LIT Verlag.

Foerster, H. v., Pörksen, B. (1998). Die Wahrheit ist die Erfindung eines Lügners. Gespräche für Skeptiker. Heidelberg: Carl-Auer.

Hesse, J. (2002). Aspekte und Fragen zur Systemisch-Lösungsorientierten Gruppentherapie oder: Wie können unterschiedliche Aspektwechsel als Ressourcenfeld organisiert werden? In H. Molter, J. Hargens (Hrsg.), Ich – du – wir und wer sonst noch dazu gehört. Systemisches Arbeiten mit und in Gruppen (S. 9–32). Dortmund: borgmann.

Lotz, W. (2003). Sozialpädagogisches Handeln. Eine Grundlegung sozialer Beziehungsarbeit mit Themenzentrierter Interaktion. Mainz: Grünewald.

Luhmann, N. (2002). Einführung in die Systemtheorie. Heidelberg: Carl Auer.

Mehta, G., Jorniak, K., Wagner, H. (2002). Gruppenbildungen und Gruppen(auf)lösungen. Dialektisches Ineinanderspiel von Ich und Wir. In H. Molter, J. Hargens (Hrsg.), Ich – du – wir und wer sonst noch dazu gehört. Systemisches Arbeiten mit und in Gruppen (S. 117–155). Dortmund: borgmann.

Molter H. (2002). Vom Organisieren förderlicher Selbstorganisation. Eine Metastrategie für systemisches Arbeiten mit und in Gruppen. In H. Molter, J. Hargens (Hrsg.), Ich – du – wir und wer sonst noch dazu gehört. Systemisches Arbeiten mit und in Gruppen (S. 205–221). Dortmund: borgmann.

Molter, H., Hargens, J. (Hrsg.) (2002). Ich-du-wir und wer sonst noch dazu gehört. Systemisches Arbeiten mit und in Gruppen. Dortmund: borgmann.

Reiser, H. (1996). Statement: TZI und systemisches Denken in Therapie und Pädagogik. Themenzentrierte Interaktion, 10 (2), 22–25.

Röhling, J. (2002). Es geht nicht um Werte, sondern um Wertschätzung. Themenzentrierte Interaktion, 16 (1), 119–129.

Rubner, A. (2002). Wiederholung, Übertragung und Über-Holung in der Themenzentrierten Interaktion. Themenzentrierte Interaktion, 16 (1), 59–69.

Schlippe, A. v., Schweitzer, J. (Hrsg.) (1999). Lehrbuch der systemischen Therapie und Beratung (2. Aufl.). Göttingen: Vandenhoeck & Ruprecht.

Sennett, R. (2000). Der flexible Mensch. Die Kultur des neuen Kapitalismus (2. Aufl.). Berlin: Berlinverlag.

Stierlin, H. (1994). Ich und die anderen. Psychotherapie in einer sich wandelnden Gesellschaft. Stuttgart: Klett-Cotta.

Trost, A. (1998). TZI und systemische Therapie: spielend kreative Lösungen (er-)finden. Themenzentrierte Interaktion, 12 (2), 61–87.

Voß, R. (Hrsg.) (1997). Die Schule neu erfinden. Systemisch-konstruktivistische Annäherungen an Schule und Pädagogik. Neuwied u. a.: Luchterhand.

Walter Zitterbarth
TZI und Ethik[1]

Obwohl die TZI es als eine Besonderheit ihres Ansatzes ansieht, über ein humanistisches Wertefundament zu verfügen, ist dieses kaum je Gegenstand einer eigenständigen Untersuchung geworden. Im folgenden Text werden eine Reihe von Fragen aufgeworfen, die in diesem Zusammenhang einer Bearbeitung bedürften, und es werden einige bereits in vorläufiger Form gegebene Antworten auf den Prüfstand gestellt: Wo hat innerhalb des Gedankengebäudes der TZI eine eigenständige Ethik ihren Platz und was genau soll sie leisten? Ist diese ethische Basis ein Alleinstellungsmerkmal der TZI oder teilt sie diese mit der gesamten *Humanistischen Psychologie?* Eine breiter angelegte Beschäftigung mit diesen und ähnlichen Fragestellungen ist bis heute ausgeblieben, so dass es als eine offene Frage angesehen werden muss, welche Bedeutsamkeit ein eigenständiges Wertefundament für eine Handlungskonzeption hat.

Da ich seit einigen Jahren beruflich stark mit ethischen Fragen und Problemstellungen zu tun habe – ich unterrichte Medizinstudenten in dem (freiwilligen) Fach Klinische Ethik –, war es mir schon seit längerem ein Anliegen, mit interessierten Lehrenden der TZI darüber ins Gespräch zu kommen. Im März dieses Jahres ergab sich eine Gelegenheit, im kleinen Kreis bei Barbara Langmaack zusammenzukommen und an diesem Thema zwei Tage zu arbeiten.

Mir selbst waren immer wieder zwei verschiedene Haltungen begegnet, von denen eine darauf hinausläuft, in der Beschäftigung mit und der Hervorhebung von ethischen und moralischen Thematiken bei TZI ein Hindernis für ihre Marktgängigkeit zu sehen, ein inzwischen anachronistisch gewordenes Überbleibsel aus der normativ aufgeladenen Entstehungs- und Ausbreitungszeit der TZI. Die andere Haltung möchte in der Existenz ethischer Prinzipien gerade die besondere Identität der TZI ausmachen, ein Aushängeschild sozusagen, mit dem sie anzeigt, dass sie in besonderer Weise Verantwortung zu übernehmen

1   Aus: Themenzentrierte Interaktion, 2001, 2, S. 102–106.

bereit ist. In unserer Runde vertrat niemand ausdrücklich die erste Position, die zweite kam, sehr zurückhaltend formuliert, vor, doch eigentlich überwog die Einstellung, dass es gar nicht klar sei, wie groß die Rolle von Ethik und Moral in der TZI zu veranschlagen sei.

Das regte zu der Frage an, warum wir denn überhaupt meinen, für TZI eine Ethik zu brauchen. Genügt es nicht vielleicht, so wie es in Handwerken oder Sportdisziplinen üblich ist, gewisse Regeln der Vortrefflichkeit oder der Meisterschaft zu formulieren, die sachlich begründete Maßstäbe für die auszuübende Tätigkeit bereitstellen, so dass auf deren Hintergrund das Gelingen oder Misslingen des Tuns beurteilbar wird? Hier wurden wir uns aber rasch einig, dass Tätigkeiten, die in besonderer Weise verändernden Einfluss und Auswirkungen auf Menschen haben, ihre leiblich/seelisch/geistige Integrität betreffen, wie das z. B. für die Tätigkeit von Medizinern, Therapeuten, Pädagogen u. a. der Fall ist, auch unter weiterreichenden Anforderungen stehen, wie z. B. der, Auskunft über die Grundlagen und die Ausrichtung der Veränderungen, die sie einleiten, zu geben.

Eine daran anschließende Frage war, ob wir deshalb so etwas wie eine eigene Ethik brauchen. Genügt es nicht vielleicht, in dem vielfältigen Angebot aus Tradition, Religion und Philosophie sich zu verorten? Hier wurde kontrovers diskutiert, ob denn die TZI wirklich über eine eigene Ethik verfüge oder ob sie nicht vielmehr ihre Ethik mit der gesamten Humanistischen Psychologie teile. Das Gespräch fokussierte sich dann auf die Maslow'sche Bedürfnispyramide, die von allen als eine gewisse Grundlage der Humanistischen Psychologie wie der TZI angesehen wurde. Kritik an dieser Bedürfnistheorie wegen ihres Naturalismus oder Biologismus wurde geäußert, weil in allzu eindeutiger und linearer Weise die Befriedigung physisch-materieller Bedürfnisse zu einer Bedingung der Befriedigung geistig-kultureller Bedürfnisse gemacht wird.

Eine Alternative zu einer eigenen Ethik könnte auch darin bestehen, sich einer der in Entwicklung befindlichen Professionsethiken anzuschließen. So hat z. B. der aus der Bioethik stammende und erst einmal für die medizinisch-klinische Praxis gedachte Entwurf von Beauchamp und Childress (1994) inzwischen Anhänger auch in anderen Berufszweigen gefunden. Er ist von bestechender Einfachheit und geht von vier verbindlichen Prinzipien aus, die beim Umgang mit Menschen im Rahmen der Ausübung der beruflichen Tätigkeit zu beachten seien:

1. Respekt vor der Autonomie des anderen;
2. Prinzip der Schadensvermeidung;
3. Prinzip der Fürsorgepflicht;
4. Prinzip der Gerechtigkeit.

Da diese Prinzipien bei der Anwendung auf den Einzelfall auch in Konkurrenz zueinander treten können, lässt diese Ethik Raum für persönliche Entscheidungsfreiheit und unterscheidet sich damit von Entwürfen wie Kants Kategorischem Imperativ (aber auch noch vielen anderen), die beanspruchen, immer zu einer eindeutigen Lösung zu kommen, was u. a. zur Folge hat, dass für so etwas wie »Tragik« kein Platz bleibt. Leider war die Zeit zu kurz, um über diesen Ansatz vertieft ins Gespräch zu kommen.

Die umfangreichste und engagierteste Diskussion löste schließlich die Frage aus, wie zufrieden wir denn mit der Ethik sind, die wir in der TZI haben. Zu einem raschen Konsens kam es hinsichtlich der Einschätzung, dass der Ort, an dem in der TZI die Ethik in erster Linie verankert ist, die Axiome sind. Was würde eigentlich passieren, wenn die Axiome wegfielen? Dieses Gedankenexperiment führte in zwei unterschiedliche Richtungen, lenkte aber in jedem Falle die Aufmerksamkeit auf die Ebene unterhalb der Axiome und damit auf die Postulate. Zum einen wurde gefragt, ob nicht in diesen die eigentliche Ethik steckt, denn immerhin schließen sie gewisse Handlungsoptionen wirklich aus: so ist etwa mit dem Chairperson-Prinzip die Gestaltung sozialen Miteinanders nach einem autoritären Führerprinzip definitiv unvereinbar. Verlangt man von einer Ethik, dass sie tatsächliche Entscheidungshilfen bieten soll, so scheinen die Postulate die eigentliche ethische Position zu verkörpern, denn dass mit Hilfe der Axiome Handlungen ausgeschlossen werden könnten, wurde eher bezweifelt.

Zum anderen wurde aber auch die Befürchtung geäußert, dass die Postulate mit dem Wegfall der Axiome ihren Halt verlieren würden. Das scheint mir aber nur der Fall zu sein, wenn die Axiome sich besser begründen ließen als die Postulate. Möglicherweise genügt es aber ja als Begründung für die Postulate unsere Erfahrungen mit 250 Jahren Demokratie in den westlichen Gesellschaften ins Feld zu führen. Leisten die Axiome wirklich mehr für die Begründung der Postulate?

Die ab und an vernehmbare Befürchtung, dass wir ohne das ethische Fundament in den Axiomen zu so etwas (ich formuliere hier bewusst etwas zugespitzt) wie ethischen Analphabeten und Orientierungswaisen würden, führte zu der biographischen Reflexion, wie viel Ethik jeder von uns bei seiner Begegnung mit TZI eigentlich aus Elternhaus, Schule, Kirche etc. schon mitgebracht und ob die TZI hier überhaupt noch etwas Zusätzliches und Modifizierendes bewirkt habe. Wie kaum anders zu erwarten, kam niemand frei von Ethik und Moral zur TZI, es waren immer Ergänzungen und Abrundungen eines schon bestehenden Gebäudes, die durch den intensiven Umgang mit TZI veranlasst wurden. Häufig, so stellten wir bei uns fest, war es vor allem die Toleranz und Akzeptanz anderer, uns bis dahin fremder Lebensweisen, die durch die Einübung von TZI gefördert wurden.

Zwei inhaltliche Bedenken gegen ganz bestimmte Ausformulierungen in den Axiomen brachten uns am Schluss auf den Gedanken, eigene Vorschläge zur Veränderung auszuarbeiten und sie dann auch dem Forum aller an der Weiterentwicklung der TZI Interessierten zur Diskussion vorzulegen. Zum einen ging es darum, neben dem Wachstum auch seinem Gegenteil, dem ebenso zum Leben gehörenden Vergehen, einen angemessenen Platz einzuräumen. Deswegen sollte das 2. Axiom nunmehr lauten: »Ehrfurcht gebührt allem Lebendigen in seinem Wachsen und Vergehen. Sie schließt die Achtung des Menschen in seiner Ganzheit ein. Das bedingt wertende Entscheidungen.«

Zum anderen wurden an der Sprache der Axiome ihr einseitiger Naturbezug und das Fehlen aller Kulturbezogenheit des Menschen kritisiert. So spricht das 1. Axiom vom Universum, der Biologie und der Psychologie, kommt aber nicht bis zur Ebene von Kultur und Gesellschaft und übersieht somit, dass die Kultur zur Natur des Menschen gehört. Wir wollten dem Rechnung tragen, indem wir in den Erläuterungen zum 1. Axiom, wie sie sich in Farau und Cohn (1984, S. 358) finden, den Satz: »Ich bin umso autonomer, je mehr ich die Welt bewusst in mich einlasse« ersetzen durch die Formulierung: »Der Weg zur Autonomie besteht darin, das zu entwickeln, was in mir angelegt ist, und das kritisch aufzunehmen, was mir durch Kultur und Gemeinschaft zuwächst.«

Ich hoffe, dass es außer denjenigen, die an diesem Gespräch beteiligt waren, noch mehr Menschen gibt, die das Thema interessant finden, und es würde mich ganz besonders freuen, wenn es zu einer Debatte in unserer TZI-Zeitschrift darüber käme.

Literatur

Beauchamp, T. L., Childress, J. F. (1994). Principles of Biomedical Ethics. Oxford: OUP.
Farau, A., Cohn, R. (1984). Gelebte Geschichte der Psychotherapie. Zwei Perspektiven. Stuttgart: Klett-Cotta.

II Gruppenprozesse verstehen

Angelika Rubner und Eike Rubner

Entwicklungsphasen einer Gruppe[1]

Wenn man mit Gruppen arbeitet, sieht man sich als Leiter/-in mit einer Vielzahl von Interaktionen und Entwicklungen konfrontiert. Nicht nur in der thematischen Arbeit kommt es zu Überraschungen und Konflikten, sondern auch auf der zwischenmenschlichen Ebene gibt es Dynamik: Distanz und Misstrauen, Auseinandersetzungen mit anderen Gruppenmitgliedern und/oder der Leitung, Bündnisse, Konkurrenz, Harmonie und Spaß miteinander etc. Das vielschichtige Geschehen in einer Gruppe zu erfassen, zu werten und geeignete Leitungsinterventionen daraus zu entwickeln, ist eine anspruchsvolle, fordernde, manchmal auch überfordernde Aufgabe. Die Psychoanalytiker und TZI-Lehrenden Angelika und Eike Rubner haben 1991 ein Modell zu Entwicklungsphasen von Gruppen in die TZI-Diskussion eingebracht. Es ist seitdem ein häufig genutztes Modell zur Analyse von Gruppengeschehen, das einem helfen kann, in der Vielzahl von Ereignissen und Dynamiken in einer Gruppe Muster und Regelmäßigkeiten zu erkennen. Ihre Erkenntnisse basieren vor allem auf ihren Beobachtungen bei der Leitung von fünftägigen TZI-Gruppen, also Gruppen, die sich fernab des Alltags treffen, intensiv zu einem – oft auch persönlichen – Thema miteinander arbeiten und sich am Ende wieder auflösen. Bei diesen Gruppen lassen sich in verschiedenen Phasen unterschiedliche Verhaltensweisen im Umgang miteinander und gegenüber der Leitung beobachten. Da auch Gruppen in anderen Kontexten, z.B. (Hoch-)Schule, Unternehmen, Ehrenamt, von ihrer Gründung bis Auflösung verschiedene Phasen durchlaufen[2], kann das Wissen um Besonderheiten in verschiedenen Phasen den Leitungsverantwortlichen helfen, diese Phänomene bei der Planung der gemeinsamen Arbeit zu berücksichtigen und durch die Setzung passender Strukturen und Themen die Arbeitsfähigkeit dieser Gruppen zu fördern.

---

1   Aus: Themenzentrierte Interaktion, 1991, 2, S. 34–48.

2   Burkhard und Schneider-Landolf zeigen in einem Artikel (2009) auf, wie sie in ihrer Arbeit mit Teams das Phasenmodell in angepasster Form nutzen. Der Blick auf die Bedeutung von Gruppenphasen in Lern- und Arbeitsgruppen ist auch in »normalen« beruflichen Kontexten lohnend.

Rubners haben das Modell seit der ersten, hier abgedruckten Veröffentlichung mehrfach mit verschiedenem Fokus erläutert und erweitert.[3]

1. Zur Geschichte dieser Arbeit

Als wir nach unserer Graduierung anfingen, Krisenkurse zu halten, merkten wir, dass wir als Psychoanalytiker für die Vermittlung der individuellen Entwicklungsphasen und -krisen gut ausgebildet und gerüstet waren. Auch konnten wir – um Kenntnisse in Bezug auf Gruppenphänomene und -entwicklungen zu vermitteln – auf unser, aus unserem Psychologiestudium stammendes Wissen aus der Sozialpsychologie zurückgreifen. Während unserer TZI-Ausbildung hatten wir diesbezüglich wenig erfahren. Da ein TZI-Gruppenleiter jedoch nicht nur Kenntnisse in Bezug auf die Entstehung von und den Umgang mit individuellen Entwicklungen und Krisen benötigt, sondern ebenso solche in Bezug auf die entsprechenden Gruppenphänomene, suchten wir nach einem sozialpsychologischen Modell, das dem der individuellen Entwicklung entspricht. In der sozialpsychologischen, der sozialpädagogischen und der gruppenpsychoanalytischen Literatur zu diesem Thema fanden wir vielfältige, sehr divergierende Vorstellungen, die außerdem ihr Hauptaugenmerk vor allem auf die Anfangsphasen einer Gruppe richteten. Da wir jedoch einen vollständigen Verlauf einer Gruppe überblicken und beschreiben wollten – von der ersten Begegnung bis zur Trennung und Auflösung der Gruppe –, stellten wir uns die Frage: Welche Phasen durchläuft eine Gruppe als Ganzes von ihren Anfängen bis zu ihrer Auflösung und welche spezifischen Krisen müssen in der jeweiligen Phase bewältigt werden, damit das einzelne Gruppenmitglied und die Gruppe als Ganzes sich weiterentwickeln und so die nächste Stufe bzw. Phase erreichen und erleben können? Zur Beantwortung dieser Frage griffen wir einerseits auf unsere eigenen Erfahrungen und Beobachtungen in verschiedenen Gruppen, die wir als Mitglieder bzw. als Leiter erlebt hatten, zurück, andererseits setzten wir uns mit der Literatur zu diesem Thema auseinander. Die Beschäftigung mit der Literatur und mit unseren Beobachtungen mündete in die Erstellung eines Papiers: »Entwicklungslinien in einer (TZI-)Gruppe«. Unser Konzept überprüften wir in den zurückliegenden Jahren in vielen, unterschiedlichen Gruppen, besonders aber in TZl-Gruppen und TZI-Krisenkursen, und

---

3   Sie betonen in neueren Publikationen vor allem, dass die vorgestellten Phasen keine zwangsläufig so ablaufende Gesetzmäßigkeit darstellen. Ihr Modell möchten sie als Wahrnehmungs- und Analysehilfe verstanden wissen, das Gruppenleiter/-innen eine weitere, übergeordnete Deutungshilfe für sich ereignende Geschehnisse in Gruppen ermöglicht (Rubner u. Rubner, 2015).

fanden es weitgehend bestätigt. Die Überprüfung erbrachte Differenzierungen und Konkretisierungen, aber auch Modifizierungen.

2. Die Gruppe als Ganzes und der Einzelne in ihr

Um die Beziehung zu beschreiben, die zwischen der Gruppe als Ganzes und dem einzelnen Gruppenmitglied besteht, wählen wir zunächst einen Vergleich: Jedes Körperorgan stellt funktionell eine in sich geschlossene Einheit dar, die ganz spezifische Leistungen erbringt. Darüber hinaus aber ist jedes einzelne Organ in der Gemeinschaft aller anderen Körperorgane in einen ihm übergeordneten funktionellen Gesamtzusammenhang, den menschlichen Organismus, eingeordnet, so hat jedes Organ einen doppelten Aspekt: Es stellt einerseits eine individuelle Einheit dar und ist andererseits zugleich Teil eines ihm übergeordneten, kollektiven Ganzen. In jeder Gruppensituation treffen wir ein ähnliches funktionelles Kräftespiel an. Die Gruppe setzt sich aus einer begrenzten Anzahl von einzelnen Teilnehmern zusammen. Jeder Teilnehmer tritt als Individuum in eine Gruppe ein und spricht und handelt als Individuum – nach seiner Meinung – in ihr. Was er jedoch nicht von vornherein spürt und auch deshalb nicht weiß, ist, dass er zugleich mit dem Eintritt in die Gruppe auch eine Funktion des neuen, ihm übergeordneten »Organismus«, d. h. der Gruppe, übernimmt. Er spricht und handelt, obwohl Einzelorgan, unmerklich zugleich auch im Dienste der Gruppe als Ganzes, eines überindividuellen Organismus. Demnach besteht eine Rückkoppelung zwischen dem Einzelnen und der Gruppe, derart, dass das Verhalten des Einzelnen die Gruppe prägt, jedoch umgekehrt auch das Verhalten des Einzelnen durch die Gruppe geprägt wird. Soll die Gruppe als lebendiger Organismus funktionieren und ihre Aufgaben erfüllen, dann hat die Gruppe als Ganzes Funktionen an die Teilnehmer zu vergeben, die von diesen übernommen werden müssen. Diese Funktionen sind als Positionen (statisch) bzw. als Rollen (dynamisch) zu beschreiben. Das bedeutet, dass der Einzelne in einer Gruppe nicht nur aus seinem lebensgeschichtlichen und aktuellen individuellen Lebenszusammenhang heraus spricht, handelt und sich verhält, sondern aus der Position, der Rolle und der Funktion heraus, die er im Moment in der Gruppe innehat. Diese Rolle wird meist nur kurzfristig übernommen und wechselt in lebendigen Gruppen häufiger. Die Gruppe ist ihrerseits nicht nur die Summe der einzelnen Teilnehmer, sondern eine diesen Teilen übergeordnete Ganzheit mit eigenen speziellen Möglichkeiten und Erfordernissen. Die Gruppe als soziale Ganzheit ist mehr und etwas anderes als die Summe ihrer Teile, ihrer Teilnehmer (Foulkes, 1974, S. 215).

Das Individuum befindet sich innerhalb einer Gruppe – um es mit Ruth Cohn auszudrücken – im Spannungsfeld zwischen Autonomie und Interdependenz. Wenn das Individuum in einer Gruppe mehr ist als nur der Ausdruck seiner bisherigen Lebensgeschichte, sondern auch Vorgänge (in) der Gruppe mit phantasiert, aktualisiert und agiert, dann muss der Leiter auf beide Aspekte, nämlich den individuellen und den gruppalen, im Reden und Handeln eines Individuums achten. Mit einem Beispiel, dem Traum einer Teilnehmerin (R.) und seiner Deutung in und durch die Gruppe, möchte ich diese These belegen.

Traum von R., den sie am Morgen des vierten Tages eines TZI-Supervisions-Kurses schildert: »Ich mache gerade mit Freunden auf einer Wiese unter Bäumen Picknick, als ein Flugzeug ganz tief über unser Köpfe fliegt und auf der Wiese zerschellt. Ich laufe zur Absturzstelle. Dort liegen Kinder leblos bzw. jammernd und kaum schreiend herum. Ich denke: Warum sind die Mütter nicht dabei? Ich kümmere mich ganz ruhig um die verletzten, jammernden Kinder. Als sie alle versorgt sind, stelle ich einen Zug aus ihnen zusammen, der ruhig und schweigend hinter mir hergeht. Ich habe keine großen Gefühle.«

Individuelle Deutung

Der Leiter spricht – nach einigen Assoziationen der Gruppe – die Situation ihres am Vortag geschilderten Supervisionsfalles an: R. hatte sich als Ko-Leiterin in eine schwierige Position zwischen zwei Leitern und einzelnen Gruppenmitgliedern gebracht, so dass sie sich bald alleine und verlassen – von den Leitern und der Gruppe – fühlte, ihre eigenen Gefühle nicht mehr spürte und dennoch bis zum Ende des Kurses in ihrer Leiterrolle durchhielt. Am Ende der Fallbesprechung stand die Frage im Raum: Warum machst du es dir als Leiterin oft so schwer? Die Antwort fand R. in der darauffolgenden Plenumssitzung, die das Thema hatte: »Welche inneren Figuren brauche ich für meine Vorstellung von mir, die ich euch (auf meiner Lebensbühne) gebe?« Zu diesem Thema erzählte R., dass sie als älteste von vielen Geschwistern auf einem Bauernhof groß geworden war, sich nicht nur um die zweite, behinderte Schwester, sondern auch um alle übrigen Geschwister kümmern musste, da die Mutter und der Vater sich allein der Hofarbeit annahmen und die Sorge um die Kinder R. überließen. Die Deutung des Traumes auf der individuellen Ebene lautete also: R. musste sich alleingelassen von der Mutter, den Eltern, um die Geschwister kümmern, sie versorgen und führen, bis sie das Elternhaus (zum Studium) verlassen konnte. Als Ko-Leiterin fühlte sie sich auch von den »Eltern«, den beiden Leitern, verlassen und musste ohne eigene Gefühle bis zum Ende des Kurses durchhalten und die Gruppe führen.

Gruppale Deutung

Einem Gruppenmitglied gelang die Deutung des Traumes auf der gruppalen Ebene, nämlich als Traum über die Gruppe. Er erinnerte die Gruppe daran, dass in der letzten Plenumssitzung des vorangegangenen Tages alle ihre inneren Figuren vorgestellt hatten und dabei fast bei allen die Figur des »abgestürzten Kindes« vorkam. Diese »abgestürzten Kinder« waren von der Mutter bzw. dem Vater verlassen oder alleingelassen worden, sie waren verletzt und beschädigt worden, hatten aber schweigend und ruhig, die eigenen Gefühle der Trauer und des Hasses verbergend oder gar verleugnend, ihren Lebensweg fortgesetzt. Der Traum ist also Ausdruck einer in der Gruppe von vielen geäußerten, alten und sie deshalb jetzt verbindenden Erfahrung.

Deutung der Gruppenphase

Wir fügen noch eine Deutung des Traumes auf der Ebene der Gruppenphase hinzu: Der Traum gibt uns einen Hinweis, in welcher Phase sich die Gruppe zurzeit befindet. Der Traum wurde in der Nacht vom dritten zum vierten Kurstag geträumt, nach einer intensiven Arbeitsphase des dritten Tages, in der viele Einblicke in die berufliche und private Lebensgeschichte gewährt wurden und als Überleitung zu der vierte Phase, in der viel Intimität und Nähe möglich wurde. Den Freunden, mit denen die Träumerin unter den Bäumen auf einer Wiese idyllisch picknickt, entsprechen die freundschaftlichen Beziehungen, die sich in dieser Phase herausgebildet hatten und die der Ausgangspunkt waren, sich noch mehr, tiefer und in Regionen der kindlichen Verletzungen zu begegnen. Dieser Traum schildert, dass sich die Gruppe im Übergang von der Arbeitsphase (Autonomie und Interdependenz) zur Intimitätsphase (Intimität und Vertrauen) befindet und einen neuen Weg aus den Abstürzen und Verletzungen der Kindheit in Richtung gemeinsame Zukunft eingeschlagen hat.

3. Die fünf Entwicklungsphasen einer Gruppe

Vorbemerkungen: Die neue Situation am Anfang einer Gruppe, die gekennzeichnet ist durch das Zusammentreffen unbekannter Menschen am unbekannten Ort, die auf das Individuum einwirkt, muss allem psychologischen Wissen und Erwartungen zufolge viel Angst, Misstrauen, Feindseligkeit und Rivalität auslösen. Jedoch beobachten wir in der ersten Phase jeder neuen Gruppe keineswegs diese Phänomene. Die Einzelnen verhalten sich meist konventionell,

zurückhaltend, aber freundlich und moderat. Erst in der zweiten Phase spielen
Ängste und Aggressionen eine hervorragende Rolle und werden agiert. Wie
ist dies zu erklären? In der total verunsichernden Situation des Anfangs, in
der keine Orientierung herrscht, keine festen, bekannten Strukturen gegeben
sind, sind die Ängste vor destruktiven Kräften so riesig, dass sie nicht bewältigt
werden können, sondern erst einmal verleugnet und abgewehrt werden müssen.
Stabilisierende, angstreduzierende Strukturen werden phantasiert: Neues wird
mit Bekanntem aus der eigenen Erfahrung verglichen, identifiziert und so »ent-
ängstigt«, außerdem wird der Leiter idealisiert. Den Einzelnen und die Gruppe
gefährdende Kräfte werden also geleugnet bzw. ins Gegenteil verkehrt und die
zugrunde liegenden Autoritäts- und Rivalitätskonflikte einfach verdeckt. Erst
wenn – durch Verleugnung der Konflikte und durch Idealisierung der Gruppensituation und vor allem des Leiters in der ersten Phase – Platz zum Kennenlernen, zur Orientierung und Selbstfindung in der Gruppe war, wächst so viel
Sicherheit, dass die verdrängten Konflikte in der zweite Phase zugelassen und
bearbeitet werden können. Diese »Phasenverschiebung« ist später weiterhin zu
beobachten: Wächst in der ersten Phase durch Kennenlernen und in der zweiten
Phase durch Auseinandersetzung sowohl Selbstbewusstsein und -vertrauen als
auch Interesse an und Vertrauen zu den anderen Gruppenmitgliedern und der
Gruppe als Ganzes, so wird dieses positive Interesse am Gemeinsamen erst in
der dritten Phase, der eigentlichen Arbeitsphase, in die Tat umgesetzt, in der
Zusammenarbeit ausprobiert und im Zusammenhalt der Gruppe gefühlt. Wächst
dadurch in der dritten Phase Vertrauen und Nähe, so werden diese jedoch erst in
der vierten Phase, der Vertrauens- und Intimitätsphase, thematisiert und gelebt.
Hat die Gruppe mit der vierten Phase alle Entwicklungsschritte einer Gruppe
durchlaufen, ihre höchste Differenzierung und Integration, also ihre »Reife«,
damit ihr Ende und die Notwendigkeit der Ablösung erreicht und ihre Aufgaben
und Ziele erfüllt, so kündigt sich ihr Ende in Form der am Horizont – bewusst
oder unbewusst – auftauchenden Auflösung der Gruppe an. Gerade wegen der
sich ankündigenden Trennung wird das, was jetzt noch erlebt und erfahren
werden kann, besonders intensiv gesucht und empfunden oder aber auch schon
erleichtert abgeschwächt. Die Art und Weise, wie das sich ankündigende Ende
der Gruppe und der nahende Übergang zu »draußen« erlebt wird, hängt weitgehend von dem bisher Durchlebten, Erfahrenen und Erledigten ab. Die fünf
Phasen, die die Mitglieder und die Gruppe als Ganzes in ihrer Entwicklung zur
und in der Gruppe durchlaufen, sind:

I.   Orientierung, Annäherung und Abhängigkeit,
II. Kampf und Flucht, Auseinandersetzung und Kontrolle,
III. Autonomie und Interdependenz, Differenzierung und Integration,

IV.   Vertrauen und Intimität,
V.   Ablösung und Trennung, Abschied und Übergang.

Wir werden die einzelnen Phasen unter folgenden Gesichtspunkten und Fragestellungen beschreiben:
1.   Welche Merkmale und Verhaltensweisen kennzeichnen diese Phase?
2.   Welche Gefühle, Phantasien und Wünsche beherrschen die Gruppe?
3.   Wie sieht die Kommunikation und Interaktion in dieser Phase aus?

I. PHASE: Orientierung, Annäherung, Zurückhaltung und Abhängigkeit (vom Leiter)

1. Merkmale und Verhaltensweisen

Die einzelnen Gruppenmitglieder versuchen sich in der neuen Situation zu
orientieren, indem sie Informationen geben und nehmen, sich durch Fakten
bekanntmachen, die anderen, die Gruppe und den Leiter, taxieren, mit bekannten
Personen und Gruppen vergleichen und identifizieren, Ähnlichkeiten feststellen, das räumliche, zeitliche und personelle Umfeld der Gruppe untersuchen,
für sich nach möglichen Rollen Ausschau halten. Das Verhalten des Einzelnen schwankt stark zwischen Annäherung (durch persönliche Anspielungen,
stereotype Erzählungen und Beschäftigungen, Small Talk) und Zurückhaltung
bzw. Ausweichen (durch Rückfragen und Rückzug, durch ein Verhalten, das
besagt: »drei Schritte vom Leib«, durch vorsichtige Untersuchung der Gruppensituation und des Einzelnen, durch Blicke nach außen ins private und berufliche
Umfeld). Dieses Schwanken zwischen Annäherung und Zurückhaltung dient
einerseits dem Bekanntmachen und -werden und anderseits dazu, Distanz zu
wahren, sich vor zu viel Nähe zu schützen und nicht allzu viel von sich zeigen zu
müssen. Die Frage nach räumlichen Gegebenheiten und zeitlichen Strukturen
soll ebenso Halt und Sicherheit geben wie das sachliche Interesse am Thema
und der Aufgabe der Gruppe. Die starke Bezogenheit auf den Leiter und seine
Aktionen ist auffällig.

2. Die Gruppe beherrschende Gefühle, Phantasien und Wünsche

Die Ambivalenz zwischen Annäherungs- und Ausweichwünschen drückt sich
im Vergleich zwischen »außen« und »innen« aus, zwischen »dort« und »hier«.
Die Tendenz zur Annäherung ist im Wunsch abzulesen, den Einzelnen und die
Gruppe kennenzulernen, sich für die Möglichkeiten und Aufgaben der Gruppe
zu interessieren, sich auf die Angebote des Leiters mit Eifer einzulassen. Die
gegenläufige Tendenz zum Ausweichen und Aufrechterhalten der Distanz ist zu

spüren in der Furcht vor Fremdheit, vor Verpflichtung und Einbindung in die Gruppe und im Misstrauen in Bezug auf die Abhängigkeit vom Leiter, von den anderen Mitgliedern, von der Aufgabe und den Zielen der Gruppe. Diese Ängste werden verleugnet und bewusst durch Abhängigkeitswünsche und Geborgenheitsphantasien mit Vertrauensvorschuss, Interesse und Neugier gegenüber dem Leiter, der Gruppe und der Aufgabe in ihr Gegenteil verkehrt und so kompensiert. Die Einzelnen und die Gruppe wünschen vom Leiter »genährt« zu werden, erwarten materielle und ideelle »Nahrung«, phantasieren die Gleichbehandlung aller durch den Leiter (Gerechtigkeit), sein unerschöpfliches Wissen und Geben (Omnipotenz), so dass niemand fürchten muss, zu kurz zu kommen. Diesen (oralen) Schlaraffenland-Phantasien stehen abgespaltene und verleugnete Ängste gegenüber, von der Gruppe verschlungen und einverleibt bzw. vom Leiter nicht genug zu bekommen und zu verhungern, gar »vergiftet« zu werden. Der Einzelne hat tiefreichende – jedoch meist nicht bewusste – Ängste, vom Leiter und der Gruppe entlarvt, angegriffen, abgelehnt zu werden. Bewusst stellt er sich die Frage, ob man ihn gern haben und beachten oder ignorieren und ablehnen wird. Wie viel er von sich her- und preisgeben muss. Wie weit er »drinnen« oder »draußen« ist. Dieser Aufspaltung der Gefühle, Erwartungen und Phantasien in »gut« und »böse« – wobei die Existenz des »Bösen« meist noch geleugnet wird – steht der Vereinigungswunsch mit der Gruppe und dem Leiter, die Aufgabe der Ich-Grenzen, der Verlust der Individualität und der Verschmelzungswunsch zu einer unpersönlichen, undifferenzierten Gemeinschaft gegenüber. Diese »Entpersönlichungstendenz« dient der Vereinheitlichung der Gruppe als Ganzes, die durch die Nivellierung der individuellen Unterschiede erreicht werden soll. Die (unbewusste) Phantasie des Einzelnen heißt: »Ich bin, was ich bekomme!«

3. Kommunikation und Interaktion

Der Einzelne zwischen seinem Orientierungsbedürfnis und seinem Schutzbedürfnis (Rückzug, sich hinter seine Mauern verstecken) sucht die Interaktion auf möglichst sachlicher, schmaler persönlicher und sehr konventioneller Ebene. Entsprechend sind die Interaktionen formal und wenig tief, nicht offen. Die Beziehung ist oberflächlich und stereotyp, weder eng noch intim. Der Kontakt ist kurz, wechselnd und lose. Um seine Integrität zu wahren, sich vor Verletzungen in dieser neuen und möglicherweise gefährlichen Situation zu schützen, muss der Einzelne ein gewisses Maß an Distanz, Selbstbeherrschung und Kontrolle über seine Worte und Handlungen und ebenso über die äußere Situation und die anderen Gruppenteilnehmer bewahren. Gleichzeitig sammelt er möglichst viele direkte und indirekte Informationen und Beobachtungen über die Situation, um durch die vielfältigen Wahrnehmungen sich und andere besser abschätzen, einordnen zu können und sich dadurch sicherer zu fühlen. Die Interaktion in der Gruppe ist eher zögernd, tastend, stockend, zuweilen verwirrend und nicht fließend. Durch dieses Zurückhalten und Zurücknehmen bedarf es immer wieder neuer Anläufe und Anstöße. Die Art der Kommunikation entspricht gesellschaftlichen Gepflogenheiten im Rahmen konventionellen Benehmens, das mit dem höflichen, aber noch unverbindlichen Verhalten einer flüchtigen gesellschaftlichen Begegnung auf einer Cocktail-Party verglichen werden kann. Wenn ein Teilnehmer in dieser Phase bereits zu viel Offenheit zeigt und sehr viel von sich preisgibt, dann ist dies nicht etwa ein Hinweis darauf, dass dieser schon »weiter« als die Übrigen ist. Vielmehr deutet dies darauf hin, dass er über die in einer neuen und unbekannten Situation notwendigen Schutz- und Abwehrmechanismen nicht in ausreichendem Maße verfügt.

II. PHASE: Kampf und Flucht, Auseinandersetzung und Kontrolle

1. Merkmale und Verhaltensweisen

In der Gruppe kommen nun langsam Ärger und Kritik auf, die zu Angriffen auf den Leiter führen. Wenn ein Ko-Leiter da ist, so wird die Kritik zunächst an ihm festgemacht. Vermeintliche oder tatsächliche Fehler werden ihm nachgewiesen, die unrealistisch überhöht und bewertet werden. Die Aktivitäten und Verhaltensweisen des Leiters werden gleichzeitig kritisch überprüft. Es besteht die Tendenz, das Thema, die Aufgabe nicht zu verstehen, ändern zu wollen, die Struktur zu kritisieren. Es wird geargwöhnt, wen der Leiter bevorzugt bzw. benachteiligt, wem er materiell und emotional etwas gewährt bzw. versagt. Negative Bemerkungen, Enttäuschungen und latente Feindseligkeit ihm gegenüber tauchen auf. Daneben treten auch immer mehr Konflikte zwischen den Mitgliedern zutage, so dass Machtkampf-, Rivalitäts- und Konkurrenzsituationen entbrennen. Negative Bemerkungen und Kritik am Gruppenverlauf häufen sich, es entsteht ein »Gerichtshof der Gleichgestellten«. Missverständnisse, Verständigungs- und Kommunikationsprobleme treten gehäuft auf. Status- und Rangprobleme nehmen zu, eine vorläufige Ranghierarchie (Hackordnung) wird errichtet. Die Beziehungen werden formalisiert und festgelegt. So werden Rollen ausgebildet und übernommen: besonders die des spontanen Gruppenführers als Gegengewicht zum offiziellen Leiter, die des Außenseiters und Sündenbocks (manchmal der Leiter), die der vielen Mitläufer. Als Bündnisse zum gegenseitigen Schutz vor dem Leiter und gegen die Gruppe als Ganzes rotten sich aggressive Untergruppen zusammen. Macht und Dominanz sollen neu verteilt werden. Jedes Mitglied versucht, das für die eigene Person jeweils wünschenswerte Maß an Initiative und Macht zu etablieren, Einfluss- und Ent-

scheidungsmöglichkeiten in eigener Sache und in Gruppenangelegenheiten zu
gewinnen. Fähigkeiten und Schwerpunkte innerhalb der Gruppe werden kritisch
geprüft und positiv ausfindig gemacht, womit den Autonomiebestrebungen
des Einzelnen und der Gruppe eine sachliche Grundlage verschafft wird. Entsprechend werden die von außen übernommenen Werte und Normen in Frage
gestellt und abgewertet und gruppeneigene Normen gesucht. In dieser »Normen-
krise«, die neben der Aggressivität die Teilnehmer zusätzlich verunsichert,
kommt es zum Rückzug und zu Fluchttendenzen, weshalb die reale Absprung-
gefahr von der Gruppe in dieser Phase am höchsten ist.

2. Die Gruppe beherrschende Gefühle, Phantasien und Wünsche

Im Vordergrund stehen Gefühlsregungen der Unzufriedenheit und der Wut,
des Ärgers, der Aggression und der Enttäuschung, die sich alle am Leiterverhalten festzumachen versuchen oder auf einzelne Gruppenmitglieder übertragen werden. Im Hintergrund lauern jedoch verschiedene Ängste, Feindseligkeit, Konkurrenz-, Neid-, Eifersuchtsgefühle und Machtbedürfnisse, die mittels
Projektion nach außen, d. h. außerhalb des Ichs, zugelassen und dort wahrgenommen werden können. Gefühle der Bedrohung und der Gefahr werden
als von außen bedingt erlebt. Die eigenen Aggressionen werden nach außen
projiziert, der Einzelne und die Gruppe suchen sich einen Außenfeind (Leiter
oder Gruppenteile), um den zerstörerischen Impulsen Ziel und Rechtfertigung
zu geben. Durch diesen z. T. phantasierten Gefahrenzustand von außen wird der
Zusammenhalt und die Solidarität unter den Mitgliedern der Gruppe geschaffen,
die in der I. Phase über die Idealisierung des Leiters gesucht und gefunden
wurden. Der Einzelne ist weder verantwortlich noch schuldig. Schuld und
Schuldiger sind draußen. Es kann zur Ausbildung zweier sich bekämpfender
Lager kommen, was einerseits die volle und bedingungslose Identifikation mit
der einen Seite erlaubt, die zu der »unsrigen« erklärt wird, und andererseits die
Ablehnung der gegnerischen Seite ermöglicht. Es kommt so zur Polarisierung,
zu einem Schwarz-Weiß-Denken, in dem »wir« gegen »die da«, »Freund« gegen
»Feind« gestellt wird. In dieser Phase werden die zuvor verdrängten Abhängigkeiten (vom Leiter), die eigene Unsicherheit und Ohnmacht schmerzlich erlebt,
zumal der Wunsch nach Autonomie und Macht heftig aufkeimt und nach Verwirklichung schreit. Die Überzeugung wächst: »Ich bin, was ich will!«

3. Kommunikation und Interaktion

Im Widerstreit zwischen Autonomiebestrebungen und dem Bewusstwerden
der Abhängigkeit grenzt sich der Einzelne gegenüber dem Leiter und einzelnen Gruppenmitgliedern ab, mit anderen schließt er sich enger, evtl. sogar zu

einer Untergruppe zusammen, die dem Leiter oder der Gruppe als Ganzes den Kampf ansagt. Die aggressiven Beziehungen und Auseinandersetzungen mit Einzelnen bzw. mit Untergruppen überwiegen und verdecken die libidinösen Beziehungen. Nicht jeder, nicht die Gruppe als Ganzes wird gesucht, sondern nur die wenigen, mit denen man sich versteht und verständigen kann, die anderen werden abgewertet und verstoßen. Die Kommunikation und Interaktion hören auf, kurz und oberflächlich zu sein, sie werden auf der einen Seite intensiver und auf der anderen Seite abgebaut. Es gibt jetzt nur mehr »gut« oder »böse«, »Freund« oder »Feind«, wobei die Beschäftigung mit der aggressiven Seite wichtiger ist. Wurde in der I. Phase das »Böse« bei Leiter und Gruppe geleugnet, ins Gegenteil verkehrt und idealisiert, so wird in der II. Phase das »Gute« beim Leiter und einzelnen Gruppenteilnehmern geleugnet, um sich besser und ohne Schuldgefühle aggressiv auseinandersetzen zu können. In der III. Phase bilden sich zum ersten Mal Untergruppen, die durch ihre Feindseligkeit gegen den Leiter und den Rest der Gruppe zusammengehalten werden. Kritik, Opposition und Rebellion werden in der Kommunikation offen ausgetauscht. Abschließend zu dieser Phase möchten wir bemerken, dass wir das Gelingen dieser Phase, d.h. das Gelingen der Auseinandersetzung zwischen Leiter und Gruppe und zwischen den Gruppenmitgliedern für die Schlüssel und Nahtstelle im Prozess jeder Gruppe ansehen, und zwar deshalb, weil Vertrauen, Nähe und das gemeinsame Engagement für eine Sache erst dann entstehen können, wenn das Misstrauen-, Furcht- und Ärger-Auslösende, wenn das Trennende artikuliert und so weit bearbeitet werden konnte, dass wirkliche Gemeinsamkeit entstehen kann. Das Störungsprioritätspostulat der TZI dürfte auf ähnlichen Überlegungen beruhen. Leider und fatalerweise lernen wir in unserer Kultur und in unserer Erziehung wenig in Bezug auf den konstruktiven Umgang mit Aggression, im Allgemeinen wird diese verteufelt und tabuisiert. Dadurch wird nicht nur die Chance vertan, dass sich ihr positives Potential (im Sinne von »aggredi«) entfalten kann, sondern auch die Möglichkeit zu unkontrollierter Entlassung und Verschiebung des zerstörerischen Potentials eröffnet.

III. PHASE: Autonomie und Interdependenz, Differenzierung und Integration

1. Merkmale und Verhaltensweisen

Durch die Auseinandersetzung in der II. Phase kann die Spaltung »gut« oder »böse«, »oben« oder »unten« überwunden werden, so dass die Integration der Gegensätze, von »gut« und »böse«, von »oben« und »unten« geschehen kann. Die

Personen und die Gruppe werden nun differenzierter gesehen mit ihren positiven und negativen Eigenschaften, Möglichkeiten und Grenzen, als Gesamtheit der »guten« und »bösen« Eigenschaften. Erst wenn Eigenständigkeit jedes Einzelnen garantiert ist, können die Unterschiede, Eigenarten und Eigenheiten, die Vor und Nachteile der Einzelnen ohne Abstrich oder Überbewertung (neidlos) anerkannt werden. Es wird sowohl die relative Autonomie gesehen als auch die wechselseitige Abhängigkeit. Interdependenz wird als Basis für die Zusammenarbeit erkannt und als bereicherndes Faktum erlebt. Gerade weil die unterschiedlichen Fähigkeiten und Kompetenzen anerkannt werden als notwendige Ergänzungen im Gruppenganzen, wird die Gleichwertigkeit aller – trotz aller Unterschiede – betont, die sich in gleichen Rechten und Pflichten ausdrückt. Die Anerkennung der Stärken und Schwächen, der Unterschiede und der Gleichberechtigung macht ein lustbetontes Konkurrieren, ein Zusammenarbeiten, eine offene und fruchtbare Kommunikation und Kooperation bei gegenseitiger Unterstützung möglich. Da nun die Beziehungen geklärter und damit angstfreier sind, erwächst in der Zusammenarbeit die Kreativität und Produktivität. Es besteht eine hohe Aufnahme- und Lernbereitschaft. Gemeinsame Tätigkeiten und Unternehmungen (auch außerhalb der Gruppenzeiten in Kleingruppen oder in der Großgruppe) werden bei wenig Machtproblemen geplant und durchgeführt. Klare Vorstellungen und Richtlinien bilden sich innerhalb der Zusammenarbeit heraus. Neue, auf die Gruppe bezogene Normen und Gebräuche prägen die Beziehungen. Das Äußern, Akzeptieren und Befriedigen persönlicher Bedürfnisse nehmen ebenso zu wie die realistischere Sicht (ohne viel Übertragung und Projektion) der Beziehungen und Ereignisse in der Gruppe. Das Ringen um Abweichen-Dürfen und Übereinstimmen, um Differenz und Konsens kennzeichnet das Bestreben, gemeinsame Ziele und Aufgaben (Wer sind wir? Was wollen wir?) zu entwickeln. Der Zusammenhalt der Gruppe basiert einerseits auf der Anerkennung der individuellen Bedürfnisse und Sonderrechte und andererseits auf der gegenseitigen Identifizierung und Identifikation mit der Aufgabe und der Gruppe als Ganzes. Die Flexibilität des Einzelnen wird größer, die Rollenzuschreibung und -übernahme wechselt häufiger. Die Machtprobleme verringern sich. Die gemeinsamen Aufgaben und Ziele und die gegenseitige Unterstützung fördern sowohl die Autonomie und Differenzierung der Einzelnen und des Gruppenganzen als auch die Interdependenz, den Zusammenhalt und die Interaktion (Aktionen und Reaktionen) der Gruppe.

2. Die Gruppe beherrschende Gefühle, Phantasien und Wünsche

Das Zusammengehörigkeitsgefühl wächst, weil die in der vorigen Phase als trennend erlebten Unterschiede, Besonderheiten und Eigenheiten angesprochen und bearbeitet wurden und deshalb nun verstanden und als gegenseitige Bereicherung und Ergänzung akzeptiert werden können. Die Gruppe entwickelt sich zu einer zusammenhängenden Einheit mit dem Grundgefühl: »Gemeinsam sind wir stark!« Die Mitglieder der Gruppe schließen sich gewissermaßen im Hochgefühl ihrer Zusammengehörigkeit »gegen den Rest der Welt« zusammen. Mit viel Stolz aufeinander und gegenseitiger Unterstützung wird die Gruppe zu einem »Nest«, zu einem »Zuhause« ausgebaut. Dabei werden die die Einheit und Einheitlichkeit störenden Aspekte nach außen projiziert. Es kommt zu einer anderen Betonung der Alternative der I. Phase: »außen« oder »innen«, nämlich zur Betonung: »innen ist gut«, »außen ist böse«. Auf diese Weise rücken die einzelnen Gruppenteilnehmer enger zusammen, bilden ein einheitliches Wir-Gefühl, ein Gruppenbewusstsein und einen Gruppengeist. Gruppenaktionen werden nun in Konsens beschlossen und durchgeführt. Durch das Gefühl der gegenseitigen Akzeptanz und der alle verbindenden Gruppennorm wachsen das Selbstbewusstsein und das Gruppenbewusstsein, die gegenseitige Offenheit, das Interesse aneinander und die Sorge füreinander. Gefühle von gleichzeitigem Selbständig-Sein, Aufeinander-bezogen-Sein und Aneinander-gebunden-Sein schließen sich nun nicht mehr aus. Das Gefühl, in der vorigen Phase evtl. etwas Wertvolles zerstört zu haben, löst Schuldgefühle aus und den Wunsch, den Schaden am Einzelnen, auch am Leiter und dem Gruppenganzen wiedergutzu-machen. Diese Wiedergutmachung geschieht dadurch, dass die widersprüch-lichen Seiten (»gut«/»böse«) integriert werden und damit die Rivalität, der Hass, der Neid, die Destruktion und Spaltung überwunden werden. Damit gewinnt die Gruppe eine ganzheitliche »Gestalt«, ganzheitliches Bewusstsein, eine ganz-heitliche Gefühlsebene und ihre soziale Kontinuität. Die Gruppe entwickelt ihre eigene Sprache, ihre eigenen Normen und Werte, ihre eigene Geschichte, ihre eigenen Bilder, Symbole, Anspielungen und ihr eigenes Klima. Die die Gruppe beschäftigende Frage nach »nah« oder »fern« wird jetzt von ihr mit der Betonung der Nähe beantwortet; das Ferne und Fremde wird in die Außenwelt verlagert. Entsprechend befreit und zugleich gesichert in der Gruppe kann der Einzelne sich kreativ und produktiv fühlen, sich als den definieren, der sagen kann: »Ich bin, was ich mir vorstellen kann!«

3. Kommunikation und Interaktion

Die Kommunikation ist durch Offenheit, durch gleichzeitigen Bezug zum Individuum und zur Gruppe und durch Realitäts- und Aufgabenorientierung gekennzeichnet. Man identifiziert sich wechselseitig mit Einzelnen und mit der Gruppe als Ganzes, weshalb ein hohes Identitätsgefühl in Bezug auf sich selbst und die Gruppenzugehörigkeit erreicht wird. Damit werden in hohem Maße

Ängste und Machtprobleme reduziert, wodurch wiederum viel Interaktion zwischen den Mitgliedern entsteht. Nach der Betonung des Trennenden in der II. Phase wird in der III. Phase das Verbindende hervorgehoben. Das »und«, das »sowohl-als-auch« kennzeichnet die persönlichen und sachlichen Gespräche unter den »Gleichen« (Peers).

IV. PHASE: Vertrauen und Intimität

1. Merkmale und Verhaltensweisen

Die Atmosphäre der Gruppe ist weiterhin geprägt von großer Offenheit, gegenseitigem Verstehen und Unterstützung, von freiem Ausdruck der Gedanken und Gefühle, gegenseitiger Identifikation und festem Gruppenzusammenhalt. Das (Mit-)Planen und Durchführen von Gruppenvorhaben wird immer selbstverständlicher. Neu kommen folgende Phänomene hinzu, die durch eine Intensivierung des Austauschs auf der Gefühlsebene gekennzeichnet sind: Die Tätigkeiten und Gesprächsthemen werden gefühlsgeladener, emotionaler und persönlicher. Die verschiedenen Facetten des Themas: Mann und Frau (Frau und Frau, Mann und Mann), Intimität und Sexualität werden zunächst allgemein und dann gruppenintern angesprochen und ausgetauscht, wodurch sich die Gefühlsbeziehungen (unterschiedlich stark) verdichten und intensivieren. In der Gruppe und in Zweiergesprächen wird über persönliche, intime Probleme, Interessen und Gefühle – auch das Gegenüber betreffend – gesprochen. Geschlechtsspezifische Unterschiede und Verhaltensweisen werden hervorgehoben und betont. Parallel zu dieser Intensivierung von Zweierbeziehungen lässt der Gruppendruck, der vereinheitlichende Gruppenzwang (siehe vorhergehende Phase) nach. Es entsteht wieder mehr Freiraum für den Einzelnen. Es kommt zu Untergruppenbildungen und Paarbildungen nach dem Gesichtspunkt der Sympathie und der erotischen Anziehung, die dann auch thematisiert werden. Ein verstärktes, intimeres Sich-Offenbaren und Aufeinander-bezogen-Sein, aber auch kämpferische Auseinandersetzungen über die Rolle der Frau und des Mannes (Kampf der Geschlechter), männliche und weibliche Verhaltensweisen und Identifikationen, Rivalität und Solidarität zwischen Gleichgeschlechtlichen spielen nun eine unübersehbare Rolle bei den verschiedenen Gruppensituationen.

2. Die Gruppe beherrschende Gefühle, Phantasien und Wünsche

Die Atmosphäre der Gruppe ist geprägt von Vertrautheit und Sicherheit, von Zusammengehörigkeitsgefühl, aber auch von Freiheit, Liberalität und Toleranz. Intime, erotische und sexuelle Phantasien und Wünsche sowie eine hoffnungsfrohe Erwartungshaltung erfüllen den Raum. Der Einzelne definiert sich in der Gruppe mit dem Satz: »Ich bin, wie ich wirke und wie ich mich fühle!«

3. Kommunikation und Interaktion

Das hohe Wir-Gefühl, der gute Zusammenhalt der Gruppe und die reibungslose Kooperation bestehen – aus der III. Phase – fort. Es besteht nicht nur sachlicher, sondern auch viel persönlicher, jetzt vermehrt intimer, enger Kontakt und Austausch untereinander. Die nach Geschlecht differenzierten Rollen- und Positionszuschreibungen und -annahmen sind klar und gegenseitig akzeptiert. Es kommt wegen der Paar- bzw. Untergruppenbildung zu einer leichten Lockerung des Gruppendrucks und -zusammenhalts. Der in der vorausgegangenen Phase durch das gemeinsame Interesse am Thema, an der Sache gewachsene Zusammenhalt wird aufgehoben in einem libidinösen Interesse am anderen. Es wächst die Freude am Sich-Darstellen in der jeweils männlichen bzw. weiblichen Rolle, wodurch ein hohes Maß an psychosozialer und psychosexueller Identität erreicht und erlebt wird.

V. PHASE: Ablösung und Trennung, Abschied und Übergang

1. Merkmale und Verhaltensweisen

War in der Anfangsphase der Weg von »außen« nach »innen« zu gehen und zu schaffen, die Angst vor dem Eintauchen in die Gruppe und des Sich-Einlassens in die Beziehungen zu überwinden, so ist nun in der Schlussphase der umgekehrte Weg zu gehen: Der Weg von »innen« nach »außen«. Jetzt steht die Angst im Vordergrund, das Vertraut- und Intimgewordene in der Gruppe loslassen, aufgeben und das fremd und feindlich gewordene »draußen« wieder anpacken und aufnehmen zu müssen. Die in den Hintergrund gerückten oder geschobenen Aufgaben, Verpflichtungen und Beziehungen von draußen tauchen wieder auf, fordern wieder Beachtung und die Orientierung nach außen. Der »kalte Wind« von draußen stört die warme, kuschelige Heimeligkeit der Gruppe, die nochmals zusammenrückt und Rückschau hält, festhalten und nicht loslassen will oder sich schnell abwendend die Trauer, den Schmerz des Abschiedes vermeiden will. Die zu leistende Trauerarbeit soll in ihren wichtigsten Merkmalen und möglichen Schritten skizziert werden (vgl. Bernstein u. Lowy, 1969, S. 88–93):

a) Zuerst wird das Ende der Gruppe, der Abschied, einfach geleugnet und so getan, als wenn es noch lange so weitergeht. Die Verleugnung kann auch so aussehen, dass die Gruppe sich noch einmal ganz eng zusammenschart, zusammenrückt – also das Gegenteil von Trennung symbolisch signalisiert.

b) Der Einzelne und die Gruppe regredieren in frühere Gruppenphasen: z. B.

Wutausbrüche gegen den Leiter und alte Streitigkeiten mit Einzelnen tauchen nochmals auf. Hier werden die eigentlichen Gefühle der Trauer ins Gegenteil verkehrt und so abgewehrt. Oder die Regression macht sich in dem Wunsch bemerkbar, »nochmals ganz von vorne, neu anfangen« zu wollen.

c) Die Notwendigkeit des Fortbestehens der Gruppe wird beschworen: »Wir brauchen die Gruppe noch. Wir können jetzt nicht aufhören!« Die Gruppe kommt noch auf neue, unerledigte Aufgaben und Themen, die den Erhalt und das Fortbestehen der Gruppe erforderlich machen würden, wenn es der Leiter nur auch so sehen würde. Diese Phantasie drückt einerseits die Angst und Verzweiflung der Gruppe aus, wieder in das unbehütete Chaos vor dem Gruppenbeginn zurückzufallen, und andererseits schiebt sie die Schuld am (vorzeitigen) Ende dem (unsensiblen) Leiter zu.

d) Ein anderer Versuch zur Bewältigung des Abschieds, der Lösung von der Gruppe, ist die (unbewusste oder vorbewusste) Wiederholung des »Alten«, die Neuinszenierung alter Interaktionen, Themen und Aufgaben. Ein anderer Ablösungsversuch stellt die Wieder-Holung, die Erinnerung, die bewusste Rückschau auf die Ereignisse und Erlebnisse (in) der Gruppe dar.

e) In einem weiteren Schritt geht es um die Auswertung des Erlebten, in der die Bedeutung und der Wert des Erfahrenen für den Einzelnen und für die Gruppe als Ganzes reflektiert werden.

f) Schließlich geht es um das Abschiednehmen und Ablösen. Das Bindeglied »gemeinsame Zeit und gemeinsame Aufgabe« löst sich allmählich auf, gewachsene Bindungen müssen gelockert bzw. getrennt werden – Prozesse, die sowohl freimachen (für neue Ziele, neue Bindung) als auch Schmerz und Trauer auslösen. Bisher noch nicht Gesagtes und noch nicht Gehörtes kommt zur Sprache, ebenso wie das, was man mitnehmen oder hierlassen möchte. Es geht um die allmähliche Entwöhnung von der Gruppe und den Transfer nach draußen.

g) In der letzten Stufe der Trauerarbeit, dem Vorwärtsgehen, geht es um die (gedankliche) Hinwendung zum Neuen: das Finden neuer Gruppen, Beziehungen, Freunde, Interessen, Aufgaben außerhalb der zu Ende gehenden Gruppe, und um die Hinwendung zum Alten: was vor der Gruppe schon an Interessen, Aufgaben, menschlichen Beziehungen und Gruppen bestand und schon Bestand hatte. In beide, sowohl in die alte Umgebung als auch in die neue Situation, soll das hier in der Gruppe Erfahrene und Gelernte übersetzt werden (Transfer).

2. Die Gruppe beherrschende Gefühle, Phantasien und Wünsche

Die Gruppe und der Einzelne schwanken zwischen Gefühlen von Trauer und Erfülltsein, Wut und Heiterkeit, Enttäuschung und Dankbarkeit, Aggression und Verbundenheit, zwischen Wünschen, sich wiederzusehen, und der Angst, sich nie mehr zu begegnen, zwischen Todesphantasien und Phantasien vom »ewigen Leben«. Die ganze Ambivalenz der Gefühle – wie sie in der ersten bzw. II. Phase typisch war – bricht hier noch einmal durch. Das Motto, dass das Bewusstsein des Einzelnen und der Gruppe in dieser Phase charakterisiert, heißt: »Ich bin, was ich aufhebe!« (»aufhebe« im dreifachen Sinn des Wortes: 1. beende, 2. bewahre und 3. erhebe, auf eine höhere Stufe hebe).

3. Kommunikation und Interaktion

Die einzelnen Gruppenmitglieder sind mit der Trauerarbeit, mit der Trennung und dem Abschied beschäftigt, sie besinnen sich wieder mehr auf sich selbst und auf die Außenwelt. Dadurch geschehen ein Rückzug von der Gruppe als Ganzes, eine Abnahme des Wir-Gefühls und eine zunehmende Vereinzelung. Die Kommunikation kreist um Themen der Gruppenvergangenheit und um Ausblick auf die zukünftigen Erwartungen in der Realität draußen. Die Beschäftigung mit der Gruppenvergangenheit schwankt zwischen euphorischen Rückblicken und Aufwärmen alter, kritischer Bemerkungen zum Gruppenprozess und zum Leiter. Das auf jeden Einzelnen zukommende »Draußen« wird entweder mit Vorfreude und Neugier oder auch mit Furcht und Unwillen wahrgenommen, wobei die Frage: »Was wird sich in meinem Verhalten draußen durch meine hier in der Gruppe gewonnenen Erfahrungen ändern?«, eine große Rolle spielt. Abgrenzungen und Trennungen, Rückblicke und Rückmeldungen, Unerledigtes erledigen, Auswertung und Transfer sind die Themen der Interaktion.

4. Schlussbemerkungen

Die hier geschilderten Phänomene, die nach unseren Beobachtungen in den jeweiligen Phasen gehäuft auftreten, diese kennzeichnen und sie voneinander unterscheiden, sind wichtige Aspekte dieser Phasen, aber keine dogmatischen Festlegungen. Damit werden nur Tendenzen (in) einer Gruppe beschrieben, die sich jedoch nicht zwangsläufig einstellen, sondern durch vielfältige Faktoren bestimmt und modifiziert werden. Die Abfolge der Phasen bzw. das Fehlen bestimmter Phasen kann mannigfaltige Gründe haben. Die Ursachen können u. a. an der Methode, an der Art und Größe, an der Aufgabe, an der Zusammensetzung der Gruppen, an den Persönlichkeitsmerkmalen der einzelnen Teilnehmer und besonders am Leiter liegen. Seine Persönlichkeit, sein Stil der Leitung, seine Interventionen und die Interaktion zwischen ihm und der Gruppe prägen stark den Prozess der Gruppe, fördern und/oder verhindern das Durchlaufen bestimmter Phasen und das Lösen phasenspezifischer Konflikte bzw. das Ausweichen vor ihnen.

Literatur

Bernstein, S., Lowy, L. (1969). Untersuchungen zur Sozialen Gruppenarbeit in Theorie und Praxis. Freiburg: Lambertus.

Bion, W. R. (1971). Erfahrungen in Gruppen und andere Schriften. Stuttgart: Klett-Cotta.

Burkhard, J., Schneider-Landolf, M. (2009). TZI-Phasenmodelle und ihr Nutzen für die Teamentwicklung. Themenzentrierte Interaktion, 23 (1), 71–84.

Cohn, R. (1975). Von der Psychoanalyse zur Themenzentrierten Interaktion. Stuttgart: Klett-Cotta.

Foulkes, S. H. (1974). Gruppenanalytische Psychotherapie. München: Dietmar Klotz.

Freud, S. (1921). Massenpsychologie und Ich-Analyse. In S. Freud, Gesammelte Werke. Bd.: XIII (S. 71–161). Frankfurt a. M.: Fischer.

Grinberg, L., Langer, M., Rodrigue, E. (1971). Psychoanalytische Gruppentherapie. Praxis und theoretische Grundlagen. Hrsg. v. W. Kemper. München: Kindler.

Heigl-Evers, A. (1966). Die Gruppe unter soziodynamischem und antriebspsychologischem Aspekt. In H. G. Preuss (Hrsg.), Analytische Gruppenpsychotherapie. Grundlage und Praxis (S. 23–78). München: Urban & Schwarzenberg.

Homans, G. C. (1960). Theorie der sozialen Gruppe, Köln: Westdeutscher Verlag.

Klemmer, G. (2009). Phasenmodelle der Gruppenentwicklung. In M. Schneider-Landolf, J. Spielmann, W. Zitterbarth (Hrsg.), Handbuch Themenzentrierte Interaktion (S. 201–208). Göttingen: Vandenhoeck & Ruprecht.

Rubner, A., Rubner, E. (1982). Das zurückgebliebene Kind und das analytische Psychodrama. Berlin: Marhold.

Rubner, A., Rubner, E. (1993). Die Entwicklungsphasen einer Gruppe – Grundkonflikte, Einstellungen dem Leiter gegenüber und Leiterinterventionen. In C. Löhmer, R. Standhardt (Hrsg.), TZI – Pädagogisch-therapeutische Gruppenarbeit nach Ruth Cohn (S. 230–251) (2. Aufl.). Stuttgart: Klett-Cotta.

Rubner, A., Rubner, E. (2010). Entwicklung in Gruppen – zur Diskussion unseres Phasenmodells. Themenzentrierte Interaktion, 24 (1), 84–92.

Rubner, A., Rubner, E. (2015). Das Wir lässt sich nicht programmieren. Themenzentrierte Interaktion, 29 (1).

Schindler, R. (1957). Grundprinzipien der Psychodynamik in der Gruppe. Psyche – Z. Psychoanal., 11 (5), 308–314.

Hartmut Raguse

Einige Gedanken über Krisen in TZI-Gruppen[1]

Zu den methodischen Besonderheiten der TZI gehört ihr Verständnis einer partizipierenden, teilnehmenden Leitung. Danach ist jede Person, die die Leitungsfunktion
ausübt, ein am interaktiven Geschehen teilnehmendes Mitglied der Gruppe. Bei
diesem Leitungsverständnis kommt es also auf die Verbindung des unmittelbaren
Beteiligt-Seins als Person mit dem Ausüben der Funktion der Leitung an. Betrachten
wir diese Verbindung unter dem Aspekt des TZI-*Störungspostulats,* dann stellt sich
die Frage, wie die Leitungsperson in ihrer Funktion Hindernisse im gemeinsamen
Arbeitsprozess wahrnehmen und ansprechen kann, die das lebendige Lernen aller
Beteiligten hemmen oder verhindern.

In einer krisenhaften Situation sieht Raguse die Aufgaben der Leitung darin,
standfest zu bleiben, Schutz zu gewähren und zu vermitteln. Damit betont er die
Notwendigkeit, in Krisensituationen ein sicherndes Maß an Distanz zum Geschehen
aufrechtzuhalten. Wenn dies gelingt, dann sind Störungen schwierige Situationen,
die (noch) schwer zu verstehen sind. Als Bestandteile des Gruppenprozesses können
sie aber, wenn sie dem gemeinsamen Verstehen zugeführt werden, eine vertiefte
gemeinsame Arbeitsbasis schaffen. Damit es dazu kommen kann, ist für Raguse das
Interpretieren und Deuten möglicher Zusammenhänge das wichtigste methodische
Vehikel. Deutungen sind Interpretationsangebote, die die Gesprächsinhalte so mit
dem Erleben der Personen verbinden, dass mehr Klarheit und Bewusstheit entsteht.

Betrachten wir die so beschriebene Aufgabe der Leitung in Krisensituationen
vor dem Hintergrund der Idee des *partizipierenden Leitens*, so wird deutlich, wie
wichtig der psychodynamische »Umgang« mit sich selbst bei der Ausübung der
TZI-Leitungsfunktion ist. Raguses Text verdeutlicht darüber hinaus, dass Störungen
in einem interaktionellen Prozessgeschehen wichtige Aspekte der gemeinsamen
Arbeit ansprechen. Sie sind nicht zu umgehen, da sie sich Vorrang nehmen. Aber ihr
bewusstes Aufgreifen und Bearbeiten trägt wesentlich zum Prozessverstehen bei.

---

1   Aus: Themenzentrierte Interaktion, 1987, 1, S. 25–36.

Seitdem es eine TZI-Ausbildung gibt, wird darüber diskutiert, was der Inhalt der sogenannten Krisenkurse sein soll. Einige verlangen, dass hier »Psychopathologie« gelehrt werde. Und damit ist eine Einführung in die psychiatrischen Krankheitsbilder und in die Neurosenlehre gemeint. Der Ausdruck »Psychopathologie« und das davon abgeleitete Wort »Psychopath« sind allerdings durch die traditionelle deskriptive Psychiatrie in einem hohen Maße negativ belastet. Es geht hier ja nicht um einfühlendes Verstehen, teilnehmendes Beobachten von Konflikten und Lösungen, sondern um eine Klassifikation und eine Trennung von »krank« und »gesund«, die einer Wertung kaum entgehen können. Das zeigt sich schon in der Bezeichnung »Psychopath«, die einen eindeutig diskriminierenden Beiklang hat. Damit scheint mir dieser Sprachgebrauch mit den Anliegen der Humanistischen Psychologie unvereinbar zu sein, und man sollte ihn auf alle Fälle vermeiden. Aber es bleibt natürlich trotzdem ein sinnvolles Anliegen, in einem Kurs zu lehren, welche typischen inneren Konfliktsituationen es gibt, wie das Individuum sie zu lösen versucht und wie sich diese oft leidvollen Lösungen in einer Gruppe manifestieren. Schließlich gehört auch noch dazu, welche Einwirkungsmöglichkeiten ein TZI-Leiter hat (v. Held, 1984).

Aber es scheint mir zu einseitig zu sein, Krisen in Gruppen auf psychische Erkrankungen einzuschränken. Jeder wird wissen, dass der Umgang mit manchen »psychisch Kranken« sehr angenehm und überhaupt nicht krisenhaft sein kann, während umgekehrt »gesunde« Menschen einen Leiter manchmal zur Verzweiflung bringen können. Kurse, die sich mit diesen Situationen beschäftigen, müssten also eine andere Ausrichtung haben, und damit möchte ich mich in diesem Artikel beschäftigen.

Was sind Krisen?

Genau umschreiben kann ich es auch nicht, aber ich weiß, wann ich das Wort benutze und wann nicht. An zwei Beispielen will ich meinen Sprachgebrauch erläutern. Erstes Beispiel: In einem Kurs ist die ganze Gruppe wütend auf den Leiter, Schimpfworte fliegen durch die Luft, einige Teilnehmer rennen, heftig diskutierend, hinaus. Der Leiter sitzt verstört da, er läuft einer Teilnehmerin nach und versucht, sie zu halten, sie schaut nur verächtlich zurück. Jetzt gehen auch die anderen, einige wütend, die anderen eher amüsiert. Der Leiter sitzt bleich auf seinem Stuhl und wischt sich den Schweiß von der Stirn. Ist das eine Krise? Ich meine: ja. Für wen, für den Leiter? Sicherlich. Für die Teilnehmer? Das ist schon schwieriger zu entscheiden. Um sicher zu gehen, müsste ich jeden einzeln nach seinem Erleben fragen. Das gleiche Beispiel, aber an einem Punkt verändert: Der Leiter sitzt in sich gekehrt auf seinem Stuhl und denkt: »Was war in der letzten Sitzung, wie sind meine Gefühle? Ich fühle mich hilflos. Ja, Hilflosigkeit war eines der untergründigen Themen der letzten Sitzung. Ich wollte die Teilnehmer aktivieren, sie waren resigniert und gelähmt, es war wie ein Machtkampf – und jetzt? Jetzt lassen mich die Teilnehmer spüren, wie es ist, hilflos zu sein. Jetzt erleben sie ihre Macht, wie ich soeben meine, und ich bin in ihrer Lage von vorhin.« Ist dieser Leiter in einer Krise? Ich würde eher sagen: Er ist in einer schwierigen Situation, aber er versteht sie zu einem wesentlichen Teil, vor allem seinen eigenen Anteil, und kann so Mittel zu einer »Wiederherstellung« finden. Ist es also eine »Krise«? Für mich hängt es davon ab, wessen Sicht eingenommen wird. Manche Teilnehmer werden die Situation selbst dann, wenn der Leiter ihr gewachsen ist, als derart verworren und ausweglos erleben, dass sie sich in einer »Krise« befinden.

Ein zweites Beispiel: Das Thema in einer Sitzung ist »Verlust«. Eine Teilnehmerin merkt plötzlich, wie sehr sie den frühen Tod ihrer Mutter noch nicht verarbeitet hat, wie sehr sie einmal an ihr gegangen hat. Sie weint hemmungslos und verzweifelt und hört auch nach einer längeren Zeit noch nicht auf. Jemand fragt, ob sie etwas brauche, sie verneint, sie möchte nur weinen. Die anderen Teilnehmer sitzen still dabei, auch der Leiter, alle sind mit ihren Gedanken bei der Teilnehmerin und bei eigenen Verlusten. In dieser Situation würde ich nie von einer Krise sprechen. Es ist ein guter Prozess des Trauerns, des Behaltens und Loslassens. Etwas anderes wäre es, wenn die Teilnehmerin nachher wie versteinert wäre oder sich heftige Vorwürfe machte. Dann könnte es zu einer Krise werden, zumindest für sie selber. Ob auch für den Leiter, das hängt wiederum von seiner Sicht ab.

Was ich mit den Beispielen sagen möchte, ist Folgendes: Es gibt keine Situation, die an sich schon eine Krise ist; sie ist es immer nur aus der Sicht eines der Betroffenen. Und verschiedene Menschen mögen eine und dieselbe Situation als Krise oder nicht als Krise beurteilen.

Wann erlebe ich eine Situation als Krise?

Was macht es nun aus, ob ich eine Situation als Krise erlebe oder nicht? Ich glaube, es hängt damit zusammen, wieweit ich mir die Fähigkeit bewahre, noch Distanz nehmen zu können, was immer ich gerade in der Gruppe erlebe. Mir ist hier der Begriff der »Therapeutischen Ich-Spaltung« hilfreich, den Sterba (1932/1974) in die psychoanalytische Diskussion eingeführt hat. Damit ist nicht eine Krankheit gemeint, sondern ein ganz alltäglicher Vorgang wird bewusst gemacht und systematisch benutzt: Ich erlebe und merke zugleich, dass und was ich erlebe. Was ich im erlebenden Teil meines Ichs erfahre, ist noch nicht die Wahrnehmung einer Situation als Krise.

Es mag geschehen, dass ich hier Angst habe, mich freue, in die Gruppe hineingezogen werde, mich verliebe, verschmelze – oder aber Distanz spüre, Verletzung, Wut, Einsamkeit, Langeweile. Das alles mag angenehm sein oder auch höchst unangenehm, aber es ist noch keine Krise, solange ich mir die Fähigkeit bewahrt habe, zu meinem Erleben Distanz zu nehmen, zur leidenschaftlichen Nähe ebenso wie zur kühlen Ferne; solange ich mich immer noch fragen kann, was es für die Situation bedeutet, was ich gerade erlebe. Erst in dem Augenblick, in dem ich merke, dass ich die Fähigkeit zur Selbstbeobachtung verliere; dass ich sie nicht nur im Augenblick nicht habe (das wird oft geschehen und ist auch nötig, denn ständige Distanznahme hindert am Erleben), sondern auch nicht wiedererlangen kann, da können meine Gefühle, die ich als solche nicht mehr wahrnehme, Teil eines krisenhaften Erlebens werden: krisenhaft verführt oder ausgeschlossen oder entmächtigt zu sein. Mir scheint dies eine der wichtigsten Fähigkeiten zu sein, die ein Gruppenleiter erwerben muss: die Möglichkeit zu behalten, zwischen Sich-Einlassen und Reflektieren hin und her zu pendeln. Der Leiter, der nur noch erlebt, wird von der Gruppe unbewusst vereinnahmt und »benutzt«, der nur noch reflektierende merkt nichts, jedenfalls nichts von dem, was in der Gruppe geschieht. Wenn er aber zwischen Erleben und Distanznahme pendeln kann, dann ist er in der Lage, zu fühlen und zugleich das Gefühlte und Erlebte zu deuten und es, seiner Leiterposition gemäß, zu benutzen, um die Prozesse in der Gruppe zu verstehen und zu beeinflussen.

Krisenhaft wird also eine Situation, in der der Betroffene nicht mehr Distanz nehmen kann, selbst dann nicht, wenn er es versucht. Das allein genügt aber noch nicht: Zugleich muss die Situation in ihm eine intensive Gefahr heraufbeschwören, die intensive (bewusste oder auch unbewusste) Angst auslöst. Freud hat eine Reihe von typischen Angstsituationen beschrieben (1926), die als Typen für spätere Ängste stehen:

–   Angst vor dem totalen Verlust des Gegenübers (verbunden mit völliger Hilflosigkeit),
–   Angst vor dem Verlust der Liebe des anderen,
–   Angst, der eigenen Stärke beraubt zu werden (die sogenannte Kastrationsangst),
–   und schließlich die Angst vor den eigenen Schuldgefühlen.

In TZI-Kursen gibt es oft Diskussionen über die »Balance«. Ich habe als Teilnehmer mehrfach erlebt, dass solche Gespräche mit dem Konsens endeten,

Balance sei vor allem die »innere Balance«; und es gehe darum, sie zu verlieren und wiederzugewinnen. Ich glaube inzwischen zwar, dass das eine Begriffsverwirrung ist, dass »Balance von Ich, Wir und Thema« (wie immer man sie genauer definieren mag) mit »innerer Balance« wenig zu tun hat. Aber das Verlieren und Wiedergewinnen innerer Balance, das scheint ziemlich genau dasselbe zu sein wie das Pendeln zwischen Erleben und distanziertem Selbstbeobachten: sich in die Gruppe verlieren, sich verführen lassen, schwimmen, mitgehen, sich in Konflikte ziehen lassen – und dann wieder in Distanz gehen, denken, folgern, schließen, verstehen, interpretieren.

Der Leiter gewährt Schutz

Wenn ich charakterisieren sollte, welche Eigenschaften ein Leiter in Situationen haben müsste, die von Teilnehmern als »Krise« erlebt werden, so meine ich, dass er in überzeugender Weise standfest und Schutz gewährend sein muss. Zur Standfestigkeit meine ich vor allem, dass er »überlebt«, dass ich als Teilnehmer ihn nicht künstlich schonen muss, sondern vertrauen kann, dass er für sich selber sorgt und sich schützt. Je standfester ein Leiter ist, umso mehr kann er in der Gruppe an Gefühlen zulassen.

Wenn ich sage, dass er Schutz gewähren soll, so meine ich damit eine Funktion, die traditionell eine »mütterliche« ist: Er kann die gute sichere Beziehung gewähren, die nötig ist, um mit inneren Schwierigkeiten und mit Schwierigkeiten gegenüber der Umgebung fertig zu werden. Schutz gewährt der Leiter gerade auch dann, wenn er destruktive Gefühle zulässt. Winnicott hat den Begriff von der Mutter als einem »Behälter« geprägt. Damit meint er, dass die Mutter die bösen destruktiven Gefühle des Kindes in sich aufnimmt und dort verwahrt, damit sie weder die »gute Mutter« noch das Kind selber zerstören. Damit lindert sie die frühen Ängste des Kindes. Ähnlich scheint mir auch die Funktion des Gruppenleiters zu sein: Auch er nimmt »Wut und Destruktivität« in sich auf und sorgt dafür, dass sie nicht tatsächlich zerstören.

Das ist etwas durchaus anderes als die zur TZI-Ideologie gehörige »Konstruktivität«. Wenn ein Leiter immer wieder betont, wie wichtig es sei, konstruktiv zu sein, dann ist das gleichbedeutend mit dem Satz, dass anderes hier in der Gruppe nicht sein sollte. Vermutlich hören die Teilnehmer auch noch die Bedeutung mit, dass der Leiter Angst hat, die Destruktivität könnte ihn oder seine Ideale zerstören. Es ist etwas anderes, ob ich nach einer total negativen Kritik eines Teilnehmers sage: »Könntest du vielleicht versuchen zu sagen, was du ändern möchtest, damit es für dich wieder besser ist in der Gruppe« oder:

»Ja, ich höre, dass für dich hier alles schlecht ist. Mich interessiert, wie es dazu gekommen ist und wie das für dich ist.«

Ich glaube, gerade humanistisch orientierte Leiter müssen daran arbeiten, Aggressivität in jeder Form einfach einmal zu hören und in sich aufzunehmen, ohne gleich den Anspruch zu verspüren, etwas daran »zum Besseren« zu ändern. Als Schutz gewährende Leiter ist es unsere Aufgabe, jegliche verbale Form von Wut und Destruktivität zuzulassen als etwas, was zum Menschen gehört, und diese gleichsam sicher in uns zu verwahren. Damit verhindern wir, dass sie ungehemmt ihr Ziel tatsächlich zerstören.

Der Leiter als Mittler

Mit diesen Gedanken bin ich unmerklich zu einer anderen Problematik übergegangen. Habe ich anfangs darüber geschrieben, wie der Leiter selber in Krisen geraten und durch Reflexion wieder herauskommen kann, so ist es jetzt mein Thema, welche Möglichkeiten er hat, um kritische Situationen sowohl zwischen einzelnen Teilnehmern als auch zwischen Einzelnen und der Gesamtgruppe zu beeinflussen.

Es wird immer wieder geschehen, dass ein Einzelner mit der Gesamtgruppe in einen Konflikt gerät, der krisenhaft werden kann. Immer wird es dabei um bewusst (oder auch unbewusst) vertretene Normen gehen. Die Gesamtgruppe fordert z. B. »Nähe und Wärme«, ein Teilnehmer dagegen »Distanz und Individualität«; die Gruppe »Aufopferung für andere und für alle guten Zwecke«, der Einzelne schlichten Egoismus. Die Möglichkeiten des Einzelnen, sich von der Gruppe abzusetzen und sich individuell zu entfalten, sind dann durch Sanktionen der Gruppe bedroht, ebenso ist natürlich die Gruppe gehindert, ihr Leben voll zu entfalten. Diese Situation wird dann zu einer Krise für den Leiter, wenn er sich in den Konflikt unbewusst hineinziehen lässt und Stellung für die eine und gegen die andere Seite bezieht – oder jedenfalls durch sein Verhalten zeigt, dass er Partei ist. In diesem Fall kann er nicht mehr die Funktion erfüllen, die jetzt in der Gruppe am dringlichsten erforderlich ist: die des »Mittlers«. Der Mittler ist von beiden Seiten gleich weit entfernt und unterhält – und das ist genauso wichtig – zu beiden Seiten eine verständnisvolle Beziehung. Beide Konfliktpartner müssen sicher sein können, dass es weder ihnen noch den anderen gelingen wird, den Mittler zu sich herüberzuziehen. Trotzdem muss aber der Mittler auch imstande sein, die Wut beider Seiten zu hören und »in sich aufzunehmen«, und möglicherweise muss er den Einzelnen etwas mehr in seinen Gefühlen (nicht in seinem Standpunkt) annehmen und schützen als die Mehrheit.

In einem bahnbrechenden Aufsatz hat Rotmann (1978) auf eine typische und entscheidende Konstellation in der Kindheit aufmerksam gemacht. Wenn das Kind sich zum ersten Mal von der Mutter gelöst hat, sich in der Loslösung aber einsam fühlt, von Angst überfallen wird und zur Mutter zurückkehren will, dann wird es als neue Angst erleben, von der Mutter verschlungen zu werden. Dieses geschieht nicht unbedingt, weil Mütter von Natur aus verschlingend sind; sondern es ist zugleich eine Projektion der gierigen Wünsche des Kindes, sich die Mutter einzuverleiben. Das Kind braucht dann die Wut auf die Mutter, um sich von ihr auf Distanz zu halten – und zugleich die Nähe zum Vater, der die Wut in sich aufnimmt und doch eine gute Beziehung zur Mutter weiterhin aufrechterhält und damit zum Mittler zwischen dem Kind und der Mutter wird, die ja immer zugleich auch »die gute« bleibt. Genau das scheint mir auch eine Grundsituation des Gruppenleiters zu sein: die Individuation des Einzelnen auch gegen die Gruppe zu fördern und zugleich auch in einer liebevollen Beziehung zur Gruppe zu bleiben. Nur so kann der Einzelne sich entfalten, ohne zugleich das Band zur Gruppe zu verlieren. Es ist sicherlich zutreffend, diese Haltung des Leiters als »neutral« zu bezeichnen, aber es ist eine liebevolle, beiden Seiten zugewandte Neutralität. Der Leiter vertritt damit auch Werte, aber nicht exklusiv die einer Seite, sondern vor allem einen Wert, der in beiden Seiten die Äußerung von lebendigen und wichtigen Grundbedürfnissen anerkennt, ohne dass der Leiter verpflichtet wäre, die spezielle Form dieser Äußerung besonders wertzuschätzen.

Soll der Leiter Stellung beziehen?

Ich will diesen Gedanken, der mir sehr wichtig ist, in anderer Weise noch einmal sagen. Zu den Hauptbekenntnissen der TZI und der ganzen humanistischen Bewegung gehört, dass der Leiter auch Stellung bezieht. Das wird in polemischer Form vor allem gegen die angeblich wertfreien Analytiker vorgebracht. Sicherlich ist es in pädagogisch orientierten Gruppen immer wieder einmal richtig, dass ein Leiter deutlich seine Meinung sagt; aber er muss sich dabei zugleich im Klaren sein, dass sich dadurch seine Möglichkeiten, krisenhafte Konflikte in der Gruppe vermittelnd zu lösen, verringern.

Neutral sollte der Leiter vor allem in Bezug auf die Grundkonflikte sein. Ich meine damit, dass ein Leiter seine eigenen Probleme um die Themen »Nähe – Distanz«, »Freiheit – Gebundenheit«, »Progression – Regression« soweit gelöst hat, dass er sich nicht in der Gruppe einseitig für eine Richtung einsetzen muss, indem er etwa die Gruppe das ausführen lässt, was er selber zu tun sich nicht traut. Neutralität in Bezug auf die Grundkonflikte bedeutet nicht, dass er nicht zu ihren sozialen Auswirkungen Stellung beziehen kann.

Ich will das an einem Beispiel erläutern. Ich nehme dazu den Konflikt, den Erich Fromm mit den Begriffen »Haben und Sein« einführt. Ein Leiter kann durchaus das Recht des Menschen auf »haben wollen« (z. B. auch eigene Gedanken, einen eigenen Bereich, aber auch eigenes Geld, eigenen Besitz) anerkennen und sich trotzdem gegen eine kapitalistische Gesellschaft aussprechen. Aber soweit er das tut, muss er sich doch darüber im Klaren sein, dass er damit nicht mehr Mittler in allen Konflikten zwischen Teilnehmern sein kann.

Also: Wer leidenschaftlich für eine Friedenspolitik Stellung bezieht, mag das tun, er wird in der Regel damit viel Zustimmung erfahren. Aber es wird für ihn kaum noch möglich sein, zwischen Teilnehmern einen Konflikt zu lösen, in dem dieses Thema eine wichtige Rolle spielt. Jedenfalls wird er nicht so arbeiten können, dass beide Seiten sich angenommen fühlen und vielleicht sogar voneinander lernen können. Deshalb meine ich, dass Zurückhaltung für einen Gruppenleiter sinnvoll ist.

Wie geht der Leiter mit Liebe und Hass um?

In diesem Zusammenhang möchte ich ein heikles Kapitel anschneiden, das krisenträchtig ist: freundschaftliche Beziehung des Leiters zu Teilnehmern und letztlich »das Bett des Leiters oder der Leiterin«. Mir ist nicht bekannt, ob es dazu irgendwelche Literatur gibt. Es ist freilich leicht, über das Thema zu schreiben, wenn man einen moralischen oder auch einen schlicht antimoralischen Standpunkt einnimmt. Schwieriger ist es, sachliche Argumente zu finden. Ich beginne mit dem Letzteren: Ist es richtig, dass ein(e) Leiter(in) mit Teilnehmer(innen) schläft? In meinem Aufsatz über TZI (Raguse, 1987) habe ich zu zeigen versucht, wie sehr das Klima in einer Gruppe vor allem am Anfang von Übertragungsphantasien geprägt ist, wie der Leiter durch die Annahme einer idealisierten Elternübertragung sinnvolle Normen der Gruppenbildung einführt.

Das Bild des Leiters ist vor allem das einer Elternfigur, nicht so sehr eines Geschwisters, obwohl solche Phantasien im Laufe der Zeit hinzukommen. Etwas anderes zu behaupten, scheint mir Ideologie zu sein, eine Ideologie des »Wir sind alle (abgesehen vom Honorar) gleich«.

Zu den Phantasien gegenüber Eltern gehört auch, dass man ihnen Liebe und Hass schenkt, dass man von ihnen lernt und sich von ihnen absetzt. Alles das ist in einer TZI-Gruppe selbstverständlich erlaubt, es wird sogar gefördert durch die Betonung der Offenheit gegenüber allen Gefühlen. Phantasien aber sind vielschichtig und haben mehrere Bedeutungen. Liebe kann mit Bewunderung, mit Angst, mit Sich-bergen-Wollen, mit Sich-klein-Fühlen und vielem anderen zu tun haben. Und es gehört zu einer Ausbildung zum Gruppenleiter, dass er als Teilnehmer die Gelegenheit hat, diese seine Phantasien kennenzulernen.

Aber es scheint mir ein Haupterfordernis zu sein, wenn ich die Vielfältigkeit meiner Phantasien erfahren will, dass sie sich nicht verwirklichen, dass die frühe Befürchtung, Gedanken könnten allmächtig sein, nicht stimmt. Unmittelbar einleuchtend dürfte es bei hasserfüllten Phantasien sein, dass ich als Teilnehmer nicht erfahre, dass meine Gedanken den Leiter verletzten und zur Rache aufrufen, mit gleichen oder noch schlimmeren Mitteln zurückzuzahlen.

Aber gerade wenn ich möchte, dass sich meine erotischen und oft zugleich inzestuösen Phantasien entfalten können, damit ich sie in ihrer Vielfalt kennenlerne, muss ich sicher sein, dass sie sich ebenfalls nicht verwirklichen. Es gibt auch eine Flucht nach vorn; sie schützt genauso davor, Teile in mir zu erfahren, deren ich mich schämen zu müssen glaube. Es scheint mir zu einem umfassenden Lernen zu gehören, dass ich Gefühle nicht nur »lebendig lerne«, sondern in ihren differenzierten Bedeutungen verstehe und mich z. B. frage: »Was bedeutet es, sich gerade in den Leiter zu verlieben, welche Beziehung zeigt sich darin zur anderen Generation, wie sehr brauche ich es für mein Selbstwertgefühl, von Vater und Mutter, und nicht vorwiegend von Geschwistern geliebt zu werden? Vermeide ich mit der Liebe den Kontakt mit meinen Lernstörungen? Will ich meine Macht zeigen, ist Verführung das einzige Mittel, um mich bemerkbar zu machen? Was bedeutet für mich Rivalität?« Alle diese Fragen lohnen eine nähere Untersuchung, und es bedarf dazu einiger Offenheit, um wirklich weiterzukommen. Das scheint mir aber in der nötigen Differenziertheit unmöglich zu sein, wenn ich als Teilnehmer hoffen darf und fürchten muss, dass ich mit meinen Phantasien zum Ziel komme.

Überdies, als Leiter, der unmittelbar »interessiert« ist, werde ich kaum noch den Abstand haben, einem Teilnehmer seine Gefühle zu verdeutlichen, wenn ich bereits mitten im Spiel bin. Das heißt natürlich wiederum gar nicht, dass ich mich als Leiter nicht verlieben darf. Aber es geht – in der Funktion des Kursleiters – wieder um die innere Beobachtung: »Was bedeutet es für mich, dass ich es jetzt so erlebe, was will ich, was vermeide ich – z. B. meine Einsamkeit, meine Unsicherheit, meine Angst vor Alter, Schwäche und Tod?« Wenn ich auch als Leiter diese Distanz zu mir wahren kann, dann kann ich zugleich gefahrlos der Gruppe etwas von diesen Gefühlen zeigen und ein gegenseitiges intensives Lernen anregen, das durch Agieren verhindert wird.

Ähnlich und auch wieder ganz anders ist es mit freundschaftlichen Beziehungen zu Teilnehmern. Auch hier handelt es sich sicherlich um ein Agieren, das in manchen Fällen die Mittlerfunktion verhindert. Aber es gar nicht zuzulassen, würde zu so unnatürlichen Verhältnissen führen, dass damit die für TZI wesentliche Offenheit gefährdet wäre. Auch Eltern lieben ihre Kinder, sehr unterschiedlich übrigens, und wenn ich als Leiter hierin offen bin, kann ich helfen, besser umzugehen mit dem Erleben, mehr oder auch weniger geliebt zu sein. Die Zärtlichkeit im Wohnzimmer ist etwas anderes als der Platz im elterlichen Schlafzimmer.

Schließlich möchte ich noch sagen, dass Liebesbeziehungen, die einen vorwiegend inzestuösen Phantasiegehalt haben, konservativ sind. Indem ich mich in den Leiter (die Leiterin) verliebe, zeige ich, dass ich eigentlich zur Generation meiner Eltern gehören möchte, anstatt die Liebe, die ich – mehr oder weniger – von ihnen empfangen habe, an meine Generation weiterzugeben. Damit möchte ich zugleich andeuten, dass meine Argumente nicht die Beziehung der Teilnehmer untereinander betreffen. Da spielen viel konventionellere Gesichtspunkte eine Rolle, auf die ich hier nicht eingehen werde.

Die Fähigkeit zur »Wiederherstellung«

Was ist noch in Krisen nötig, in die der Leiter gerät? Ich glaube, er braucht ein Vertrauen in seine Fähigkeit zur »Wiederherstellung«. Damit nehme ich einen wichtigen Begriff der Psychoanalytikerin Melanie Klein auf, und ich werde etwas weiter ausholen, um ihn zu erläutern: Ganz früh im Leben kennt das Kind eine »gute«, gebende Mutter (die »gute Brust« nach Klein) und die »böse«, frustrierende Mutter (die »böse Brust«). Beide haben für das Kind noch nichts miteinander zu tun. Die eine liebt, die andere hasst es. Sobald das Kind merkt, dass beide zusammengehören, empfindet es das Verschwinden der »guten Mutter« als seine eigene Schuld, sein Hass auf die »böse Mutter« hat die »gute« mit zerstört. Daraus folgt eine tiefe Verzweiflung, die Melanie Klein die »depressive Position« nennt. Sie ist ein höchst wichtiges Stadium in der Entwicklung des Menschen und wird nie ganz überwunden. Erst die depressive Position ermöglicht die Erfahrung von Schuld und die Sorge um den anderen, sich um sein Heilsein zu kümmern. Sie ist die Wurzel aller sozialen Gefühle. Zugleich muss aber die depressive Position immer wieder überwunden werden. Wie geschieht das? Das Kind merkt, dass die Mutter, die fort war, doch wiederkommt, und es schreibt das seiner Fähigkeit zu, wiedergutmachen zu können. Ist diese Fähigkeit zunächst noch an die leibliche Gegenwart der Mutter gebunden, so erweitert sie sich später zu der Fähigkeit, allein sein zu können. Jetzt genügt bereits die Erinnerung an die Mutter, die da war und wieder da sein wird, sie bereits schützt vor der Verzweiflung.

Was bedeutet das für den erwachsenen Gruppenleiter? Er hat oder ent-
wickelt das Bewusstsein, dass er Fehler macht, oft auch ohne es zu wissen, dass
er verletzt und zerstört. Zugleich sollte er aber auch das Vertrauen haben oder
entwickeln, wiedergutmachen zu können. Wiedergutmachung bedeutet für
Melanie Klein keineswegs ein einfaches Herstellen des früheren Zustandes ohne
Bewusstsein der eigenen Destruktivität und ohne Trauer über Verlust, also eine
Verleugnung von Schuld, – das wäre die »manische Reparation«, die sich in der
Gruppenszene allerdings nur zu oft beobachten lässt.

Vielmehr geht es um die Anstrengung, mit der Schuld umzugehen, dem
anderen und sich zu helfen, wieder zu einer guten Beziehung zu kommen und
damit auch zu einem guten inneren Bild von sich und dem anderen. Es mag
dabei durchaus geschehen, dass der andere sich verweigert, dass er z. B. nicht zu
einer Beziehungsklärung bereit ist. Das bedeutet noch nicht, dass der Leiter nicht
»wiedergutmachen« kann. Es ginge dann nur darum, in sich selber wieder ein
Bild eines guten Objektes, einer »guten Brust« (M. Klein), wieder aufzurichten,
einer konstant liebevollen inneren Instanz. Dieses Vertrauen, sein Selbstgefühl
schlimmstenfalls auch ohne den anderen wiederaufbauen zu können, scheint
mir das wichtigste Erfordernis für einen Leiter zu sein, der in krisenhaften
Situationen steht.

Krisen und »Störungen«

Schließlich noch ein kurzer Abschnitt über die »Störungen« und über ihren
Zusammenhang mit Krisen. In meinem Aufsatz von 1987 habe ich ausführlich
begründet, warum ich das Konzept der »Störungen« für verfehlt halte, ich will
hier nur einiges ergänzen. In allen Schriften von Ruth C. Cohn und anderen,
die über TZI schreiben, wird immer wieder betont, dass Störungen eine Realität seien, die man nur allenfalls so oder so angehen könne, Realität bleiben sie.

Diese Argumentation verrät ihre Herkunft aus einem positivistischen Wissen-
schaftsverständnis, indem eine Realität unabhängig vom Subjekt postuliert wird.
Ich meine dagegen, dass es »an sich« überhaupt keine Störungen gibt, vielmehr
ist das Konzept der Störung eine mögliche, aber keineswegs notwendige Form,
Elemente eines Gruppenprozesses zu verstehen. Insofern ist es nicht »falsch«,
von Störungen zu reden, es scheint mir nur höchst fragwürdig zu sein, dies
in einem humanistischen Konzept zu tun, wo es doch darum ginge, mensch-
liches Handeln im weitesten Umfang als »sinnvoll« zu verstehen.

Umgangssprachlich ist es freilich sicher erlaubt zu sagen: »Ich kann nicht
lernen, weil du mich verletzt hast. Das stört mich sehr.« Das Bedenkliche beginnt

erst dort, wo aus dem umgangssprachlichen Ausdruck ein Begriff wird, »die Störung«, und dieser Begriff dann in die Umgangssprache zurückkehrt, etwa in dem Satz: »Ich habe eine Störung.« Damit entsteht eine Weise, die Realität zu sehen, die an einer guten Maschine orientiert ist. Solange sie läuft, ist alles in Ordnung, leider treten immer wieder einmal Störungen auf, da muss man sie anhalten und den Störungen Vorrang geben. Wenn sie behoben sind, läuft die Gruppenmaschine glücklicherweise in der alten Weise weiter.

In einem Konzept, das damit Ernst macht, dass Menschen Wesen sind, die »symbolfähig« (Edelson, 1971) sind, die den »Dingen« Bedeutungen geben, wäre es angemessener zu fragen, wie das Verletztwerden mit dem Thema, mit der Gruppe und dem Einzelnen zusammenhängt, welche Ebene für welche andere Ebene eine Bedeutung erlangt, wie sich im Einzelnen Konflikte der Gruppe mit dem Thema widerspiegeln oder wie auch immer. Ohne den umgangssprachlichen Gebrauch von »stören« einzuschränken, schlage ich vor, auf »Störung« als einen Begriff der Theorie von TZI ganz zu verzichten und die Gruppe von einer anderen Voraussetzung her zu verstehen: »Alles, was in einer Gruppe geschieht, ist sinnvoll und verstehbar. Wir wollen miteinander versuchen, auch solche Elemente, die im Augenblick als fremd und störend erlebt werden, als sinnvollen Ausdruck von Phantasien, Gefühlen, Gedanken und Konflikten zu begreifen.«

Es ist mit den Störungen ähnlich wie mit den Krisen, es gibt sie nicht an sich, sondern sie sind eine Sichtweise von Situationen. Und so, wie ein Leiter immer mehr lernt, Krisen nicht als Krisen, sondern als schwierige Situationen anzusehen, die er verstehen und angehen kann, so wird er auch allmählich erfahren, dass ihm noch fremde Vorgänge in einer Gruppe, sogenannte »Störungen«, zu Bestandteilen eines sinnvollen Gruppenprozesses werden. Und er wird den perspektivischen Ausdruck »Störungen«, mit dem er sagt, dass er etwas noch nicht versteht, immer weniger benutzen und schon gar nicht in seine Theorie einbauen.

Der Leiter darf und soll deuten

Zum Abschluss möchte ich noch etwas über die Mittel sagen, mit denen Krisen oder als störend erlebte Prozesselemente bearbeitet werden können. Und hier meine ich – und mir ist klar, dass ich mich damit in einen Gegensatz zur herrschenden Auffassung setze –, dass die recht verstandene Interpretation das wichtigste Instrument des Gruppenleiters in Krisen und auch sonst ist.

Recht verstanden – damit meine ich, dass ich nicht jene Deutungskarikaturen verteidigen will, die man sich in Konflikten an den Kopf wirft, wenn man genug

Psychoanalyse kennt, um sie als Waffe gebrauchen zu können (»Das sagst du ja nur, weil du mit deinem Narzissmus nicht fertig geworden bist!«).

Eine Deutung, wie ich sie verstehe, hilft, Elemente der Sache mit dem Erleben des Einzelnen und der Gruppe so zu verbinden, dass mehr Klarheit und Bewusstheit entstehen. Deutungen, wie ich sie verstehe und benutze, könnten etwa die folgende Gestalt haben, wenn es in einer Sitzung um einen Text geht: z. B. »Dadurch, dass wir in der Gruppe im Augenblick wie gelähmt sind, spüren wir wohl auch etwas von der Hoffnungslosigkeit, die der Autor darstellt, obwohl er zugleich das Gegenteil glaubhaft machen will« oder »Mir scheint, dass sich in dem Konflikt zwischen euch beiden etwas von dem Grundkonflikt des Textes darstellt« oder »Gerade weil wir uns im Augenblick alle eher resigniert fühlen, spüren wir in dem Text etwas ganz anderes als letztes Mal«.

Wie kommt der TZI-Leiter zu seinen Deutungen? Hier gibt es Gemeinsamkeiten und charakteristische Unterschiede zum Vorgehen in der Psychoanalyse. Der Analytiker geht in seinem Verstehensprozess von der Wahrnehmung seiner Gefühle und Phantasien aus. Er verbindet sie mit seinem Wissen über den Analysanden und über sich selber, er nimmt das aktuelle Material, das der Analysand erzählt, hinzu und versteht es sowohl als Inhalt wie als Ausdruck einer Situation. Von diesen Elementen her formuliert er seine Deutungen, er wird aber dabei seinen eigenen subjektiven Anteil in der Regel nicht nennen, um die Übertragungsentwicklung nicht zu stören. Ein TZI-Leiter kommt zu seinen Einsichten in den Gruppenprozess auf ähnliche Weise, auch er wird Inneres und Äußeres in analoger Weise verbinden. Aber wenn er Deutungen gibt, kann er in ihnen sein inneres Erleben in einem gewissen Ausmaße offen darlegen und es zu dem Geschehen in der Gruppe in eine Beziehung setzen.

Es gibt hier zwei typische Fälle, zwischen denen sich viele Einzelsituationen in einer Reihe einordnen lassen. Im einen Fall sind die Gefühle des Leiters repräsentativ für die Gesamtgruppe oder für die »herrschende« Stimmung. Dann ist der Leiter gleichsam ein Sprecher der Gruppe und formuliert stellvertretend, aber deutlicher, was alle empfinden. Der andere Fall liegt dann vor, wenn der Leiter Gefühle erlebt, die die Mehrheit der Gruppe bewusst gerade nicht mit ihm teilt. Nehmen wir als Beispiel eine Situation, in der sich die Gruppe glücklich, einig und mächtig erlebt, der Leiter aber ausgeschlossen, einsam und ohnmächtig. Wie kommt es dazu? Sicherlich mag das auch mit einer gewissen Bereitschaft des Leiters zusammenhängen, mit vorgegebenen Anlagen. Aber außerdem können diese Gefühle auch noch solche sein, die die Gruppe im Augenblick nicht erleben will und die sie an ihn delegiert. Dabei mag die Gruppe die unbewusste Absicht leiten, ihn die eigene Frustration erleben zu lassen, die es für die Gruppe bedeutet, ihrerseits von der Leitung ausgeschlossen zu sein.

Vielleicht hofft sie auch, am Leiter zu erleben, dass Einsamkeit und Ohnmacht nicht so unerträglich sind, wie sie selber befürchtet. Man nennt diesen Vorgang nach Melanie Klein und Thomas Ogden »Projektive Identifikation«, das heißt: Der eine Partner einer Interaktion identifiziert projektiv den anderen mit einem Gefühl, dass ersterer zurzeit nicht selber bei sich erleben möchte. Indem der Leiter von diesem ihm anvertrauten Gefühl ausgeht, kann er der Gruppe ein Element zurückgeben. Dafür genügt es aber nicht, wenn der Leiter nur einfach sagt: »Ich bin allein und frustriert«, womit er allenfalls Hilfeleistung oder Ablehnung provoziert. Es ist vielmehr nötig, dass er die Bedeutung dieses Gefühls der Gruppe aufzeigt, wie und warum sie es abgespalten und auf ihn projiziert hat. Dieses Vorgehen scheint mir deshalb TZI-angemessen zu sein, weil es ein Stück innerer Befindlichkeit darlegt und doch auch zur Klarheit und zum Verstehen beiträgt. Die Deutung setzt eine Ebene des Gruppenprozesses in Beziehung zu einer anderen. Deutung heißt, »dasselbe« zu sagen, aber von einem anderen Gesichtspunkt her: das Thema vom Gesichtspunkt der Gruppe, die Gruppe vom Einzelnen, den Einzelnen von der Gruppe und vom Thema her.

Damit ist die Interpretation zugleich das wichtigste Instrument, das herzustellen, was man »Balance« nennt. Die Beziehungen der Ebenen untereinander zu verstehen in ihrer gegenseitigen Symbolhaftigkeit und sie zur rechten Zeit mit den richtigen Worten anzusprechen, das ist die eigentliche Kunst des Lehrens und Leitens von Gruppen. Auf diese Form der Intervention zu verzichten und auf ausschließlicher Äußerung von Gefühlen und Ich-Aussagen zu beharren, das ist für mich bestenfalls »Lebendiges Nicht-Lernen« (zu vergleichen mit Musikhören mit Ohropax) und zugleich eine gute Methode zur Erzeugung krisenhafter Situationen, weil niemand mehr wahrnimmt.

Krisen sind Chancen zur Weiterentwicklung

Wenn ich diesen Artikel zum Schluss nochmals ansehe, dann merke ich in ihm eine Tendenz dahin, dass Krisen eigentlich nicht sein sollten und ein, wenn auch entschuldbares, Versagen des Leiters anzeigen. Das stimmt, aber nur genau zur Hälfte. Ich meine schon, dass ein Leiter einiges dafür tun kann, dass gewisse Krisen in seiner Gruppe nicht immer wieder auftreten; dass aus Krisen »schwierige Situationen« werden, die zu meistern er das Handwerkszeug hat. Aber – nur dort, wo ich nicht weiß, wie ich weiterkomme, also in »Krisen«, kann ich Neues lernen, auch wenn es Angst macht und Schmerzen erzeugt. Ein sehr erfahrener Leiter wird sicherlich nur noch wenige Krisen erleben, und das ist auch gut so. Er weiß, wie er mit seinen Ohnmachtsgefühlen umgehen kann,

mit seiner Einsamkeit, mit seinem Liebesbedürfnis. Er kennt gewisse Grund-
situationen und meistert sie. Er benutzt seine Kompetenz und übt sich in ihr.
Aber damit er vielleicht neue Möglichkeiten lernt, mit Situationen umzugehen,
ist es immer wieder nötig, wünschenswert und auch unvermeidlich, dass er
Krisen erlebt, die eine Chance zur Weiterentwicklung bieten – wenn er sie nutzt.

Erikson (1966) hat ja die Lebenskrisen als etwas höchst Positives gesehen;
er meint aber dazu, dass sie nur dann progressiv gelöst werden können, wenn
die vorhergehenden Krisen überwunden sind, jedenfalls bis zu einem gewissen
Grad. Und das heißt für uns vielleicht, dass ein Leiter sehr sicher und »krisen-
fest« sein muss, um die wirklich notwendigen und auch weiterführenden Krisen
meistern zu können.

Literatur

Edelson, M. (1971). The Idea of a Mental Illness. Yale: University Press.

Erikson, E. H. (1966). Identität und Lebenszyklus. Frankfurt a. M.: Suhrkamp.

Freud, S. (1926/1974). Hemmung, Symptom und Angst. In S. Freud, Gesammelte Werke. Bd. XIV.
　Frankfurt a. M.: Fischer.

Fromm, E. (1976). Haben oder Sein. München: DVA.

Held, H. R. v. (1984). Zum Umgang mit Psychosen in Encounter- und Therapiegruppe. Gruppen-
　psychotherapie und Gruppendynamik, 19 (3), 231–242.

Raguse, H. (1987). Was ist Themenzentrierte Interaktion? In K. Hahn, M. Schraut-Birmelin,
　K. Schütz, C. Wagner (Hrsg.), Gruppenarbeit: themenzentriert. Entwicklungsgeschichte, Kritik
　und Methodenreflexion (S. 117–143). Mainz: Grünewald.

Rotmann, M. (1978). »Triangulierung« der frühkindlichen Sozialbeziehung. Psyche – Z. Psychoanal.,
　32 (12), 1105–1147.

Schafer, R. (1983). The Analytic Attitude. London: Hogarth.

Segal, H. (1974). Melanie Klein. München: Kindler.

Sterba, R (1932/1974). Das Schicksal des Ichs im therapeutischen Prozess. In R. Sterba, Psycho-
　logie des Ichs. Darmstadt: Wissenschaftliche Buchgesellschaft.

Winnicott, D. W. (1974). Reifungsprozesse und fördernde Umwelt. München: Kindler.

Matthias Kroeger

Das sogenannte Störungspostulat: »Disturbances and passionate involvements take precedence«[1]

Viele pädagogisch arbeitende Menschen, die vielleicht noch nie von TZI gehört haben, kennen den einprägsamen Satz »Störungen haben Vorrang«. Das sogenannte Störungspostulat hat ganz selbstverständlich Einzug gefunden ins allgemeine pädagogische Bewusstsein. Doch die Erkenntnis, dass auftretende oder vorhandene Störungen in einer Gruppe tatsächlich die thematische Arbeit überlagern, Gruppen okkupieren und sich somit Vorrang nehmen, heißt noch lange nicht, dass man als Leiter/-in weiß, wie man dem Phänomen der Störung in Gruppen angemessen begegnen kann. Matthias Kroeger widmet dem Phänomen Störung die Aufmerksamkeit, die es in Anbetracht der Häufigkeit seines Vorkommens und der Irritation, die es bei vielen Leitenden auslöst, verdient. Sein Artikel zeigt auf, wie man in Störungen mehr als eine Störung sehen kann und wie man sie für das Geschehen in der Gruppe und die thematische Arbeit nutzbar machen kann.

Herkunft und Stellung, Sinn und Anliegen des Störungspostulates

Zunächst kurz eine Zusammenfassung zur Theorie der Störung. Der Satz über den Vorrang der Störungen gehört zu den bekanntesten Sätzen der TZI in den verschiedenen Öffentlichkeiten jenseits des Ruth-Cohn-Institutes (RCI), vielfach ist er sogar der einzig bekannte. Auch für Ruth Cohn selbst stellte er einen markanten, entscheidenden Innovationspunkt auf dem Wege ihrer Bewusstwerdung von der Psychoanalyse zur TZI dar; sie hat ihm darum ja auch, als sie die TZI seit den späten 1960er Jahren in systematischen Begriffen zu ordnen suchte, seine hervorragende Stellung als eines der beiden Postulate gegeben.

1 Aus: Themenzentrierte Interaktion, 2010, 1, S. 9–21. Der Artikel ist die gekürzte und bearbeitete Form eines Manuskripts des Autors. Kürzungen sind durch eckige Klammern kenntlich gemacht. – Abdruck mit freundlicher Genehmigung des Psychosozial-Verlags, Gießen, www.psychosozial-verlag.de

Zuvor lief auch dieses Störungspostulat wie die anderen Kernformulierungen zuerst unter »rules«, dann »groundrules«, dann unter »verbalisation of existential phaenomena«, als »existential postulates, rather than groundrules«. Aus dieser existentiellen Kraft erkläre sich die »amazing effectuality of the method's directives« (unveröffentlichte frühe Papiere, ca. 1966). Denn das war, nachdem sie schon in den Züricher Jahren den Transfer psychoanalytischer Einsichten in die praktische Kindergartenarbeit bedacht hatte, ihre Frage: »Warum findet man in Lern- und Arbeitsgruppen von Schulen, Universitäten und Institutionen nicht die Lebendigkeit, die man in therapeutischen Gruppen findet? Warum sind deren Gespräche so lebendig und was ermöglicht diese Lebendigkeit?« Ihre Antwort: »Weil in diesen Gruppen die Anerkennung und Achtung der Personen und ihrer Anliegen, ihres Widerstands und ihrer Verdrängung als persönliche Lebensanliegen stattfinden und respektiert werden.« Das nur zu plausible Postulat, das daraus folgt, ist: dass auch in thematischen Arbeitsgruppen die Beachtung derselben Faktoren eine Verlebendigung und Steigerung der *emotionalen* Intelligenz im Arbeitsprozess mit sich bringen werde. Das würde dann speziell auch für den Faktor der Widerstandsbehandlung (»Widerstand vor Inhalt« und »Nie gegen den Widerstand, immer nur entlang dem Widerstand arbeiten«) gelten (zum Störungspostulat s. auch Hoffmann, 2009, S. 101 ff.). Diese Achtung und Anerkennung bedeuten das Ernstnehmen und den Schutz der Personen und der verletzlichen Stellen im seelischen Gefüge der beteiligten Menschen. Wird er beachtet und geschützt, so kann der Widerstand sich lösen und der Betroffene sich beteiligen. Also Bejahen, Verstehen, Anerkennen des Widerstands, ihm Recht, Raum und Zeit geben – *wenn er es denn will.* »Unterbrich, wenn du gelangweilt, ärgerlich, anderweitig beschäftigt [preoccupied], in Schmerzen, aufgeregt über etwas bist«, denn »disturbances and passionate involvements« haben/nehmen sich Vorrang, heißt es daher schon in den frühen Papieren (Cohn, ca. 1966), wobei »passionate involvement« manchmal mit »Betroffenheit«, manchmal mit »leidenschaftliche Gefühle« übersetzt wird und »disturbance« manchmal mit »preoccupations and feelings« kommentiert, manchmal durch Verweis auf psychopathologische Verhaltensweisen erläutert wird. Merkwürdigerweise hat Ruth Cohn selbst in der amerikanischen wie in der deutschen Fassung dieses Anliegens immer wieder die Kurzform »Störungen haben Vorrang« gewählt, obwohl sie sich der Gefahr dieser Formulierung und ihrer negativen Suggestion völlig bewusst war. Nicht alles, was jemanden im Gesprächs-, Arbeits- oder Lernprozess abhält und widerständig macht, muss eine unwillkommene Störung und folglich negativ zu klassifizieren sein. Doch die Kurzform wie die Voranstellung der Störungen in der Doppelformulierung weisen auf den Ursprung dieses Postulats in der psychoanalytischen Theorie hin.

Sie hat jedoch auch später immer wieder die ausführliche Doppelfassung benutzt und im Gebrauch gehalten: »Leidenschaftliche Involviertheiten und Störungen/Verstörtheiten haben/nehmen Vorrang«. Denn gemeint und in den Fokus der Aufmerksamkeit gerückt ist mit diesem Satz, dass die Vielfalt der Lebenshintergründe und -anliegen der Personen auch in Arbeitsgruppen zur Ganzheitlichkeit und Lebendigkeit der beteiligten Menschen hinzugehört, daher anerkannt und einbezogen, nicht aber ausgegrenzt oder verdrängt werden soll. Man kann sich ja nicht einbilden, dass in irgendeiner denkbaren Gruppensituation für alle nur eben das naheliegt oder von Interesse ist, was dort gerade gelehrt oder bearbeitet wird. Das Störungspostulat ermöglicht also die Ganzheitlichkeit, Lebendigkeit und Lebensbezogenheit jeder Arbeit in der Gruppe. Blendet man jene Anliegen aus (*sofern* sie zur Geltung gebracht werden wollen, was ja oft keineswegs der Fall ist), dann hat oder nimmt sich das Verschwiegene durch Blockieren und Nichtmehrmitmachen »Vorrang« und verdirbt den Arbeitsprozess. Reduziert man all das etwa sonst Wichtige auf den negativen Begriff der Störung, dann wird jede dieser anderen Wichtigkeiten faktisch und atmosphärisch negativ qualifiziert und in ein abwehrendes Licht gerückt, was eine wenig hilfreiche, keineswegs immer angemessene Kategorisierung ist. Darum ist die oben zitierte Doppelformulierung von den »disturbances *and* passionate involvements« eine solche Kostbarkeit, weil sie das »Störende« aus dem negativen Lichtkegel in eine positive Beleuchtung rückt und sie so zu betrachten anleitet. […]

So sehr es Störungen gibt, mit denen fertig zu werden schwer ist, – es lohnt sich, zunächst einen positiven, zustimmenden Blickwinkel auf alles von der Agenda Abweichende zu gewinnen, denn in den allermeisten Abweichungen vom Thema bringt sich doch irgendein wichtiges Lebenselement zur Geltung, welches zu berücksichtigen den Gruppenprozess als Teil des Lebensprozesses bereichert. Das lohnt sich, weil es den ganzen Lern- und Arbeitsprozess für Lebendiges öffnet und somit humanisiert. Die ausführliche, nicht verkürzende Doppelformulierung Ruth Cohns taucht all diese Vorgänge in ein neues Licht und hilft, sie anders wahrzunehmen: Nicht nur der Stoff, das Thema, die Agenda haben Recht, sondern die Menschen, die da sind, haben auch Recht, und das bedeutet: Gerade auch im Interesse von Stoff, Thema oder Agenda ist es auf Dauer nicht hilfreich, nur sie zu sehen. Eben sie gewinnen an Lebendigkeit und Effizienz, wenn die beteiligten Menschen in ihren Anliegen beachtet werden. […]

Wie mit »passionate involvements« und Störungen umgehen?

Es hilft schon, keine (oder weniger) Angst vor Störungen zu haben. Man gewinnt eine bereitere und offenere Einstellung gegenüber allem, was sich außer dem vorgesehenen Thema meldet. Ich erwarte dann nicht, wie das Kaninchen vor der Schlange, ob Störungen meiner wohl vorbereiteten Sitzung eintreten, sondern ich lade immer wieder geradezu dazu ein, Interessantes oder Wichtiges zu erzählen, und lasse – atmosphärisch und indirekt – wissen, dass die von mir geleitete Sitzung offen für Interessierendes und Wichtiges ist. […]

Setze ich nicht voraus, dass nur mein Thema eine Rolle spielt, so bin ich schon gelassener im Umgang mit Unerwartetem. Ich fürchte es nicht, ich begrüße es oder bejahe es doch mindestens. Natürlich gibt es immer wieder Situationen, aber auch Institutionen, Altersstufen und Entwicklungsphasen, in denen der übermäßige Gebrauch oder gar Missbrauch der Störungsformulierung zu Problemen in einer Sitzung führt. […] Das verlangt dann klare Leitung. Ruth Cohn handhabe diese in Workshops ungeniert. Willkürliche oder störende Störungen schnitt sie energisch mit den Worten »Du störst« ab, unvergesslich auch mir selbst gegenüber. Sie tat dies im Wissen um die Zumutbarkeit, ja auch die emotional disziplinierende Förderlichkeit solcher Zurückweisung. Im Laufe der Jahre aber und durch Gewöhnung an diese »Regel« hat sich im Großen und Ganzen der Schock dieser Innovation verloren und eine pragmatische, weder Gruppen noch Leiter/-innen überflutende Handhabung ist möglich geworden. Was aber lässt sich über den pragmatischen Umgang mit den »passionate involvements and disturbances« nach Jahren der Erfahrung und des Umgangs mit ihnen heute sagen?

Keine Regel, kein Gesetz – sondern eine Aufmerksamkeitshilfe

Der Satz von den Involviertheiten und Störungen ist – entgegen verbreitetem Missverständnis – weder eine Regel noch ein Gesetz, welche/-s eingehalten werden muss. Dieses Postulat ist vielmehr im Blick auf die ganze Bandbreite von »preoccupation« und »leidenschaftlichem Gefühl« bis zu »psychischer Verstörtheit« eine Aufmerksamkeitshilfe und leitet an, wachsam zu sein und einzuschätzen, wann etwas hilfreich oder nötig ist – im Interesse der Menschen *wie auch* im Interesse des Themas, d. h. im Interesse der Lebendigkeit beider! Diese *flexible* Wachsamkeit und *intuierende* Entscheidung in Verhalten und Intervention wird einem nicht erspart, vielmehr jeder Gruppe und jedem Leiter/ jeder Leiterin zugemutet.

Man tut der gerade erst entstehenden Lebendigkeit einer Gruppe einen Tort an, wenn man entstehende Anfragen oder Irritationen abblockt und den Eindruck erweckt, es gehe alles nur nach dem Willen des Leiters/der Leiterin und nur um das Thema. Hier eher einmal zu viel nachzugeben und ernst zu nehmen, was da kommt, gibt Vertrauen in die wirklich gewünschte Balance von Interaktion/menschlicher Seite und Sache/Thema: Vertrauen, dass die Leitung die Menschen sieht und ernst nimmt.

Es wäre aber umgekehrt auch destruktiv, einer erkennbar missbräuchlichen Störung nachzugeben und keine Grenzen zu setzen; hier »Vorrang« zu geben, wäre wenig hilfreich. Wo die Grenze zwischen beidem zu ziehen ist, muss geübt werden. Niemand wird aus diesen Versuchen ohne Irrtum, Fehlwahrnehmung und erst allmählich geübter Intuition hervorgehen. Es ist auch nicht schlimm, sich an diesen Stellen zu irren, *wenn* die beteiligten Menschen merken, dass du es nicht aus Bosheit oder Dominanzbestreben versuchst, sondern in dem Versuch, sie wahrzunehmen und zu achten, also mit ihnen, nicht gegen sie, und ihnen das Anliegen bzw. dein Dilemma erläuterst. Wenn eine Gruppe durch partizipierende Leitung und Teilnehmer-zugewandtem Stil geprägt wird, entschärft sich der »Störungsfall« und die Teilnehmer/-innen helfen dir. [...]

Störungen nur aussprechen – und stehen lassen

Ein zweites Ergebnis im Umgang mit Störungen, das uns in früheren Jahren nicht zur Verfügung stand, ist folgender Erfahrungssatz: Es ist sehr oft, wenn nicht allermeist *nicht* notwendig und *nicht* einmal hilfreich, über vorhandene oder angemeldete Störungen – jetzt meine ich wirklich, was stört, verstört oder als Störung empfunden wird – ausführlich zu reden. Es genügt meist vielmehr, dass die Störung ausgesprochen wird und somit Raum und Öffentlichkeit bekommt, so dass keine Energie darauf verwendet werden muss, sie zu verschlucken und so zu tun, als wenn nichts los wäre. Wenn nämlich jemand etwas Schlimmes erlebt hat, möchte er/sie es im Zweifelsfall nicht vor allen ausbreiten und dass ggf. eine ganze Gruppe darüber herfällt und sich voller Mitgefühl damit beschäftigt. Nur eben aussprechen: »Es geht mir schlecht und ich möchte jetzt nicht darüber reden«, das genügt oft. Die Störung hat auch ein Recht, geschützt zu werden, bekommt Raum, muss nicht verleugnet werden. Manchmal reicht es auch, wenn jemand etwas aussprechen kann und dabei sicher erfährt, dass der Leiter/die Leiterin sich in der Pause mit ihm/ihr dafür Zeit nehmen wird. »Sich mitteilen dürfen und wirklich gehört zu werden, genügt meistens, um das innere Gleichgewicht eines Menschen soweit wiederherzustellen, dass er sich der Gruppe und der gestellten Aufgabe zuwendet und seine Probleme und Emotionen zurückstellt, ohne sie zu verdrängen« (Cohn, 1974, S. 154).

Dasselbe Aussprechen und Stehenlassen kann aber auch in ganz anderer Perspektive gelten: Wenn ich als Leiter/Leiterin den Eindruck habe, dass eine Störung mutwillig angemeldet wird, um z. B. die Arbeit zu behindern, dann kann es nötig sein, mit klarer Stimme diese Störungsanmeldung zurückzuweisen, ggf. in die Pause zu verweisen und gerade nicht zuzulassen. Natürlich, ich kann mich irren: Vielleicht ist es doch eine ernst gemeinte Anmeldung, die auf irgendeiner Ebene ein wirkliches Anliegen bedeutet, welches nicht aus der Öffentlichkeit der Gruppe ins individuelle Gespräch der Pause abgedrängt werden darf – dann muss ich sie zulassen, schon um erlebbar zu machen, dass ich den Einspruch der Teilnehmenden ernst nehme und nicht alleine und mit meinem Thema Recht haben möchte. Es gibt Situationen, in denen es sich lohnt, »auf Teufel komm raus zu akzeptieren« – erstmal. Es kann sich nämlich wirklich um eine des gruppenöffentlichen Gesprächs bedürftige Störung handeln. Dann nimmt sich diese Störung absolut Vorrang. Diesen musst du ihr auch geben, denn selbst wenn du in deinem Thema fortfährst, ist der Lernvorgang doch für einen wesentlichen Teil der seelischen Energie blockiert und du arbeitest umsonst weiter. Die Störung kann dir – mit Blick auf deine Themennotwendigkeit und den Zeitfaktor – passen oder nicht: Du musst ihr Zeit und Raum geben. Du verspielst sonst sowohl dein Thema wie auch die Teilnahme und das Vertrauen der Teilnehmenden. Man kann natürlich unter gegebenen Umständen für eine kurze Verschiebung werben und mit strikter Leitung zunächst das thematische Anliegen zu Ende bringen, aber es muss dabei spürbar sein, dass dies nicht aus Nichtachtung, sondern unter spürbarer Wahrnehmung des Anliegens geschieht. Im Übrigen gilt m. E. die Erfahrung, dass, wenn man im sich bildenden Gruppenprozess einer Gruppe nur einige Male den persönlichen Aspekten und also auch Störungen Raum gegeben hat, eben dies die sich bildende Atmosphäre prägt. Dies entzerrt die Störungen und Anliegen; sie werden normal und dazugehörig. Wenn du also überhaupt der dynamischen Balance von menschlichem und thematisch/sachlichem Aspekt im Arbeitsprozess folgen willst – aus meiner Sicht das Grundcredo, Herzstück und Zentralpostulat der TZI –, bedarf es in jedem Fall der Einräumung einer gewissen Zeit und Aufmerksamkeit, um allmählich dieses Grundmuster und die entsprechende Atmosphäre zu etablieren. »Du kannst nicht im Sinne der TZI leiten und unterrichten, wenn Du nicht in jeder Sitzung zu einem Minimum an Revolution [gegen Konvention und Blickverengung] bereit bist«, hat Ruth Cohn hierzu einmal formuliert. […]

Zwischenüberlegung zum Begriff »Störung«

Was ist eigentlich eine Störung? Ist dieser Begriff nicht immer wieder sehr unklar und im Rahmen der TZI ganz prinzipiell nicht wirklich geklärt? An dieser Stelle lohnt es sich zu bedenken, was generell von der TZI gilt und im Blick auf sie zu wissen ist: dass die TZI in einer, wie ich finde, beeindruckenden Weise kein ausgedachtes System ist, sondern dass sie einfühlsam und klug realen Gruppenprozessen, deren Gelingen und deren Störungen abgelauscht und abgeschaut ist: Wann und unter welchen Bedingungen gelingen Gespräche und Gruppen? Wann und unter welchen Bedingungen gehen sie schief, bleiben kalt und ohne (oder mit verminderter) Beteiligung? Weil die TZI so alltagsnah entstanden ist, erscheint sie meist beim Kennenlernen fast wie selbstverständlich und allzu plausibel. Sie ist ja auch keine neue Erfindung, sondern die *Systematisierung* dessen, was längst in der Welt geschieht, wo immer liebevolle Eltern, Lehrer, Tanten, Mütter überlegen und handeln, wenn sie ihren Schutzbefohlenen etwas ermöglichen oder beibringen wollen. Sie ist die Systematisierung solch uralter Erfahrungen, damit man nicht fatalistisch darauf warten muss, wann wieder mal ein gutes Gespräch und eine geglückte Gruppenarbeit stattfindet, sondern vielmehr erarbeitet werden kann, warum und wie es gut ging oder warum und wie es schlecht ging. Daraus werden/wurden dann künftige Möglichkeiten abgeleitet.

Daraus aber ergibt sich, dass die Begriffe der TZI immer wieder und in mehrfacher Hinsicht einer theoretischen und definierten Klarheit nicht ganz genügen. So kann Störung von manifesten psychischen Störungen über akuten Ärger über die Leitung oder gewisse Umstände bis hin zu persönlichen Verstimmtheiten und interpersonalen Unpässlichkeiten gehen. Was in einem Falle stört, stört in anderer Situation durchaus nicht. Eine psychisch neurotisch oder psychotisch gestörte Person muss zu keiner Störung werden, wenn sie respekt- und liebevoll behandelt wird. Was ich als Problem in einer Person sich melden sehe, muss ich im Moment des Gruppenprozesses nicht unbedingt aufgreifen, ich kann diesen oder jenen akuten Aspekt ansprechen und schon dadurch entlastend und befriedend wirken. Daher bleibt *sinnvollerweise* unklar und mehrdeutig, was genau eine Störung sei: Alles kann im falschen Moment stören, was an sich und sonst noch so gut und richtig ist, und es kann die einen stören, die anderen hingegen gar nicht. Störung bleibt notwendigerweise ungenau definiert – genau entsprechend der Ungenauigkeit und Vielfalt alles dessen, was zur Störung werden kann. Evident ist, dass sehr verschiedene Sachverhalte, die eigentlich »in Ordnung« und »normal« sind, störend werden können und manchmal, unter bestimmten Umständen, menschliche Einstellungen und psychische Zustände, die durchaus therapiebedürftig sind, keineswegs stören müssen, wenn sie nicht herausgefordert werden, sondern in eine produktive und stützende menschliche Atmosphäre eingebettet bleiben. Die Vielgesichtigkeit und Undefiniertheit von Störung ermöglicht eine funktionale Flexibilität gegenüber den verschiedensten Formen dessen, was sich in einem Gruppenprozess als hinderlich erweisen kann. Geradezu lehrbuchmäßig für Konzept und Interesse der TZI lässt sich daher formulieren, dass: 1) wenn ich einer Störung – welcher auch immer – Raum gebe und nicht zur Energie fressenden und zur Blockade beitragenden Verdrängung beitrage, dem Lebensprozess von Menschen im Gruppenprozess wohlgetan wird und dass 2) nicht immer, sehr wohl aber öfter gerade auch das Thema durch die Beziehung auf menschliche Aspekte gewinnt und gefördert werden kann; die scheinbare Störung des Themas wird – nicht immer, aber oft genug – ein Beitrag zum Thema und zur Lebendigkeit der Gruppe.

Das aber wird durch die undefinierte Mehrdeutigkeit von Störung ermöglicht. Was wäre gewonnen durch eine klare, d. h. ab- und ausgrenzende Definition? Sie könnte den Fokus der Aufmerksamkeit einengen. Dann würde man, klug definiert und informiert, genau dahin schauen, wohin zu schauen einen die Definition anleitet, und alles was einem sonst – natürlich außerhalb des Störungsbegriffs liegend – begegnet, würde nicht beachtet oder müsste sich in seiner undefinierten Erscheinung erst durch Massivität der Störung Aufmerksamkeit erzwingen. Da lobe ich mir die pragmatisch-definitorische Mehrdeutigkeit, die dem wachen und offenen Leiten mehr hilft und von Ruth Cohns menschlicher Klugheit – gerade in ihrem theoretisch klaren Beachten der Vielgesichtigkeit von dem, was »stören« kann – ein weiteres Mal Zeugnis gibt. »Dass Störungen und Betroffenheiten im Leben und Lernen Vorrang haben, entspricht dem psychoanalytischen Grundsatz, dass Widerstand vor dem Inhalt bearbeitet werden soll. Doch das TZI-Konzept der Störung ist weitergefasst als das des Widerstandes. Störungsquellen im Sinne der TZI sind nicht nur die Störungen des Widerstandes, der aus ungelöster intrapsychischer Angst entsteht, sondern können alle inneren emotionalen Vorgänge und äußeren Gegebenheiten sein, die zur Zuwendung zum Thema oder zur Aufgabe quer liegen« (aus dem Protokoll eines Gesprächs mit Fr. Schulz von Thun, nach 1983, ungedruckt).

Wann und wie »passionate involvements and disturbances« prozessgerecht einführen?

Das Erleben des Postulates von den »passionate involvements and disturbances« und der Umgang mit ihm hängt m. E. auch sehr davon ab, wie man die Teilnehmer/-innen mit den systematischen Formulierungen und Annahmen der TZI konfrontiert, vielleicht (unwillentlich) sogar überfällt. Denn natürlich, wenn man auf einmal mit all den Axiomen, Postulaten und Hilfsformulierungen konfrontiert wird, häufen sich die Probleme der Aneignung ungut. Wenn in einem solchen gehäuften Kontext Lehrende/Leitende wie Teilnehmende auch noch mit dem Satz von den Passionate Involvements, erst recht wenn es nur in der negativen Form »Störungen haben Vorrang« geschieht, konfrontiert werden, wird ein prozess-gerechtes Aufnehmen der TZI-Annahmen eher schwierig, weil es sehr viel auf einmal bleibt, was da zu verdauen ist. Warum geschieht immer wieder eine so gehäufte und vielleicht doch überfordernde Einführung? Ich vermute, dass es vielen Anfängern nicht anders geht als mir, als ich die TZI kennenlernte und mit mehr oder weniger Missionsbewusstsein am Anfang bei Veranstaltungen von der TZI erzählte. In der Folge der Jahre habe ich mir nach den problematischen und auch direkt schlechten Erfahrungen, die ich damals machte (von mir selbst induziert!), angewöhnt, wenn es sich nicht ausgesprochen um eine RCI-interne TZI-Veranstaltung handelte, dergleichen am Anfang nicht zu erzählen, sondern zunächst gar nichts von der Methode zu sagen, indes nur spürbar anders als üblich den Gruppen- und Lehrprozess sowie den Leitungsstil erfahrbar zu machen. Erst wenn sich im Gruppenprozess konkret etwas ereignete, was zu verstehen mit Hilfe der TZI-Annahmen gefördert werden konnte, führte ich sukzessiv einzelne TZI-Formulierungen ein, oder, wenn ich gefragt wurde, warum meine Lehr-veranstaltungen so anders seien, machte ich die Hintergründe offenbar und das meist auch nur in kleinem Kreise, wenn wir nach Veranstaltungen noch in einer Kneipe zusammen saßen. So kam es, dass ich ganze Kurse lang von den Hintergründen der TZI nichts gesagt habe, nur eben auf die Lebendigkeit der Veranstaltung und die Erweiterung der dynamischen Balance achtete – in Vor-lesungen durch regelmäßige Einsprengung von kleinen Gruppen und persön-lichen Themen zu den Sachfragen der Vorlesung, in Seminaren auch durch die regelmäßige Frage am Anfang, ob es etwas Wichtiges und sonst Erlebtes gebe, was die Studierenden vielleicht erzählen wollten oder ob es Musiken, Gedichte oder Romane gebe, die sie zu unserem Thema assoziierten und beitragen wollten. Gerade die »passionate involvement«, speziell auch die Störungsformulierungen, habe ich, wenn überhaupt, nur aus gegebenem Anlass, also spät und dosiert ein-geführt und damit nur gute Erfahrungen gemacht. So sind die TZI-Elemente immer nur *Möglichkeit und Angebot,* die die Teilnehmenden ergreifen können, aber nicht müssen; nie werden die TZI-Elemente – als scheinbar für lebendiges Lernen notwendige »Regeln« – zu *Zwang und Notwendigkeit,* die erfüllt werden müssen. Sondern vielmehr: Ich soll immer ein wenig mehr Persönliches (*wenn die Teilnehmenden es wollen*), ein wenig mehr Ich-Beteiligung und persönliches Erleben des Themas eröffnen, ermutigen, ein wenig mehr eigenständige Chairperson im Urteil über die thematischen Sachverhalte freizugeben (»Wie finde ich dies und jenes? Wo stimme ich dem Text oder Autor zu? Wo widerspreche ich?«). Die Verwechslung von TZI als Mittel (das sie ist!) und TZI als Ziel (das sie nicht ist!) findet oft im Laufe der TZI-Ausbildung statt, weil man sich in dieser Zeit ganz dem Erlernen der TZI hingibt und so die TZI zum Ziel wird, das zu erfüllen man bestrebt ist. Darüber gehen nur zu oft die Menschen verloren und werden zu Opfern der Methode, die dann im Vordergrund der Aufmerksamkeit steht. Die TZI wird zum angestrebten Regelwerk, das zu erfüllen ist. Der Sinn der TZI ist aber nicht die TZI, auch nicht ihr Satz »Störungen haben Vorrang«, sondern die mit Hilfe der TZI-Anregungen vermehrten Möglichkeiten der Menschen und deren Beachtung. Das wäre »style and spirit« der TZI in praxi.

Warum erzähle ich dies? Weil es mir richtig erscheint, je nach Verschiedenheit der Institutionen, Teilnehmermentalitäten, Klassen, Altersstufen oder Gruppenprozesse nur dosiert und prozessangemessen die TZI-Hintergründe und -formulierungen einzuführen und explizit (oder zunächst nur implizit) zu benutzen. Es gibt Gruppen und Institutionen, in denen die Öffnung nur sehr vorsichtig geschehen darf und in denen z. B. die Einführung der »passionate involvements«, erst recht der Störungsformulierung, mehr Irritation als Hilfe bedeutet. Das Ziel für eine/-n TZI-Leiter/-in ist nicht die Realisierung der TZI-gerechten Regelerfüllung, sondern die Beachtung der Menschen und der Erweiterung des interaktionellen Prozesses von dem Punkt aus, an dem die Gruppe und die Institution nun gerade eben stehen, damit sie einige produktive Millimeter in Richtung der dynamischen Balance gefördert werden und sich entwickeln können. Auch unter diesem Gesichtspunkt ist die Einführung der Störungsformulierung kein Gesetz der Meder und Perser, kein Muss, sondern ein Element der »Lebens- und Gruppenkunst« und sie sagt (im Kopfe des Leiters/ der Leiterin): »Sei wachsam und sieh, was passt, stimmt und hilft. Fördere die dynamische Balance!« […]

Was bedeutet Störungsprävention und wie geht sie vor sich?

Die TZI steht immer wieder in dem Ruf, dass sie aggressionsscheu und aggressionsverdrängend sei. Sollte dies in einem gewissen Umfange stimmen (was ich für möglich, aber nicht für konstitutiv halte – nach allem, was ich in dieser Frage an Handhabung in Workshops verschiedenster Art, speziell mit Ruth Cohn selbst erlebt habe), so wäre es die Kehrseite einer Stärke, die die TZI auszeichnet. Die TZI legt es nämlich tatsächlich nicht auf Steigerung von Aggression an, als wenn diese zu erleben und zu fördern eine besonders hilfreiche oder gar notwendige Aufgabe wäre. Aggression gehört ohne Zweifel zur seelischen Gesundheit und sie kann außerordentlich produktive und belebende Züge haben. Sie kann aber – zwischen aggressiven Personen und speziell unter aggressiven und verunsichernden Umständen – außerordentlich belastend und destruktiv werden. Beides ist möglich und erlegt die Aufgabe auf, Umstände (in TZI-Sprache: Strukturen) und Interaktionsformen zu entwickeln, die nicht veranlassen, fördern oder zwingen, aggressiv zu werden, sondern es vielmehr ermöglichen, auch in aggressiven Themenbereichen produktiv und förderlich miteinander umzugehen. Ruth Cohn selbst hat sich des Öfteren, ganz abgesehen von ihrer eigenen glasklaren und scharfen Aggressivität, die sie in Workshops (deutlich weniger privat) zeigen konnte, an Übungen beteiligt, in denen geübt wurde, Aggressivität in kultivierten und förderlichen Formen zu betätigen. Die TZI möchte also in der Tat Aggression nicht um der Aggression willen fördern, weiß aber, dass Aggression eine wesentliche produktive Kraft im Menschen ist, die konstruktiv gestaltet, nicht aber durch Umstände und Interaktionen gesteigert und destruktiv werden sollte. Von daher ergibt sich durchaus eine Tendenz zu Vorbehalt, Zügelung bzw. zur Gestaltung von Aggressivität im mentalen Klima der TZI, die sich möglicherweise, addiert mit persönlicher Hemmung eines Leiters/einer Leiterin, in einer Zurückhaltung, vielleicht sogar Vermeidung von Aggression auswirken kann. Dies ist im Sinne der TZI m. E. nicht wünschenswert, wäre aber doch nur der Schatten einer Stärke, die zu bedauern ich nur begrenzt in der Lage bin. Da wüsste ich anderes mehr zu bedauern und mir die Vorteile und Stärken der TZI zu loben.[2] Die Aufgabe besteht darin, keine unnötig oder zusätzlich verunsichernden und so aggressiv machenden Strukturen zu fördern, sondern im Gegenteil: fördernde, ein Mindestmaß an Vertrauen und Kooperation ermöglichende Strukturen zu schaffen. Das ist der zentrale gruppentheoretische Sinn sowohl von Struktur wie von Leitung und Thema in der TZI: Alle drei sollen einen gesicherten Rahmen abgeben, innerhalb dessen alles Mögliche und Notwendige, auch Aggression, gelebt werden kann. Alle drei *können* aber auch beengend, zwanghaft gehandhabt, daher angefochten, kritisiert und verändert werden. Sie bieten jedoch zunächst einen konstruktiven Rahmen, innerhalb dessen Widerspruch, Kritik, Ablehnung stattfinden kann. Die in der TZI erwünschte Leitung wird eben dies zulassen, fördern, moderieren, wenn es kommt, es aber nicht unbedingt provozieren und wünschen.

Die Absicht und Kultur der TZI in ihren methodischen Mitteln – einen produktiven und durch Struktur, Thema, Leitung und akzeptierend-wertschätzende Leitung geschützten Prozess zu ermöglichen – stellen die ent-

---

2   S. Kroeger, 1974/1985, S. 23 ff., hier speziell S. 33 ff. Vgl. Cohn, Hermann u. Kroeger, 1994, S. 193 ff. und Hoffmann, 2009, S. 105 f.

scheidende Prävention gegen destruktive Störungen dar, oder besser gesagt: gegen das Destruktivwerden von Emotionen, Personen und Vorgängen, die es eigentlich gar nicht sind oder sein müssen, wenn sie akzeptierend und produktiv-aggressiv gestaltet werden. In diesem Klima lassen sich »passionate involvements« und Störungen äußern, ohne zu eskalieren, weil eben die Selbständigkeit der Chairpersons und die dynamische Balance diese Tendenz fördern. Auf dieses Klima zu achten, sich darin auszubilden, wie es sich gestalten lässt (denn dies gehört zu den Wundern, *dass* dergleichen sich gestalten lässt und dass man lernen kann, derlei zu gestalten), damit Störungen gar nicht erst entstehen müssen, das ist die Aufgabe. [...]

Zur Störungsprophylaxe gehört auch, dass man nicht durch »self-fulfilling prophecy« die Aggression herbeiredet, indem man glaubt, ein produktiver Gruppenprozess verlange in irgendeiner Phase nach einem aggressiven Ausbruch und Auseinandersetzung. Ich halte das für einen Aberglauben – entgegen vielem, was darüber immer wieder in TZI-Kreisen geglaubt und geschrieben wird.[3] Ein Arbeitsprozess kann durchaus ohne wesentliche Störungen ablaufen, wenn er die Anliegen der Teilnehmenden genügend aufnimmt, ihnen die Beachtung ihrer Wichtigkeit in Interaktion, Strukturierung und thematischer Disposition zu spüren gibt; er *kann,* aber er *muss* nicht bis in aggressive Dimensionen hinunterführen. In persönlichen Themenzusammenhängen (wie therapeutischen und Selbsterfahrungsgruppen) werden Aggressivität und Störungen willkommene und eher notwendige, jedenfalls zu betonende und ggf. zu provozierende Elemente sein, die zur Wahrheit des Themas und zur Bewährung der Chairpersonship unweigerlich hinzugehören – aber dann, wenn sie dran sind oder die Leitung sie als Thema setzt, nicht wenn eine »Phase« dran wäre. In sachlich-thematischen Gruppen *kann* dies auch geschehen, *muss* es aber nicht und ist – schon im Blick auf die zeitlichen Begrenzungen von Arbeits- oder Lerngruppen – nur bedingt wünschenswert. Die Entwicklung der eigenen Chairperson muss in Sach- und Lerngruppen nicht bis in die Fokussierung und Durcharbeitung von Störungen gehen; hier genügt ihre Bearbeitung zur Wiederherstellung der Arbeitsfähigkeit. Ohne Störung hingegeben am Thema zu arbeiten, ist auch eine sinnvolle – nur eben andere – Zielsetzung. Auch und gerade diese möchte die TZI in den einschlägigen Arbeitsbereichen fördern und ermöglichen. Also: die Aggression willkommen heißen, aber nicht überbewerten. Die Störungsprävention durch ein Vertrauen schaffendes Gruppenklima gehört ganz wesentlich zum Bild und zur Handhabung des Störungssatzes

---

3 Zu R. Cohns Haltung zu Gruppenphasen s. Cohn u. a., 1994, S. 193 ff., hier speziell S. 215 ff., S. 227 ff., und zur allgemeinen Diskussion Klemmer, 2009, S. 204 ff.

hinzu. Für sich genommen kann das Störungspostulat für alle, die Lern- und Sachgruppen leiten, leicht etwas Bedrohliches, weil vom Thema Abführendes bekommen. Sieht man es aber in der erweiterten Doppelformulierung von »passionate involvements *and disturbances*« sowie im Rahmen aller anderen TZI-Annahmen der Balance der sachlich-thematischen *und menschlich-persön-lichen Aspekte,* dann wird es zu einem ganz organischen und produktiv ein-gerahmten Element, das man nicht fürchten muss, wenn man bereit ist, die *jeweils möglichen kleinen* Schritte in Richtung auf die dynamische Balance von sachlich-thematischer und menschlich-persönlicher Seite im Prozess zu gehen, die ohnehin – außer der Förderung der Chairperson – das Hauptarbeitsanliegen der TZI ist.

Mit all diesem soll deutlich werden, dass der nur isolierte Satz vom »Vor-rang der Störungen« Schwierigkeiten und Angst machen kann. Entzerrt man das Störungspostulat aber durch den atmosphärischen Kontext, in dem es in einem menschenfreundlichen, Chairperson-unterstützenden Gruppenprozess – längst vor Konstellierung einer akuten Störung – steht, dann ist es – speziell in der Doppelformulierung der »leidenschaftlichen Involviertheiten [Wichtig-keiten, Betroffenheiten] *und* Störungen« – nur eine Erinnerung an die (allermeist doch gewollte und akzeptierte!) Intention der interaktionellen Beteiligung und menschlichen Wichtigkeit im Prozess von Themen- und Arbeitsgruppen und eine reine Hilfe. Viel Vergnügen! Es lohnt sich!

Literatur

Cohn, R. (1974). Das Themenzentrierte Interaktionelle System. Gruppendynamik. Zeitschrift für angewandte Sozialpsychologie, 5 (3), 150–159.
Cohn, R., Herrmann, H., Kroeger, M. (1994). TZI und Aggression – ein Gespräch. In E. Arndt, C. Büttner, R. Cohn, H. Herrmann, M. Kroeger, H. Neubert, A. Overbeck, H. Raguse, M. Schraut, K.-V. Schütz, C. Wagner, Aggression in Gruppen (S. 193–268), Mainz: Grünewald.
Hoffmann, S. (2009). Störungspostulat. In M. Schneider-Landolf, J. Spielmann, W. Zitterbarth (Hrsg.), Handbuch Themenzentrierte Interaktion (S. 101–106). Göttingen: Vandenhoeck & Ruprecht.
Klemmer, G. (2009). Phasenmodelle. In M. Schneider-Landolf, J. Spielmann, W. Zitterbarth (Hrsg.), Handbuch Themenzentrierte Interaktion (S. 201–206). Göttingen: Vandenhoeck & Ruprecht.
Kroeger, M. (1974/1985). Profile der Themenzentrierten Interaktion. In I. Amann, R. Birmelin, R. Cohn, D. Funke, M. Kroeger, B. Langmaack, P. Matzdorf, E. Miescher, A. Ockel, B. v. Platho, G. Quast, H. Reiser, K.-H. Wrage (Hrsg.), Erfahrungen lebendigen Lernens. Grundlagen und Arbeitsfelder der TZI (S. 23–47). Mainz: Grünewald.
Schneider-Landolf, M., Spielmann, J., Zitterbarth, W. (Hrsg.) (2009). Handbuch Themenzentrierte Interaktion. Göttingen: Vandenhoeck & Ruprecht.

Angelika Rubner

Über die Wechselwirkung zwischen der Rolle des Einzelnen, der Gegenübertragung des Leiters und dem Prozess der Gruppe[1]

Ruth Cohn war von ihrer Profession her Psychoanalytikerin. Als Jüdin in die USA emigriert, erweiterte sich ihre Perspektive. In ihrem Buch »Von der Psychoanalyse zur Themenzentrierten Interaktion« und in ihrem gemeinsam mit Alfred Farau verfassten Werk »Gelebte Geschichte der Psychotherapie. Zwei Perspektiven« wird die Hinwendung zum Menschenbild der Humanistischen Psychologie deutlich. Sie integriert in ihr Modell die Instrumente der Psychoanalyse, die für das Wachstum Einzelner in Gruppen hilfreich sein können. In ihrem Satz »Die Couch ist zu klein« wird diese Abkehr von der Arbeit mit Einzelnen und die Hinwendung zur Arbeit mit Gruppen deutlich, wenn Menschen sich entwickeln wollen.

Im folgenden Text setzt sich Angelika Rubner, Psychoanalytikerin und TZI-Graduierte, u. a. mit den Fragen auseinander: Wie nutze ich psychoanalytisches Instrumentarium für die Leitung von Gruppen im Sinne einer humanistischen Ausrichtung? Welche Wechselwirkung besteht zwischen Leitung, Leitungsinterventionen und Teilnehmenden? Der Artikel von Angelika Rubner gibt einen Einblick in die eigene Praxis als Leiterin. Sie entwickelt anhand eines authentischen Falls, wie wichtig das Wissen um Übertragung, um Entwicklungsphasen von Gruppen und um die »Fallen« in der eigenen Person ist, wenn man erfolgreich mit »Widerstand« umgehen will. Sie zeigt auf, wie nach der Analyse des Ist-Zustands Themen und Strukturen gesetzt werden können, um die Entwicklung von Autonomie und Kohäsion zu fördern. Der Artikel ist ein Beispiel dafür, wie man über die eigene Leitungsrolle nachdenken, psychoanalytisches Wissen nutzen und somit schwierige Situationen analysieren kann.

Am Abend des zweiten Tages eines Persönlichkeitskurses, der bis dahin problemlos verlaufen war, entwickelte sich eine Krise, deren Auslöser eine kleine Fehlleistung von mir gewesen ist. Wenn ich sage, dass sich der Kurs bis dahin problemlos gestaltet hatte, dann meine ich, dass die erste Phase, nämlich die der Orientierung und des Sich-Annäherns, intensiv durchlebt worden war. Die Teil-

1 Aus: Themenzentrierte Interaktion, 1993, 2, S. 54–66.

nehmer hatten sich so weit aneinander angenähert, dass die anfangs bestehenden Gefühle von Fremdheit, von Misstrauen und Angst so weit bearbeitet waren, dass jetzt eine lebendige Kommunikation in Gang gekommen war. Jeder hatte sich vorgestellt, Kontakte zu Einzelnen und zur Gruppe gewonnen, seinen persönlichen Bezug zum Oberthema dargestellt und die anfangs sehr leiterzentrierten Äußerungen waren in einer lebendigen Interaktion zwischen den Mitgliedern aufgehoben. Diese Interaktionen waren vor allem dadurch gekennzeichnet, dass viel Einfühlung, Hilfsbereitschaft und Interesse aneinander bekundet wurde.

Mir – als der Leiterin – gegenüber herrschten Gefühle vor, die eine Teilnehmerin mit folgenden Worten zusammenfasste: »Ich bin sehr froh, gerade bei dir zu sein, du bist fachlich außerordentlich kompetent, du strahlst Wärme und Akzeptanz aus und du bist in der Lage, jeden Einzelnen hier zu sehen und ihm das zu geben, was er braucht.« Dieses öffentlich geäußerte Feedback wurde durch Zustimmungsäußerungen der anderen Gruppenmitglieder bekräftigt – abgesehen von einem männlichen Teilnehmer, nennen wir ihn »Fritz«, der daraufhin sein Missfallen – allerdings vorerst nur nonverbal – ausdrückte. Er rollte die Augen zum Himmel, rutschte in seinem Sessel tiefer und blickte gelangweilt zum Fenster hinaus. Dieses Verhalten von »Fritz« überraschte mich zunächst insofern, als er schon einmal bei mir auf einem Kurs gewesen war und sich damals sehr zufrieden, ich möchte sagen beinahe enthusiastisch, über mich geäußert hatte und sich zu diesem Kurs weniger des Themas als vielmehr meinetwegen angemeldet hatte. Sein bisheriges Verhalten in diesem Kurs unterschied sich nach meiner Wahrnehmung allerdings noch in weiteren Merkmalen von dem im letzten Kurs gezeigten. Ich hatte ihn damals als lebendig, kooperativ und gut in die Gruppe integriert erlebt. Diesmal war er still, beinahe teilnahmslos. Er hatte sich bisher nie auf die anderen bezogen und diese auch nicht auf ihn.

Diese Rolle änderte sich schlagartig an dem genannten Abend des zweiten Kurstages. Der Auslöser dafür war folgende Tatsache: Es sollte in vier Kleingruppen an einer bestimmten Thematik gearbeitet werden. Beim Ansagen der hierfür zur Verfügung stehenden Gruppenräume vergaß ich eine Gruppe und deren Raum zu nennen. Ich sagte nur drei an, eine Tatsache, die – objektiv gesehen – unerheblich war, weil wir schon zweimal in Vierer-Gruppen gearbeitet hatten und damit die Gruppenräume bekannt waren. Dennoch war es diese Tatsache, die »Fritz« im an die Kleingruppenarbeit anschließenden Plenum zum »Platzen« brachte. Er äußerte, dass er vor lauter Ärger über diese offensichtliche Missachtung seiner Kleingruppe und damit auch seiner Person kaum hätte arbeiten können, dass er überhaupt äußerst enttäuscht über den bisherigen Kursverlauf und vor allem über mich sei. Er sei ganz bewusst wieder zu mir gekommen, bei der er seinen ersten TZI-Kurs gemacht und bei der er damals viel über sich selbst erfahren habe. In der Zwischenzeit habe er auch bei zwei anderen Graduierten Kurse gemacht, die ihn aber derart enttäuscht hätten, dass er seine ursprüngliche Absicht, die TZI-Ausbildung zu absolvieren, wohl wieder aufgeben werde. Ich sei sozusagen seine letzte Hoffnung gewesen, die er aber auch jetzt schwinden sehe. Dies sei wohl sein letzter TZI-Kurs bzw. er werde, falls dies so weitergehe wie bisher, morgen abfahren. Auf meine Rückfrage, was ihn denn so enttäuscht habe, äußerte er, dass er mit einem ganz speziellen Problem, nämlich seiner Vaterproblematik, hier angereist sei. Diesbezüglich sei er bis jetzt keinen Zentimeter weitergekommen. Ich hätte bisher nicht einmal wahrgenommen, dass es ihm um dieses gehe, geschweige denn, dass ich ihm in irgendeiner Weise bei dieser Problematik weitergeholfen hätte. Im Übrigen fühle er sich insgesamt sehr unwohl in dieser Gruppe, was sowohl an deren Zusammensetzung, aber doch vor allem an mir liege, die ich es nicht verstehen würde, eine Atmosphäre von Vertrauen und Offenheit zu schaffen.

Ein bis dahin bestehendes Tabu, nämlich, dass man soziale Konventionen einhalten und sich gegenseitig schonen sollte (um selbst geschont zu werden), war gebrochen. Das bislang vorherrschende Klima von Freundlichkeit, von Abhängigkeit und Anteilnahme veränderte sich. Man äußerte – zwar noch zögernd, jedoch unüberhörbar – Kritik und Ärger nicht nur gegenüber den Leitern, sondern auch gegenüber anderen Teilnehmern. Die zu diesem Zeitpunkt von Einzelnen geäußerten Gefühle von Zufriedenheit und von Hoffnung in Bezug auf den weiteren Kursverlauf wurden entweder kaum wahrgenommen oder – vor allem von »Fritz« – aufgegriffen, verspottet und entwertet. »Fritz«, der bisher eher ein Schattendasein geführt hatte, entpuppte sich in dieser Phase des Gruppenprozesses als Führer. Er stand plötzlich im Zentrum des Geschehens: Entweder folgte man ihm oder man setzte sich ihm gegenüber ab und bekämpfte ihn. Sein Verhalten des Kritikübens und Ärgerausdrückens machte Schule.

Parallel zur Veränderung seiner Rolle änderte sich auch die meine: Ich war nicht mehr die, der man vertrauensvoll bzw. zumindest widerspruchslos folgte, und ich war auch nicht mehr in der Rolle der guten, idealisierten, omnipotenten, alle gleichermaßen ernährenden Mutter. Diese Hoffnungen hatte ich enttäuscht, meine Fehlleistung war ein Symbol dafür, deshalb entzündeten sich genau an dieser Stelle die Gemüter. Die Rolle, die mir jetzt zugeschrieben wurde, war eher die der Versagenden. Der Versagenden im doppelten Sinne des Wortes: die, die versagt hat, indem sie als reale Person mit Grenzen und Schwächen sichtbar wurde, aber auch die, die gegenüber den Riesenansprüchen der Gruppe versagt hat. Wut und Angst tauchten entsprechend auf.

Den Veränderungen in der Art und der Beziehung der Teilnehmenden zueinander und zu mir entsprachen Veränderungen in meiner gefühlsmäßigen

Einstellung zur Gruppe und insbesondere zu »Fritz«. Als spontane Antwort
auf die mir entgegen gebrachten Einstellungen registrierte ich in mir ebenfalls
Gefühle von Enttäuschung, Aggression und Angst. Die Enttäuschung richtete
sich zunächst vor allem gegen »Fritz«, den ich in mir als pubertär, als unzuver-
lässig, ja als undankbar abklassifizierte. Meine Aggression äußerte sich in nicht
ausgesprochenen inneren Antworten, wie »Macht euren Dreck alleine« oder
»Wenn ihr hier bisher nicht zum Zuge gekommen seid, dann liegt es an euch
selbst, an eurer Zurückhaltung, an eurer Feigheit, daran, dass ihr nichts tun
wollt und ich alles machen soll«. In Bezug auf die Gruppe als Ganzes tauchten
Einfälle auf wie z. B. die, dass ich hier Perlen vor die Säue werfe und dass ich
am besten niemandem mehr vertrauen sollte. Meine Ängste hatten Inhalte wie
die, dass mich die Gruppe nicht mehr in meiner Leiterinnenrolle akzeptiere
und mich zum Sündenbock mache, dass der Kurs schon gelaufen sei und dass
mein Ruf als Graduierte auf dem Spiel stehen könne.

Natürlich äußerte ich diese, meine momentane Gegenübertragung nicht,
sondern gab sowohl durch mein Schweigen als auch durch Fragen und Aufforderungen weiteren Raum zum Äußern von Kritik und zum Austragen von
Konflikten.

Es waren mein Wissen um die Übertragung und um die notwendigen Entwicklungsphasen einer Gruppe, die mich an dieser Stelle nicht in Panik ver-
fallen ließen. Vielmehr konnte ich die Gesamtheit meiner Gefühlsreaktionen
und Phantasien als Hilfe zur Entschlüsselung sowohl des zentralen Anliegens
von »Fritz« als auch zur Erfassung der die Gruppe als Ganzes beherrschenden
Spannungen verstehen. In der sich an diese Sitzung anschließenden Leiter-
besprechung beschäftigten wir uns mit folgenden Fragen:

1. *Was sagt uns das von »Fritz« gezeigte Verhalten über seine Persönlichkeit und
   sein zentrales individuelles Problem?*
Beim Versuch zur Beantwortung der ersten Frage, zu der Frage nach der
zentralen Problematik von »Fritz«, waren uns sowohl meine Kenntnisse aus dem
ersten Kurs, den ich mit »Fritz« erlebt hatte, als auch unsere Gegenübertragungs-
Reaktionen hilfreich. Im ersten Kurs hatte »Fritz« seine übergroßen und
manchmal sogar unerträglichen Sehnsüchte nach Nähe und Abhängigkeit
artikuliert und agiert. Diese ließen sich lebensgeschichtlich auf frühe Ver-
sagungen in der Beziehung zu seiner Mutter und auf Repressionen durch seinen
Vater zurückführen. Im psychischen Feld der Übertragung wiederbelebte »Fritz«
die Gesamtheit seiner inneren und äußeren Erfahrungen. Die Beziehungen, die
er zu den anderen Teilnehmenden, insbesondere aber zu mir, aufnahm, stellten
eine Wiederholung von Wünschen, Ängsten, Gefühlen und Abwehrhaltungen

dar, die er früheren Bezugspersonen gegenüber erlebt hatte und die er im hic
et nunc der Gruppe mit den Gruppenmitgliedern und den Leitern, vor allem
mit mir, verknüpfte. Indem er seine maßlose Enttäuschung über mich ausdrückte, zeigte und verbarg er zugleich seine übergroße Erwartung an mich,
die ich ihn – unausgesprochen – verstehen und ihn mehr als alle anderen in der
Gruppe lieben und nähren sollte. Seine Enttäuschung und in deren Folge seine
Aggressionen schützten ihn vor seinen Wünschen nach Nähe und Abhängigkeit. Gegen deren Wiederauftauchen und die damit verbundenen Angst- und
Unlusterlebnisse wehrte er sich durch Reaktionsbildung, d. h. durch ihre Ver-
kehrung ins Gegenteil. Aus dem Wunsch nach Nähe wurde das Bedürfnis nach
Distanz und aus der Sehnsucht nach Abhängigkeit das forcierte Streben nach
Selbständigkeit. (Wie ambivalent diese Haltung war, zeigt sich an der Empfind-
lichkeit, mit der er auf die ausgebliebene Anweisung bezüglich des Gruppen-
raumes reagierte.) Gleichzeitig wiederholte er durch sein Verhalten alte Objekt-
beziehungsmuster und alte Verletzungen und Konflikte. Unbewusst suchte er
mich dazu zu provozieren, mich wie seine Mutter (indem ich ihn im Stich und
fallen ließ) bzw. wie sein Vater (indem ich ihn maßregelte und unterdrückte)
zu verhalten.

Im Übrigen stellte die in »Fritz« aktualisierte Beziehung zu mir auch eine
Projektion von eigenen Persönlichkeitsanteilen dar. D. h., dass die Konflikte, die
er mit mir, aber auch mit anderen Teilnehmenden, durchlebte, eine Veräußer-
lichung von Konflikten darstellte, die er mit sich selbst hatte. Die Entwertung
und Verspottung, die »Fritz« gegenüber den anderen zum Ausdruck brachte,
musste also auch als ein Ausdruck für den eigenen, inneren Umgang mit sich
selbst gesehen werden.

In der Übertragung, die bestimmt wird sowohl von den inneren Imagines
der Vergangenheit, die in der Gegenwart neu belebt werden, als auch von dem
aktuellen Beziehungsgeflecht im hic et nunc, also auch von den konkreten
Personen, die dieses Geflecht weben, geschieht also auch eine Rollenzuschreibung.

2. *Welche Rolle wollte mir »Fritz« in diesem Augenblick des Gruppenprozesses auf-*
   zwingen? Wie war in diesem Moment entsprechend meine Gegenübertragung?
Diese Rollenzuschreibung weckt in dem, an den sie gerichtet ist, den Impuls, sich
dieser Rolle entsprechend zu verhalten. Und damit sind wir bei der zweiten Frage,
bei der Frage nach der Rolle, die mir »Fritz« – auch im Auftrag der Gruppe – in
dieser Phase des Gruppenprozesses aufzwingen wollte. Meine Gegenübertragung
beschrieb mir diese genau: Ich war enttäuscht und verletzt, ich war wütend auf
ihn, ich fühlte mich von ihm entwertet und bedroht. Ich empfand also Gefühle,

die mit seinen auf mich gerichteten korrespondierten. Gleichzeitig spürte ich einen riesigen, unerfüllbaren Anspruch auf mich gerichtet. Alles in allem löste dies in mir den Impuls aus, ihn fallen lassen zu wollen, mich von ihm abzuwenden und ihn seinerseits zu kritisieren, in Frage zu stellen und abzuwerten – also letztlich das zu tun und zu wiederholen, was er seinerzeit mit seinen Eltern erlebt hatte.

Es war mir klar, dass ich diesen Impulsen unter keinen Umständen nachgeben durfte, vielmehr musste ich sie nutzen, um ihn und – pars pro toto – den gesamten Gruppenprozess zu verstehen.

Meine eigenen Aggressionen und Ängste waren nicht nur eine Antwort auf die momentan vorherrschenden Einstellungen, sondern sie waren auch ein Teil derselben. Auch ich erlebte, genau wie die übrigen Teilnehmenden – wenn auch mit etwas anderen Inhalten –, Enttäuschung, Wut und Furcht. Wenn ich den Gruppenprozess verstehen wollte, brauchte ich also nur auf meine eigenen Gefühle zurückzugreifen. Gleichzeitig musste ich aber auch der Tatsache Rechnung tragen, dass meine Gegenübertragung nicht nur eine Antwort auf die mir entgegengebrachten Einstellungen und Phantasien war, sondern auch die Folge von eigenen lebensgeschichtlich bedingten, unaufgelösten Ängsten, Wünschen und Konflikten. Ich machte mir an dieser Stelle wieder einmal klar, dass das aktuelle Gruppengeschehen für mich besonders bedrohlich war, weil es mein Bedürfnis, geliebt zu werden, ebenso in Frage stellte wie meine bisher erfolgreich angewandten Mittel zur Befriedigung dieser Bedürfnisse. Die Angst, zu versagen, bezog sich bei mir daher nicht nur auf meine Leiterinnenrolle und somit auf die Leistungsebene, sondern sie ging tiefer. Es war letztlich die Angst, dass meine libidinösen Wünsche (die mich auch beim Gruppenleiten bestimmen – dessen bin ich mir bewusst) nicht beantwortet werden würden, dass ich nicht geliebt, sondern entwertet werden könnte. Um konstruktiv mit meiner Gegenübertragung umgehen zu können, musste ich dreierlei tun:

- Ich musste mir erstens der Gefahren, die aus meinen eigenen intrapsychischen Fallen entstehen könnten, bewusst werden. Diese könnten – unreflektiert – dazu führen, dass ich mich in einer aggressiven oder ängstlichen Art und Weise zur Wehr setzen würde,
- zum Zweiten musste ich sie als Diagnostikum für den aktuellen, individuellen und gruppalen Prozess verwerten,
- und zum Dritten musste ich das, was aus der Vergangenheit stammt, trennen von dem, was zur Gegenwart gehört, und dem, was sich auf die Zukunft richtet. Die Gegenwart war von drei Faktoren bestimmt: einmal durch die in der Übertragung wiederbelebte Vergangenheit von »Fritz«, zum anderen durch meine Gegenübertragung und zum Dritten durch den aktuellen Gruppenprozess.

3. *Was war geschehen, dass »Fritz«, der bis dahin ein unauffälliger, stiller Mit-*
   läufer in der Gruppe war, plötzlich zum Führer wurde?

Es war der Gruppenprozess, der aus dem bis dahin von den anderen kaum
bemerkten Gruppenmitglied »Fritz« spontan den Führer werden ließ. Wie konnte
das geschehen? Die von »Fritz« ausgedrückten Ängste (vom Leiter nicht wahrgenommen zu werden und zu kurz zu kommen, in der Gruppe seinen Platz nicht
zu finden und von den anderen nicht anerkannt zu werden) und Aggressionen
waren Einstellungen, die die Gruppe als ganze um diese Zeit – teils bewusst, teils
unbewusst – beherrschten. »Fritz« war es, der sie aussprach, der sie interagierte
und somit zum Protagonisten und zum Sprachrohr für die Impulswelt wurde,
die die Gruppe momentan beherrschte. Da er aufgrund seiner Persönlichkeit und
seiner Lebensgeschichte Konflikte im Bereich der Abhängigkeit hatte und seine
Sehnsucht danach durch Reaktionsbildung überwunden hatte, war er zum Führer
in der Kampf- und Fluchtphase prädisponiert. Dadurch, dass er die emotionalen
Bedürfnisse und Phantasien der Gruppe internalisiert hatte, sie verkörperte und
symbolisierte, wurde er zum Führer. Er agierte gegenüber den Leitern Feindseligkeit und Misstrauen und gegenüber der Gruppe Rivalität und die Tendenz, sich
von ihr abzuheben, aus. Indem er die Leiter und die Gruppe dazu benutzte, alte
Konfliktsituationen wiederherzustellen, formte er *seinen* Mikrokosmos. Indem
er diese Konflikte äußerte, überschritt er die Grenzen seiner Persönlichkeit
und zwar in einem dreifachen Sinne: Zum einen machte er die Leiter und die
anderen Mitglieder zu Personifikationen von abgespaltenen Ich-Anteilen, zum
anderen hatte seine Problematik einen unmittelbaren Bezug zur momentanen
Problematik der Gruppe und zum Dritten handelte er unbewusst im Auftrag aller
Gruppenmitglieder. Dadurch, dass er bisher unbewusst gebliebene Prozesse zur
Sprache brachte, förderte er das Fortschreiten der Gruppenentwicklung. Seine
Position zeichnete sich durch Autoritätsgewinn und durch Rangerhöhung aus.
Man identifizierte sich mit ihm und man imitierte ihn. Gleichzeitig aber wurde
seine Position durch Rivalitäts- und Neidgefühle bedroht. Das Gemeinschaftsleben einer Gruppe bedingt ein Bezugssystem, ein »Netzwerk«, wie Foulkes
(1974) es ausdrückt, in dem jeder, der daran teilhat – in einem gewissen Sinne –
abhängig ist von den anderen. Das Verhalten und die Veränderung des einen
hat – via Interaktion – mittel- und unmittelbare Rückwirkungen auf die anderen
und auf das Bezugs- und Normensystem der Gruppe.

4. *Welche Art von Beziehungen suchte die Gruppe herzustellen, d. h. welche*
   emotionalen Bedürfnisse und Phantasien beherrschten die Gruppe?

Die große Resonanz und die emotionalen Reaktionen der Gruppenmitglieder
auf »Fritz« lieferten uns ebenso wie das Registrieren unserer Gegenübertragung

einen Schlüssel zum Verständnis des momentanen Gruppenprozesses. Auf der phänomenologischen Ebene war dieser gekennzeichnet durch Machtkämpfe zwischen den Teilnehmenden untereinander und den Teilnehmenden und den Leitenden. Autonomiebestrebungen und Positionskämpfe beherrschten das Feld. Die den Einzelnen zum Teil bewusst, zum Teil unbewusst beherrschenden Phantasien und Ängste waren die, nicht genug zu bekommen, keinen Platz in dieser Gruppe zu finden, übersehen zu werden, unterzugehen oder gar untergebuttert zu werden. Zur Abwehr dieser Ängste dienten die Positions- und Rangkämpfe.

Die Frustration des universellen Wunsches, der Liebling der Leiterin zu sein, der die vorausgegangene Phase der Orientierung und Abhängigkeit bestimmt hatte, hatte ebenso wie die Erkenntnis, dass die Leiterin nicht allmächtig und omnipotent war, den Gruppenprozess vorangetrieben. Im Moment befanden wir uns an einer Übergangsstelle: Die Illusion der Omnipotenz konnte nicht mehr länger aufrechterhalten werden, die ausgesprochene Forderung nach Gleichheit, danach, dass alle gleich behandelt werden und gleich viel bekommen sollten, stand im Widerspruch zum Betonen und Hervorheben der Unterschiedlichkeit und der Individualität Einzelner. Ein alle verbindender Gruppengeist und ein Zusammengehörigkeitsgefühl waren noch nicht geboren. Dies konnte erst dann geschehen, wenn jeder seine Position und seine Selbständigkeit inmitten seiner Abhängigkeiten in dieser Gruppe gefunden hatte.

5. *Welche Themen und Strukturen müssen wir setzen, um die Entwicklung von Autonomie und Kohäsion zu fördern?*

Die Analyse der gesamten Situation war es, die uns eine Antwort auf die fünfte Frage finden ließ, auf die Frage nach den jetzt anstehenden Themen und Strukturen. Diese sollten sowohl eine Konzentration auf das hic et nunc als auch eine Klärung und Fortschreibung des Gruppenprozesses ermöglichen. Das die Gruppe z. Zt. beherrschende Thema war das der Rivalität, dem entsprach beim Einzelnen das Suchen nach seiner momentanen Identität und nach seinen Möglichkeiten, sich zu behaupten und Macht auszuüben. In Bezug auf die Leitung stand die Frage nach deren persönlicher und fachlicher Kompetenz im Raum. Erst wenn alle diese Fragen geklärt waren, konnte der Gruppenprozess in Richtung von Autonomie, Kohäsion und Kooperation voranschreiten bzw. das Voranschreiten des Prozesses bestand in der Klärung genau dieser Fragen.

Um diese zu ermöglichen, wählten wir eine geführte Imagination, das »Auto-rennen«[2] nämlich, für die nächste Sitzung.

Diese aus dem sich entwickelnden Gruppenprozess entstandene Gesamt-gruppenintervention war es, die nun ihrerseits wiederum auf den Gruppen-prozess einwirkte und ihn vorantrieb. Sie tat dies aus mehreren Gründen:

- Einmal stellte das Symbol des Autos (als Metapher für das eigene Selbst) eine Art Momentaufnahme für die eigene gegenwärtige Befindlichkeit dar;
- zum anderen, weil sie es ermöglichte, dass sowohl libidinöse wie aggressive Gefühle zu Einzelnen bewusst und ausgetragen werden konnten;
- zum Dritten trug sie durch »konsensuelle Validierung« (Yalom, 1989) und durch vermehrte Transparenz zur Auflösung der Übertragung bei und
- zum Vierten stellte die spielerische Phantasieübung des »Autorennens«, die die Gruppe als Ganzes zum Inhalt hatte, ein gemeinsames entweder lust- oder unlustvolles Gesamtgruppenerlebnis dar, das geeignet war, bestehende Rivalitätssituationen transparent und damit auch bearbeitbar zu machen.

Bisher habe ich versucht, die Wechselwirkung zwischen der Rolle des Einzel-nen, der Gegenübertragung des Leiters und dem Prozess der Gruppe als einen dialektischen Prozess darzustellen. Dabei wurde klar, dass die Rolle des Einzel-nen keine ein für alle Mal festgelegte ist, sondern dass sie bestimmt und ver-ändert wird durch die komplexe Gesamtsituation des Gruppengeschehens. Und umgekehrt bestimmt und verändert die Rolle des Einzelnen dieses Gruppen-geschehen, an dem nicht nur die einzelnen Gruppenmitglieder, sondern auch der Leiter mit seiner Persönlichkeit und seinem sich jeweils verändernden Anliegen beteiligt ist. Und umgekehrt verändert sich dieses Anliegen je nach dem Gruppenprozess und den individuellen, auf ihn gerichteten Über-tragungen.

Obwohl die Rolle der Leiterin demnach eine ist, die sich in einer ständigen Metamorphose im Gruppenprozess befindet, gibt es doch bestimmte gleich-bleibende Aufgaben. Diese möchte ich abschließend noch einmal zusammen-fassen, weil es letztlich das Verhalten und der Führungsstil der Leitung sind, die die geschilderte Dialektik wirksam werden lassen und einen lebendigen Gruppenprozess in Gang bringen.

---

2 Die geführte Imagination des »Autorennens« dient dazu, den Erlebnisbrennpunkt auf das momentane Konkurrenzverhältnis zu richten. Die Teilnehmer werden – nach einer kurzen Entspannung – aufgefordert, sich in ihrer Vorstellung auf einen Rennplatz für Autorennen zu begeben, sich einen Rennwagen, mit dem sie fahren werden, auszusuchen und sich mit diesem an die Startlinie zu begeben. Im Folgenden soll sich jedes Mitglied den konkreten Ablauf des Rennens vorstellen (nach K. W. Vopel, 1974).

Der TZI-Leiter hat folgende Grundaufgaben:

1. Er muss den Rahmen schaffen, innerhalb dessen sich eine Gruppe zusammenfinden kann, d. h., er muss ein Thema anbieten und die raumzeitlichen Gegebenheiten für das Zusammenkommen und -bleiben der Gruppe schaffen.
2. Er muss eine Gruppenkultur schaffen, indem er die Aufrichtigkeit und die Spontaneität des Ausdrucks und die Interaktionen fördert. Es sind seine expliziten und impliziten Weisungen, die – vor allem am Beginn einer Gruppe – zu bestimmten Gruppennormen führen.
3. Er muss ein Modell abgeben für das vorurteilslose Annehmen und Einschätzen der Stärken und Schwächen, für interpersonale Ehrlichkeit und Spontaneität, für Verantwortlichkeit und angemessene Offenheit bzw. Zurückhaltung.
4. Er muss die Voraussetzungen für die Klärung und Aktivierung des hic et nunc schaffen – und dies bedeutet, dass er
   a) auf der Erlebensebene Erlebnisse und Erfahrungen ermöglicht,
   b) auf der kognitiven Ebene zu einer Integration des Erlebens und einer Klärung des abgelaufenen Prozesses führt (u. a. auch durch Prozesskommentare).
5. Er muss die Entwicklung der Autonomie des Einzelnen und der Kohäsion der Gruppe fördern.

Alle diese Aufgaben bedeuten, dass er in der Ausgestaltung seiner Rolle flexibel sein muss. Die Formen der Führung ändern sich je nach dem Entwicklungsstand der Gruppe: Was in einer bestimmten Phase angebracht ist, ist in einer anderen total falsch (so kann z. B. das Zugeben von eigenen Mängeln und Schwächen ein wichtiger Bestandteil zur Auflösung von Übertragungen und zur Realitätsprüfung sein. Wenn dies aber zu Beginn einer Gruppe geschieht, dann weckt dies große Ängste). Aus der Sicht der Teilnehmenden soll die Leitung sowohl menschlich wie übermenschlich sein. Indem sie beide Rollen annimmt, muss sie zu ihrer Überwindung beitragen.

Ich habe versucht, die Wechselwirkung zwischen der Rolle des Einzelnen, der Gegenübertragung des Leiters und den Phasen des Gruppenprozesses an einem Beispiel aus der Praxis aufzuzeigen. Im Folgenden möchte ich diesen Wirkungszusammenhang schematisch darstellen und theoretisch erklären. Dabei werde ich nicht nur eine Definition der verwendeten Begriffe geben, sondern auch die »Vehikel« aufführen, mittels derer die wechselseitige Beeinflussung zwischen den drei genannten Aspekten des Gesamtprozesses geschieht.

Das nachstehende Dreieck (s. Abbildung 4) stellt ein Modell dar, das dazu dienen soll, einen komplexen Sachverhalt aus einem unüberschaubaren Netz von Beziehungen herauszulösen, um ihn kontrollierbar und gedanklich überschaubar zu machen.

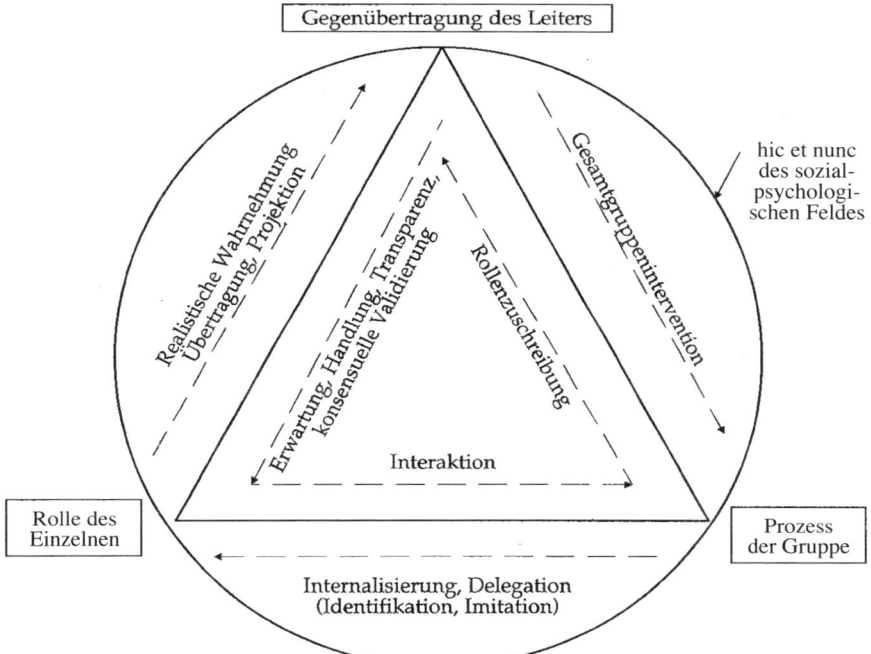

Abbildung 4: Modell der Wechselwirkung zwischen der Rolle des Einzelnen, der Gegenübertragung des Leiters und den Phasen des Gruppenprozesses

»*hic et nunc*« = Feldkräfte der unmittelbaren Gegenwart, die aber auch bestimmt wird durch Faktoren aus der Vergangenheit und durch in die Zukunft gerichtete Vektoren.
»*Sozial-psychologisches Feld*« = dynamische Ganzheit, d. h., dass die Veränderung im Zustand eines Teils den Zustand jedes anderen Teils verändert.
»*Interaktion*« = wechselseitige Beeinflussung der Verhaltensweisen durch Aktionen und Reaktionen. Es geht um die individuelle Struktur und Funktion von sozialen Verhaltensweisen in ihrer Abhängigkeit von den Bedingungen des gesamten sozialen Systems.
»*Konsensuelle Validierung*« = Vergleich der eigenen interpersonalen Urteile mit denen von anderen (Sullivan).
»*Handlung*« = Klärung, Konfrontation, Auseinandersetzung, Deutung.
»*Übertragung*« = Verschiebung von Gefühlen von einem früheren auf ein aktuelles Objekt, meint die Fähigkeit des Individuums, nach – durch frühere Erfahrungen – vorbestimmter Art und Weise Beziehungen mit anderen Individuen aufzunehmen.
»*Projektion*« = eigene Persönlichkeitsanteile (Gefühle, Wünsche, Teilobjekte), die man in sich selbst ablehnt oder ausschließt, werden im anderen lokalisiert, auf ihn projiziert.
»*Internalisierung*« = Verinnerlichung, Einverleibung.

»Identifikation« = Assimilierung eines Aspekts, einer Eigenschaft oder eines Attributs des anderen, Einfühlung, »seelische Ansteckung«.

»Rolle«
Definition = Gesamtheit der Verhaltensweisen eines Individuums, das eine bestimmte Position in einer Gruppe innehat/Gesamtheit der Vorstellungen in Bezug auf das Tun dessen, der einen bestimmten Status innehat.
Keine Rolle existiert isoliert, zu jeder Rolle gehört eine Gegenrolle, so dass eine Rolle letztlich nur im Rahmen der sozialen Interaktionen zu bestimmen ist. Die Rollen unterscheiden sich nach ihrer Funktion im gesamten sozialpsychologischen Feld und nach den an sie gebundenen Werten. Die Rolle hat jeweils den höchsten Wert, die der Aufrechterhaltung der spezifischen Gruppenordnung und der vorherrschenden Gruppennorm dient (»Gruppennorm« = gemeinsames Bezugssystem, das aus der Interaktion entsteht und Interaktion ermöglicht). Der Inhaber dieser Rolle ist jeweils der Führer der Gruppe. Sie wird bestimmt durch
– die Veranlagung, die Lebensgeschichte und die Persönlichkeitsstruktur des Einzelnen,
– die Gesamtheit der Vorstellungen der übrigen Gruppenmitglieder, die sich auf das Tun des Inhabers einer bestimmten Position richten,
– durch die Erwartungen und Handlungen des Gruppenleiters.

Umgekehrt prägt die übernommene Rolle die Persönlichkeit, nimmt sie – via Interaktion – Einfluss auf den Gruppenprozess und gestaltet sie – via Übertragung – die Beziehung zum Gruppenleiter.

»Gegenübertragung«
Definition = Gesamtheit aller bewussten und unbewussten Haltungen und Einstellungen des Gruppenleiters gegenüber dem Einzelnen und der Gruppe als Ganzes. Sie wird bestimmt durch
– die Übertragungen des Einzelnen,
– die Rollenzuschreibung durch die Gruppe,
– die eigene Lebensgeschichte und eigene ungelöste Konflikte.

Umgekehrt verändert die jeweilige Gegenübertragung – via Handlung – die Rolle des Einzelnen und – via Gesamtgruppeninterventionen – den Gruppenprozess.

»Gruppenprozess«
Definition = Bewegung und Entwicklung der Einstellungen und des interpersonalen Kräftespiels einer Gruppe, d. h., dass qualitativ neue Strukturen und neue Motive durch die Aufhebung der alten erworben werden.
Der momentane Gruppenprozess lässt sich ablesen an der Art und dem Wesen der Beziehungen zwischen den miteinander interagierenden Gruppenmitgliedern. Er wird bestimmt durch
– das einzelne Individuum, das seine bisherigen, persönlichen Gruppenerfahrungen einbringt und sich am Modell seiner früheren Sozialbeziehungen orientiert,
– das interpersonale Kräftespiel, das angetrieben wird durch konstruktive und destruktive Sozialtendenzen, durch das Streben nach Nähe und Zugehörigkeit und die gleichzeitig auftretende Furcht vor zerstörerischer Abhängigkeit,
– die Gesamtgruppeninterventionen der Leitung; diese dienen dazu, Hindernisse aus dem Weg zu räumen, Prozesse zu klären und die Entwicklung der Gruppe zu fördern. Sie tun dies, indem sie der Wechselbeziehung von emotionalen und interpersonalen Prozessen auf der einen Seite und rational-themenbezogenen Vorgängen auf der anderen Rechnung tragen.

Umgekehrt wirkt der Gruppenprozess – via Internalisierung – auf die Rolle des Einzelnen und beeinflusst – via Rollenzuschreibung an die Leitung – dessen Gegenübertragung.

Literatur

Bion, W. (1971). Erfahrungen in Gruppen und andere Schriften. Stuttgart: Klett-Cotta.

Grinberg, L., Langer, M., Rodrigue, E. (1974). Psychoanalytische Gruppentherapie. In W. Kemper (Hrsg.), Geist und Psyche. München.

Foulkes, S. H. (1974). Gruppenanalytische Psychotherapie. München: Dietmar Klotz.

Racker, H. (1978). Übertragung und Gegenübertragung. Studien zur psychoanalytischen Technik. München: Reinhardt.

Rubner, A., Rubner, E. (1991). Entwicklungsphasen einer Gruppe. Themenzentrierte Interaktion, 5 (2), 34–48.

Thomä, H., Kächele, H. (1986). Lehrbuch der psychoanalytischen Therapie I. Grundlagen. Berlin: Springer.

Vopel, K. W. (1974). Interaktionsspiele. Lebendiges Lehren und Lernen. Bd. 2. Salzhausen: Iskopress.

Yalom, I. D. (1989). Theorie und Praxis der Gruppenpsychotherapie. München: Klett-Cotta.

Elfi Stollberg und Gerhard Härle

Über das Beenden von Gruppen[1]

Anfänge in TZI-Seminaren und -Sitzungen werden in der Regel mit einem Ritual gestaltet, wie z. B. mit der von Ruth Cohn eingeführten Blitzlichtrunde. Den inhalt-lichen Beginn bildet meist das ausformulierte Thema. Anfänge werden beachtet, über das Ende ist bisher kaum etwas in der Literatur zu finden.

Elfi Stollberg und Gerhard Härle beleuchten das Beenden von Gruppen von vielen verschiedenen Seiten. Psychologische Aspekte werden erläutert, dabei die Fachbegriffe wie Widerstand, Vermeidung und Übertragung und Gegenübertragung erklärt. Ein besonderes Augenmerk legen die Autoren auf die Beachtung der Zeit-struktur am Ende einer Sitzung oder am Ende eines Seminars. Auch die Gestaltung der Übergänge von einer Sitzung zur anderen und in den Alltag am Ende eines längeren Seminars wird thematisiert.

Vorbemerkung

> *»Verehrtes Publikum, los, such dir selbst den Schluss!*
> *Es muss ein guter sein, muss, muss, muss!«*
> Bertolt Brecht (Der gute Mensch von Sezuan, 1953)

Im Epilog seines Stückes »Der gute Mensch von Sezuan« formuliert Bertolt Brecht (1953) einen provokanten Stoßseufzer, den gewiss mancher Gruppenleiter und manche Gruppenleiterin, vielleicht mit weniger Ironie, aber mit derselben Inbrunst ausstoßen könnte. Nichts weiß der Dramatiker besser, als dass es auf einen guten Schluss ankommt, auf das berühmte *Happy End*, damit donnernder Applaus losbrechen kann. Aber ihm selber fällt nichts ein, wie er sein Publikum

---

1 Aus: Themenzentrierte Interaktion, 1989, 1, S. 72–83.

zu guter Letzt *happy* machen könnte: Der Vorhang fällt, und alle Fragen offen. Die Analogie zur Situation eines TZI-Gruppenleiters liegt auf der Hand.[2]

Das Ende lässt sich nicht immer so phantasievoll gestalten und abrunden, wie wir das gern hätten, und dann ist die Verzweiflung groß. Denn was das *Happy End* angeht – wer wollte sich schon so unglaublich bescheiden geben und behaupten, dass sie oder er auf »Applaus« am Ende eines Kurses verzichten kann (wie auch immer Applaus dann definiert sein mag). Gerade weil uns dieser narzisstische Aspekt so selbstverständlich und evident erschien, waren wir erstaunt, als wir nur wenig Literatur zum Thema »Beenden von Gruppen« entdeckten, in der dann überdies oft nur sehr nebenbei vom Ende gehandelt wird. Aber möglicherweise ist das ja gar nicht so erstaunlich. Wir haben in den vergangenen Jahren einige TZI-Methodenkurse miteinander geleitet und dabei an uns selber und an den Teilnehmern beobachtet, welch starkes Tabu auf dem Ende liegen kann. Ein Tabu, das in doppelter Weise wirksam wird: Zum einen kann es wirksam werden in der Verdrängung des Endes, zum anderen im Zwang, das Ende nun noch vollzupacken mit all dem Unerledigtem, Unbefriedigtem, Versäumten – es muss ein guter Schluss sein, muss, muss, muss! Aus unserer Beschäftigung damit und aus unserer Auseinandersetzung mit der TZI-Literatur zum Thema sind die hier notierten Überlegungen entstanden. Wir verstehen sie als Anregungen und als Grundlage zu einer weiterführenden Diskussion, die unseres Erachtens in der TZI-Arbeit (z. B. in der Ausbildung, in methodischen Handreichungen) bisher zu kurz gekommen ist.

Zur thematischen Literatur

An Literatur über Gruppenarbeit herrscht zurzeit gewiss kein Mangel, eher schon kann einem der Boom an Lebenshilfe-Büchern Sorgen machen. Hätten wir sie alle gelesen, so könnten wir unsere Existenzängste und Kompetenzprobleme über Bord werfen, versichert man uns. Da nun so vieles bedacht und kontrovers diskutiert wird, ist es schon auffällig, dass nur wenige Autoren gerade die Endphase der Arbeit mit Gruppen, das Abrunden und Abschiednehmen, erörtern oder in Praxisberichten darstellen. Im Zentrum des Interesses stehen die Initialphasen von Gruppen und deren Verlaufsdynamik mit ihren Höhen und Tiefen. Motivations- und Interventionsmöglichkeiten sowie das

---

2 Wir sind uns des sprachlichen Problems der maskulinen Dominanz im Deutschen wohl bewusst. Da sie jedoch Abbild der gesellschaftlichen Realität ist, nicht deren Ursache, begnügen wir uns hier damit, das Problem anzusprechen, ohne es fortgesetzt durch hydraköpfige Formulierungen (er/sie, Leiter/-in, TeilnehmerIn, mann/frau etc.) lösen zu wollen.

»Krisenmanagement« werden farbig beschrieben und klug kommentiert, aber das Ende, so schien es manchmal, findet nicht statt. Wir erfahren höchstens, dass es in Analogie zum Beginn behutsam und bewusst gestaltet werden sollte (Knowles, 1971, Belz, 1988).

Bei diesem Befund stellt das Buch von Barbara Langmaack und Michael Braune-Krickau (1985) eine erwähnenswerte Ausnahme dar. Zwar setzt auch hier der Titel schon einen deutlichen Schwerpunkt: »Wie die Gruppe *laufen* lernt«, mit dem das Autorenteam signalisiert, das eigentliche Problem der Gruppenarbeit liege im »Anleiern«, im Anstoßen, nicht im Beenden von Gruppenprozessen. Doch trotz der berechtigten Pointierung des Blickwinkels widmen Langmaack und Braune-Krickau der Endphase von Gruppen ein Kapitel: »Einlaufen und Anlegen: Die Planung und Gestaltung der Endphase« (S. 175–188). Dort resümieren auch sie die Erfahrung, wie sehr das Beenden von Gruppenarbeit »darunter (leidet), dass wir Aufbau und Entwicklung als positiv, kreativ und energievoll erleben, Ende und Auflösung dagegen als vereinsamend, belastend und mit einem Gefühl von Verlust umgeben« (S. 175). Die Autoren reflektieren diese Phase vor allem unter dem pragmatischen Gesichtspunkt, dass in ihr noch eine ganze Reihe notwendiger »Arbeiten« zu erledigen sind, vor allem der Abschluss offener sachlicher und psychosozialer Probleme, der Transfer des Gelernten, die Auswertung der geleisteten Arbeit, der Abschied sowie die Vorbereitung auf den Heimweg. Hierzu bieten sie ein hilfreiches Vorbereitungspapier für Leiter an und eine ganze Reihe von Überlegungen, auf die wir ausdrücklich hinweisen.

Psychologische Aspekte

Wenn Gruppenleiter und Teilnehmer nicht ans Ende denken wollen, so dürfte jene menschliche Verhaltensmöglichkeit dabei eine Rolle spielen, die wir mit den psychoanalytischen Termini »Vermeidung« und »Widerstand« zu beschreiben und verstehen suchen (zu diesen Begriffen speziell in der TZI-Arbeit vgl. Stollberg, 1987, S. 101 ff.). Vermeidungsverhalten hilft uns, realen und imaginären Bedrohungen ausweichen zu können; Widerstand warnt uns vor Gefährdungen, denen wir uns (noch) nicht gewachsen fühlen. Ohne diese Verhaltensmöglichkeiten wären wir allen Lebenssituationen schutzlos preisgegeben. Widerstand und Vermeidung dienen jedoch nicht nur zur gesunden Abwehr, sondern bilden zugleich auch das strategische Reservoir unserer verborgenen, unbewussten Konflikte und Traumen. Nun will TZI ja in erster Linie mit den gesunden Persönlichkeitsanteilen arbeiten und sie fördern, nicht, wie beispielsweise die Psychoanalyse, die Ursachen von Widerständen aufdecken und ins Bewusstsein heben. Aber im Sinn der Authentizität und der Chairpersonship als Leitungsfähigkeit meiner selbst liegt mir daran, auch meine gestörten und behinderten Anteile, meine »blinden Flecken« und Schattenseiten, möglicherweise meine Neurose kennenzulernen, um mit ihnen heilsam umzugehen. Allein schon im Wort und in der Vorstellung »Ende« stecken viele gefühlsmäßige Aspekte, so dass Leiter und Teilnehmer einer Gruppe sich diesem Ende vermutlich nie unbefangen nähern. Die spezifischen individuellen »Befangenheiten« können die Endphase einer Gruppe wesentlich stören oder das Ende selbst zu einem unbewussten, lediglich durch die äußere Struktur herbeigeführten Geschehen werden lassen. Das wäre sicher keine befriedigende, lebensfördernde Lösung. Dabei kann die aus traumatischen Erfahrungen herrührende »Vermeidung« des Gedankens ans Ende und seiner bewussten Vorbereitung sich durchaus unterschiedlich äußern: Wer stets ans Ende denkt und sein gesamtes Handeln danach ausrichtet, vermeidet innerlich das reale Ende ebenso wie der, der sich immer wieder von der Tatsache überrumpeln lässt: O je, meine/unsere Zeit ist ja plötzlich um!

Auf unser Thema bezogen heißt das: Gerade der TZI-Gruppenleiter in seiner besonderen Verantwortung für die Struktur und Balance des Gruppenprozesses sollte bei sich selbst auch die Gefühle kennenlernen, die er angesichts von Ende-, Abschieds- und Trennungssituationen empfindet. Das wird ihn möglicherweise mit schmerzlichen Erinnerungen konfrontieren, mit denen er aber, bleiben sie ihm selber unbewusst, die Endphasen seiner Gruppenarbeit atmosphärisch »färbt«. Zugleich wollen wir daran erinnern, dass auch jedes einzelne Gruppenmitglied eine bestimmte emotionale Färbung in die Endphase des Gruppenprozesses einbringt, und wir vermuten, dass diese emotionale Färbung stärker von deprimierenden, verletzenden Erfahrungen geprägt ist als von optimistischer Aufbruchsstimmung. Da jedes Abschiednehmen »ein kleines Sterben« darstellt, liegt unseres Erachtens eine wesentliche Aufgabe, die die Gruppe in ihrer Endphase leisten muss, in einem kleinen Stück Trauer- und Todesbewältigung, das jeweils im Hier und Jetzt geleistet werden kann. Das macht das eigene Gewicht, den spezifischen Charakter der Endphase in psychischer Hinsicht aus.

Aspekte des Gruppenprozesses

Vor dem Hintergrund dieser Überlegungen wollen wir einige strukturelle Merkmale des Gruppenprozesses in der Schlussphase betrachten, von denen wir glauben, dass sie charakteristisch für diesen Abschnitt der Gruppenarbeit sind.

Die besondere Verantwortung des Leiters für die Struktur und die Balance im Hinblick auf die Zeit und das Ende kann zu einer Polarisierung zwischen Leiter und Teilnehmern führen, bei der die immer aktuelle Übertragung[3] auf Leiterpersonen als »Elternfiguren« eine bestimmte Rolle spielt. Vereinfacht gesagt: In den Phasen der Vertrauensbildung, des emotionalen Zusammenrückens und der Gruppenkohärenz repräsentieren Leiter und Leiterinnen, weitgehend unabhängig von ihrer Geschlechtszugehörigkeit, den mütterlichen Aspekt der Elternimago, auf den die Gruppenmitglieder je nach ihren individuellen Erfahrungen instinktiv psychisch reagieren: mit Hoffnung und Liebe, mit Angst und Eifersucht. In Situationen und Phasen der Grenzziehung und Entflechtung jedoch vertreten Leiter und Leiterin stärker den »väterlichen« Aspekt, das Realitätsprinzip, und können damit in den Teilnehmern entsprechende infantile Erfahrungen aktualisieren. Obwohl alle Gruppen von ihren Leitern mehr oder weniger deutlich beide Aspekte fordern und brauchen, kann es zu Widerstand, Lustlosigkeit oder Krisen kommen, wenn der Leiter plötzlich sein »väterliches Antlitz« zeigt und ans unausweichliche Ende einer Interaktion, einer Sitzung, eines Kurses erinnert. Das bedeutet, dass in erster Linie die Leiterin und der Leiter sich selber darauf vorbereiten müssen, dieses Stück – im wahrsten Wortsinn – undankbare Arbeit zu leisten. Das werden sie wohl nur dann tun können, wenn sie innerlich bereit sind, die Gruppe am Ende loszulassen, ohne sie vorzeitig fallen zu lassen. Psychoanalytisch gesagt: Leiter sollten sich mit ihren Gefühlen der »Gegenübertragung« im Hinblick auf das Ende der jeweiligen Gruppenarbeit vertraut machen. Oft wird sich der Prozess an der Oberfläche so darstellen, dass die Teilnehmer am schönen Zustand des Geborgenseins festhalten wollen, gerade dann, wenn es sich um Persönlichkeits-Arbeitsgruppen handelt, deren Klima warmherzig und vertrauensvoll geworden ist. Aber auch in Methodenkursen und in nüchternen Arbeitsgruppen, wie z. B. in Universitätsseminaren, haben wir die Erfahrung gemacht, dass die Einbeziehung von TZI, die ja ein gewisses seelisches Auftauen mit sich bringt, den Wunsch nach Festhalten, Verlängern oder Wiederholen in den Gruppenmitgliedern weckt (»Wir wollen niemals auseinander geh'n«). Da dieses Erleben auch für den Leiter eine Freude ist und ihn narzisstisch befriedigt, kann es ihm doppelt schwerfallen, den Gruppenprozess bewusst aufs Ende hinzuleiten und dabei mögliche und notwendige Aggressionen auf sich zu ziehen. Er muss es dann nämlich

---

3   Übertragung im hier gemeinten Sinn bezeichnet den »Vorgang, wodurch die unbewussten Wünsche an bestimmten Objekten (= Personen) im Rahmen eines bestimmten Beziehungstypus […] aktualisiert werden. […] Es handelt sich dabei um die Wiederholung infantiler Vorbilder, die mit einem besonderen Gefühl von Aktualität erlebt werden« (zit. nach Laplanche u. Pontalis, 1986, S. 550).

ertragen, als »Störenfried« der Gruppe zu fungieren, und muss sich zugleich selber frustrieren, indem er auf diese »wunderbare« Gruppe verzichtet und das Risiko einer nächsten Gruppe ansteuert.

Auf einer tieferen Schicht des Gruppenprozesses jedoch wird der Leiter den widerstreitenden Gefühlen und Erwartungen nur dann gerecht, wenn er sich und seinem Auftrag treu bleibt und die Konfrontation wagt. Ein gewichtiger Anteil an den Leidenserfahrungen, die Menschen in die Gruppensituation mitbringen, liegt ja im Bereich der misslungenen Trennungen, meist sogar in dem der unvollständigen »Abnabelung« von den Eltern. Ich bin ein zu früh ausgestoßenes/ich bin ein zu lange festgehaltenes Kind: Das könnten die beiden Grundformeln mancher tränen- oder wutreichen Lebensgeschichte sein, und sie haben mit dem Beenden von TZI-Gruppen unmittelbar zu tun. Denn die zweite spezifische Chance und Aufgabe der Schlussphase von Gruppen liegt darin, dass wir alle in ihr stückweise etwas neu erleben und psychisch neu besetzen lernen können, was die meisten von uns in ihrer realen Lebensgeschichte entweder nicht oder nur als großen Schmerz kennengelernt haben – die Balance von Festhalten und Losgelassenwerden.

Zur Veranschaulichung

Um die geradezu existentielle Dimension unseres Themas ein wenig anschaulicher darstellen zu können, haben wir auf das bewährte Modell des Dreiecks zurückgegriffen. Wir wollen damit zeigen, dass vom Beenden eines ganzen Kurses bis ins Beenden einer einzelnen, äußerlich unscheinbaren Interaktion hinein sowohl die lebensgeschichtlichen Realitäten »Geburt und Tod« (GLOBE) als auch die Idee der dynamischen Balance eine Rolle spielen (s. Abbildung 5).

In Abweichung von der herkömmlichen Darstellung des gleichseitigen Dreiecks im GLOBE haben wir folgende Darstellung gewählt (vgl. Abbildung 5): Beispielhaft für zahllose denkbare Dreiecke liegen drei kleiner werdende, gleichseitige Dreiecke ineinander. Damit wollen wir versinnbildlichen, dass im Hinblick auf die Zeitstruktur auch der GLOBE, das individuelle Menschenleben, nach den Kriterien der dynamischen Balance verstanden werden kann: Seine Winkelpunkte sind Geburt, Entwicklung und Tod; auf sie hin erscheinen uns die Winkelpunkte der weitaus banaleren, alltäglichen Prozesse transparent zu sein, die die inneren Dreiecke symbolisieren. Eines davon könnte das der Berufslaufbahn sein, ein anderes das Dreieck einer einzelnen Gruppensitzung. Wir haben für unseren Zweck jedoch nur die zwei Dreiecke »TZI-Kurs« und »einzelne Gruppensituation« eingefügt und wollen hier insbesondere den Aus-

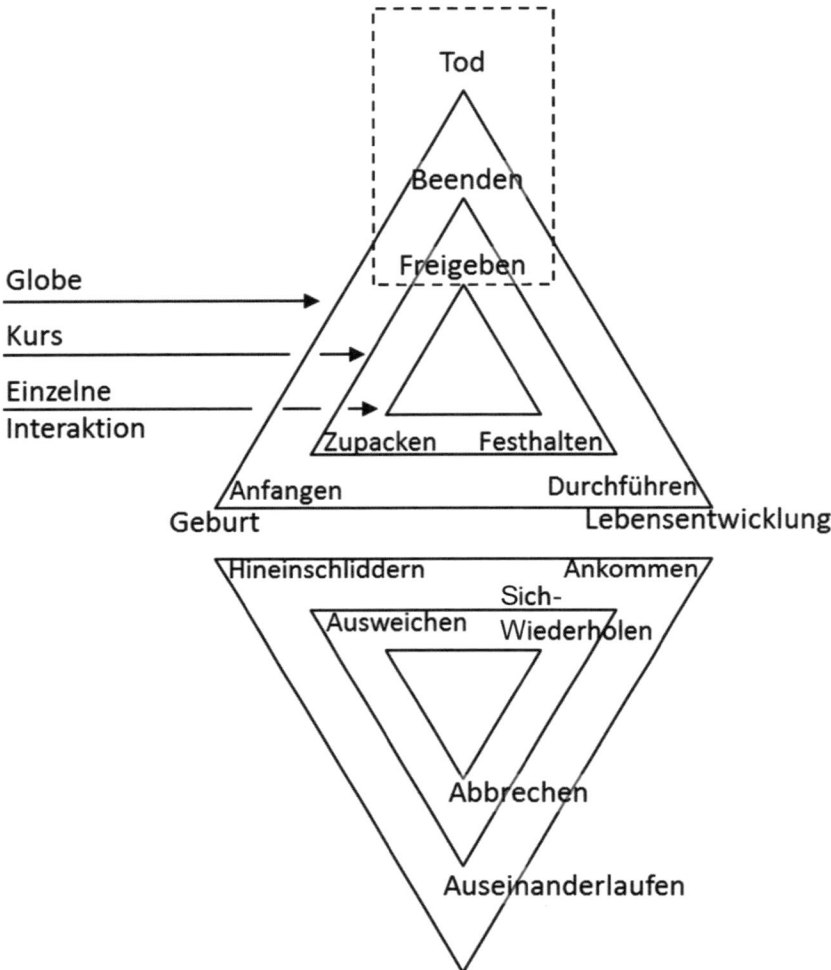

Abbildung 5: Modell zum Beenden von Gruppen

schnitt der jeweiligen Scheitelpunkte betrachten. Wie die dynamische Balance unseres Lebenslaufs zwischen den Polen Geburt, Entwicklung und Tod – als ein fortwährendes, immer neues »Stirb und Werde« entsteht, so pendelt sich auch im Kleinen die dynamische Balance der Zeitstruktur beispielsweise einer TZI-Gruppe zwischen den Polen Anfangen, Durchführen und Beenden aus. Oder die Balance einer einzelnen Interaktion zwischen den Polen Zupacken, Festhalten und Freigeben (diese Worte geben nur die begriffliche Annäherung an unsere Erfahrung wieder). Das sind keine willkürlichen und rein schematischen Analogien, sondern Analogien der psychischen Dynamik, denn in jeder kleinsten Einzelsituation schimmert der emotionale Gehalt der entsprechenden existentiellen GLOBE-Situation durch. Und umgekehrt: Jede gelungene, kleine Interaktion färbt positiv auf das entsprechende GLOBE-Erleben ab. – Aber auch die Analogie zum »klassischen« Dreieck der TZI wollen wir andeuten: Für die Balance der Zeitstruktur bedeutet sie, dass im Anfangen/Zupacken das ICH und im Durchführen/Festhalten das WIR besonders aktiv werden. In der End-phase der Gruppe und der Einzelsituation wird nun, wie wir oben sagten, ein spezifisches Thema sichtbar und als verborgenes Subthema bestimmend: das Lernziel »Beenden/Freigeben« mit seinem eigenen Wert. Das Ende bewusst einzubeziehen, hilft uns, nicht im Kreis oder ins Leere zu laufen, sondern an ein – ganz oder teilweise befriedigendes – Ziel zu gelangen.

Die möglichen komplementären »Schattendreiecke« (zu Begriff und Bedeutung der Schattendreiecke s. Stollberg, 1982, S. 39–43) dazu sollen ver-anschaulichen, welches spezifische Störungspotential in der Endphase virulent werden kann, wenn einzelne Gruppenmitglieder an den Winkelpunkten des Prozesses aus ihren verborgenen, traumatisierten Anteilen heraus agieren. Wir haben hier das äußere Dreieck unbeschriftet gelassen, weil wir sonst allzu stark in den Bereich der Psychopathologie hätten einsteigen müssen. Vielleicht regt das Schema einige Leser/-innen an, ihre lebensgeschichtlichen Prägungen zu überdenken, die sich negativ in ihr Erleben und Gestalten von Endphasen ein-mischen können: Wie kann ich für mich die Winkelpunkte benennen, die die Balance meines Lebenslaufs stören und die möglicherweise meinen persön-lichen Umgang mit End- und Trennungssituationen belasten?

Solche Phantasien können uns helfen, die unterschiedlichen Formen von Vermeidung in unseren Gruppen besser zu verstehen, nicht unbedingt mit dem Ziel der Veränderung, aber mit dem Ziel der »Deutung« als besseres Ver-stehen (zu Deutungen in der TZI s. Raguse, 1987). Z.B. verweisen wir auf das »vorzeitige Abbrechen«, durch das Gruppenteilnehmer immer wieder Gruppen und Leiter verwirren. Es muss sich ja nicht unbedingt als dramatische Abreise konkretisieren, sondern kann auch in den unscheinbareren Formen des emotionalen und physischen Entzugs sichtbar werden. Hier könnten wir ver-suchen, uns einzufühlen, ob das Abbrechen ein nonverbaler Ausdruck von (berechtigter) Kritik oder möglicherweise auch ein Ausagieren der Furcht davor ist, dass ein Ende nach seelischer Nähe schmerzhafter sein würde als der Ver-zicht auf diese Nähe.

Das Ende: ein Element der Zeitstruktur

Was für den Beginn von Gruppen gilt (langsames Anlaufen, Abholen der Gruppenmitglieder an ihrem »inneren« Ort, Vertrauen schaffen etc.) gilt sinngemäß auch für das Beenden. Was wir in der Anfangsphase aufgebaut haben, müssen wir in der Schlussphase wieder strukturiert abbauen (s. Langmaack u. Braune-Krickau, 1985). Es zieht sich gewissermaßen ein Spannungsbogen durch den Verlauf eines Kurses. Dem langsamen Anlaufen entspricht das behutsame »Anlanden«; dem Abholen steht das »Heimbegleiten« gegenüber, das bewusste Vorbereiten auf die Rückkehr in die Alltags- und Berufssituation; das geschaffene Vertrauen und die dadurch entstandene emotionale Nähe muss wieder übergeführt werden in Bereitschaft zu größerer Distanz. So steht idealerweise am Ende das Kurs-Ganze als »rundes« Gefüge vor unserem geistigen Auge. Dabei darf sich der Gedanke ans Ende nicht nur auf den Schluss des gesamten Kurses beziehen; jede Einheit und jede Teilgliederung des Kurses (Sitzung, Tag, Wochenende), ja sogar jede einzelne Interaktion haben ihr eigenes Ende, das ich mir in der Vorbereitung und in der aktuellen Situation bewusst machen und in meine Leitung einbeziehen kann. Denn das Ende ist letztlich nur ein Sonderfall, wenn auch ein wesentlicher, der Zeit, für deren Strukturierung und Balance der Leiter besonders verantwortlich ist. Der Begriff Zeit steht ein für das, was in dieser Gruppe – im Kurs, in der Sitzung, in der Situation – noch möglich ist, aber auch für das, was nicht (mehr) möglich ist. Das Ende erst macht das Hier und Jetzt zu einer ernsthaften, nicht nur spielerischen Arbeitsbedingung; es verweist auf das Hier-nicht(-mehr) und Jetzt-nicht(-mehr).

Das Bewusstsein der Zeit, die mir gegeben ist, eröffnet mir Chancen und zieht mir Grenzen, und meine Aufgabe als Gruppenleiter/-in kann es sein, dieses Bewusstsein auch der Gruppe deutlich zu vermitteln: Du kannst dir die Zeit (für dich und dein Anliegen in der Gruppe) nur dann nehmen, wenn und solange sie gegeben ist. Ganz pragmatisch heißt das für Leitende, sich auch ihrer Verführbarkeit im Hinblick aufs Ende bewusst zu werden und dieser Verführbarkeit nicht blindlings nachzugeben. Ein Teilnehmer, der immer wieder kurz vor dem Ende einer Sitzung mit seinem Anliegen herauskommt, übt zwar womöglich damit einen großen Druck auf den Leiter aus. Aber wahrscheinlich agiert er in erster Linie sein eigenes Problem mit dem Ende aus: dass ihm nie genügend Zeit zur Verfügung stand, dass er immer schneller fertig sein musste, als es ihm innerlich entsprach etc. Hier scheint es uns wichtig, dass der Leiter den Druck, den er zu spüren bekommt, als ein Abbild oder Echo jenes Drucks verstehen lernt, unter den der Teilnehmer angesichts des notwendigen und unvermeidbaren Endes gerät. Die Lernchance für alle Partner der Interaktion liegt nun nicht darin, das Ende zu verschieben und die Konfrontation zu ver-meiden, sondern die Konfrontation im Bewusstsein des Schmerzes zu wagen und in ihr nach neuen Lösungswegen zu suchen.

Insofern geht vom Ende auch eine belebende Wirkung auf den Gruppen- und Arbeitsprozess aus, der als begrenzte Zeit bewusst miteinander genutzt werden kann. Das Ende, im existentiellen Sinn wie im Sinn der kleinen Situation, wirkt als heilsame Motivation, mein Problem in Angriff, mein Augenblicksgefühl ernst und mein Gegenüber als vergänglichen Menschen wahrzunehmen. Diesem anspornenden Aspekt des Endes und der begrenzten Zeit entspricht seine tröst-liche, entspannende Dimension: Das notwendige Ende entlastet den Augenblick von Überfrachtung und allzu großer Erwartung. So kann eine Selbsterfahrungs-gruppe nur das erleben, was im Rahmen ihrer begrenzten Zeit lebbar ist, und eine Arbeitsgruppe kann am Ende realistischerweise nur ein begrenztes, eben auch durch die Zeit begrenztes Ergebnis vorlegen. »In der Zeit« ist weder alles ausdiskutierbar noch jede Beziehung völlig klärbar; wohl dem, der sich »Reste« auch für die Ewigkeit aufheben kann. Das besondere Lernziel »Beenden« schließt ein, dass wir das, was in dieser Zeit, in diesem Rahmen, mit dieser Gruppe mög-lich war, (be-)stehen lassen und mit Wohlwollen betrachten können.

Besondere Situationen beim »Beenden«

Unsere Überlegungen zu allgemeinen Strukturmerkmalen des Beendens von TZI-Gruppen orientieren sich in erster Linie am Regelfall eines TZI-Kurses, dem auf bestimmte Dauer – meist fünf Tage – angelegten Kurs aufgrund einer thematischen Ausschreibung mit freiwilligen Teilnehmern. In anderen Situationen halten wir es für hilfreich, auf einige Merkmale besonders zu achten.

Bei einer fortlaufenden Gruppe, deren Ende nicht von vornherein fest-steht, ist es angeraten, in Übereinstimmung mit der Gruppe doch eine zeitliche Begrenzung festzusetzen. Beispielsweise könnte sich eine Peergruppe zuerst ein-mal darauf verständigen, das Ende der Gruppenarbeit nach Ablauf der von den Ausbildungsrichtlinien geforderten Minimalstunden festzusetzen. Danach kann die Gruppe ja ohne weiteres eine neue Laufzeit vereinbaren und einen neuen Kontrakt miteinander schließen – womöglich mit verändertem Setting. Damit hilft sich die Gruppe wahrscheinlich, nicht in das »Schattendreieck« der Ende-Vermeidung hineinzugeraten und den frühen Tod des Abbröckelns zu sterben oder in symbiotischer Harmonie zu vertrotteln.

Bei sogenannten offenen Gruppen, in denen bisweilen über Jahre hinweg ausscheidende Mitglieder durch neu hinzukommende ersetzt werden, sind

das Ende, der Abschied, das »kleine Sterben« in besonderer Weise immer mit
dabei. Die Gruppe kann sich theoretisch in jeder Sitzung mit dem Ausscheiden
eines Einzelnen beschäftigen müssen. Das mag als ständige Bedrohung erlebt
werden, wirkt aber womöglich auch motivierend und stimulierend für die Interaktion. Als stützend hat sich der Kontrakt erwiesen, dass Mitglieder, die ihren
Abschied ankündigen, danach noch einmal an einer Sitzung teilnehmen, um
sich selber und den Gruppenmitgliedern die Möglichkeit zu geben, die noch
verbliebene, kurze gemeinsame Zeit zum Abschied zu nutzen, das Loslassen zu
erleichtern und die zum Beenden für jeden Einzelnen gehörenden Gefühle ein
Stück weit zu bearbeiten.

Vom vorzeitigen Ausscheiden eines Gruppenteilnehmers aus einem Seminar,
Kurs, Arbeitskreis etc. haben wir oben schon kurz gesprochen. Die Gründe für
das Abbrechen eines Kurses sind so zahlreich, dass wir sie hier unmöglich alle
diskutieren können. So wissen wir beispielsweise aus der universitären Arbeits-
situation, dass auch Studentinnen und Studenten, die ausdrücklich ihr Wohl-
befinden in der Veranstaltung geäußert haben und mit sichtbarer Lust bei der
Sache sind, der nächsten Sitzung oder allen weiteren ohne Angabe von Gründen
fernbleiben können, einfach weil der »Zwang« fehlt, diese Veranstaltung zu
besuchen. Auch das Schwänzen von Unterricht in der Schule hat eine Fülle von
Ursachen, die mehr in der sozialen Position von Schülern überhaupt liegen als in
der Qualität des Fachunterrichts. – Der einfachste Fall dürfte der sein, dass ein
Teilnehmer die Ausschreibung falsch gelesen oder verstanden hat und nun sehr
schnell merkt, dass er mit dem Lernziel des Seminars/Kurses nichts anfangen
kann. Nun korrigiert er mit seiner Abreise einen Irrtum. Dann werden wir es
am besten (s)einem Psychoanalytiker überlassen, gelegentlich mit ihm nach
den Gründen für gerade dieses Missverständnis zu forschen.

Das vorzeitige Ausscheiden, das wir hier meinen, ist eher das spezifische
vorzeitige Beenden von Gruppen und Kursen, deren Besuch der freiwilligen
Selbsterfahrung und Weiterbildung dient. Dort ist der naheliegendste Grund
die Unzufriedenheit mit der Gruppensituation, werde sie nun als Kritik an der
Leitung, an der Methode oder an der Gruppenatmosphäre laut. Wir sind nicht
der Meinung, dass Leitende sich der impliziten oder expliziten Kritik an ihrem
Stil und ihrer Methodik mit Hilfe der Mode-Floskel »das ist sein/ihr Problem«
entziehen sollten. Bei aller Bereitschaft, die in vielen vorzeitigen Abbrüchen
artikulierte Kritik auch ernst zu nehmen und zu bedenken, kann der Leiter sich
auch darin schulen, die psychischen Zusammenhänge eines solchen Abbruchs
wahrzunehmen und möglicherweise zu bearbeiten. Hierfür allerdings scheint
uns die selbstbewusste und selbstkritische Einschätzung der eigenen Kompetenz
besonders wichtig. In den meisten Fällen wird das vorzeitige Ausscheiden eines

Teilnehmers in der Gruppe eine Lücke zurücklassen. Sollte der Frühabreisende eine spürbar schlechte Position in der Gruppe innegehabt haben, so werden sich in der Gruppe Gefühle der Erleichterung mit Schuldgefühlen mischen. Hier kommt es dem Leiter zu, sich selber und der Gruppe Zeit zu geben, die ambivalenten Gefühle nach einer Trennung wahrzunehmen und zu verarbeiten. Auch sie haben mit dem Lernziel »Beenden« zu tun. Es erscheint uns auch erstrebenswert, das voreilige Loslassen kritisch zu erwägen, das sich zurzeit wie ein unbewusster Konsens in den Gruppen eingenistet hat: Mit Sätzen wie: »Wenn du gehen willst, natürlich, dann geh, du bist doch dein eigener Chairman«, sprechen viele Gruppenmitglieder zwar den Gruppengeist aus; aber diese Formulierungen offenbaren sich bei näherem Hinsehen doch schnell als die Angst vor dem Festhalten und vor dem Angewiesensein auf andere. Wir glauben, dass das voreilige Loslassen den Schmerz, die Erleichterung und/oder die Schuld verbergen oder vermeiden soll, die durch den Verlust entstehen; authentisches Beenden beinhaltet auch Schmerz, Wut, Trauer und Ohnmacht angesichts des unberechenbaren Endes.

Zusammenfassung in Form einiger Empfehlungen

Stehe als Leiter für die zeitliche Begrenzung der einzelnen Zusammenkunft und des gesamten Kurses ein. Sei dir als Teilnehmer auch des Endes jeder Sitzung bewusst.

Behalte die Zeit im Auge, schule deine Aufmerksamkeit dafür, wie viel Zeit dir noch wofür bleibt. Plane und nutze die gemeinsame Zeit bewusst.

Verlege nicht Gespräche oder Mitteilungen, die dir unangenehm sein könnten, in die Zeit zwischen den vorgeplanten Sitzungen. Es könnten dir wertvolle Erkenntnisse verloren gehen.

Stelle dich den Verletzungen, die du womöglich anrichtest, wenn du auf das Ende hinweist. Mach dich für die Gruppe greifbar und angreifbar. Das Ende hinterlässt fast immer und fast bei allen eine »offene Wunde«.

Richte deine Aufmerksamkeit auf jene Gruppenmitglieder, die dich immer wieder am Ende von Sitzungen zu Verlängerungen verführen wollen. Sie brauchen deine Aufmerksamkeit und die der Gruppe. Unterstütze sie darin, diese Aufmerksamkeit zur rechten Zeit zu fordern.

Sorge dafür, dass der Gruppe das Bewusstsein für den notwendigen Abschied erhalten bleibt, ohne dass dadurch eure Stimmung ins Depressive abgleitet. Jede Sitzung ist eine Einübung in das Ende des Kurses, und sie enthält die Chance, das Ende als dazugehörig zu erleben.

Die Begrenzung der Zeit ist eine notwendige und heilsame Provokation. Mach sie deiner Arbeit zunutze.

Vermeide schroffe Übergänge. Nur das rechtzeitige Einplanen der Endphase macht es dir und der Gruppe möglich, den Abschied nicht als Abbruch, sondern als Wechsel von einer in die andere Situation zu verarbeiten.

Lass dir und der Gruppe genügend Zeit für das Lernziel »Beenden«. Sei dir schon bei der Vorplanung des Kurses bewusst, dass auch die Übergänge, die Reste, der Trennungsprozess und der Abschied selbst Zeit brauchen werden. TZI verändert eine Gruppe; es will das Lernen, Arbeiten und Kommunizieren nicht in erster Linie effizienter, sondern menschlicher machen.

Gib der Endphase eines Kurses die ihr zukommende spezifische Aufmerksamkeit. Achte dabei auf deine Gefühle, die du mit der Erfahrung des Abschieds, der Trennung und des Verlustes verbindest. Versuche, für dich und die Gruppe einfühlsam zu bleiben, auch wenn das Ende mit Frustrationen verbunden ist.

Widme der letzten Sitzung eines Kurses besondere Aufmerksamkeit. Vielleicht kannst du spüren, welche Abschiedsform(en) zum Ende dieses Kurses passen. Es müssen auch am Schluss nicht alle sich (und dich) lieben.

Vergiss nicht, dass sogar der schönste Kurs zu Ende geht. Aber denke ebenso daran, dass auch ein schwieriger Kurs endet.

Nachbemerkung

Zum Abschluss wollen wir noch einen Gedanken vortragen, der über die thematische Begrenzung unseres Beitrags hinausgeht und uns des Nachdenkens wert scheint. Ausgelöst wurde dieser Gedanke von dem bekannten Bibelzitat, das uns beim Stichwort »Zeit« spontan in den Sinn kam:

»Meine Zeit steht in deinen Händen« (Psalm 31,16). Wir spielten mit dem Satz und kehrten ihn für unsere Zwecke um: »Meine Zeit steht in meinen Händen«. So appelliert das Zitat an die Autonomie, an meine Verantwortung als Chairperson, als die ich auch für die Zeitstruktur und das bewusste Vorbereiten des Endes verantwortlich bin. In dieser Form hat der Satz sein gutes Recht, die Zeit steht tatsächlich auch »in meinen Händen«.

Doch so ganz froh wurden wir unseres Wortspiels nicht. Hat es nicht geradezu symbolhaften Charakter für eine modische Tendenz, die wir mit großer Skepsis betrachten? Es gibt ja un- oder halbbewusste Zeitströmungen, die sich auch ganz selbstverständlich in der Gruppenarbeit ausbreiten, ja bisweilen von ihr auszugehen scheinen. Eine der zurzeit herrschenden Grundströmungen lässt sich vereinfacht so formulierten: »Du kannst, was du willst!« Sie betont, im Sinn des TZI-Axioms, den Aspekt der *Autonomie* – oft bis hin zur Überschätzung, Überforderung und Isolation des Einzelnen. Dafür mag es gute Gründe geben. Und doch geht bei dieser Grundeinstellung die *Interdependenz* verloren, die Balance der Eigenständigkeit mit dem »Eingebundensein«, das uns vorgegeben ist, unabhängig davon, ob wir es als Zufälliges, als Gesellschaftliches oder als Transzendentes denken.

Das Gedankenspiel: »Meine Zeit steht in meinen Händen«, und all unsere guten Bemühungen, das Ende bewusst und leitend zu gestalten, tragen in sich selbst schon unsere Vermeidung der Interdependenz. Denn haben wir nicht alle Grund zur Befürchtung, dass im Kleinen wie im Großen uns ein Ende gesetzt wird, das nicht »in meiner Hand« steht? Im Lernziel »Beenden«, wie wir es verstehen, liegt deswegen auch die Chance, den in der humanistischen Psychologie und oft auch in der TZI-Arbeit verdrängten Gedanken des Angewiesen- und Ausgeliefertseins mit neuer Wahrnehmungsbereitschaft anzuschauen und in unsere Selbst- und Gruppenwahrnehmung zu integrieren.

Literatur

Belz, H. (1988). Auf dem Weg zur arbeitsfähigen Gruppe. Kooperationskonzept. Mainz: Grünewald.

Knowles, J. (1971). Gruppenberatung als Seelsorge und Lebenshilfe. München: Grünewald.

Langmaack, B., Braune-Krickau, M. (1985). Wie die Gruppe laufen lernt. Weinheim: Beltz.

Laplanche, J., Pontalis, J.-B. (1986). Das Vokabular der Psychoanalyse. Frankfurt a. M.: Suhrkamp.

Raguse, H. et al. (1980). Modellversuche. Gruppenpsychotherapie und Gruppendynamik, Beiträge zur Sozialpsychologie und sozialen Praxis, 16(1/2).

Raguse, H. (1987). Einige Gedanken über Krisen in TZI-Gruppen. Themenzentrierte Interaktion, 1 (1), 25–36.

Stollberg, D. (1982). Lernen, weil es Freude macht. Eine Einführung in die Themenzentrierte Interaktion. München: Kösel.

Stollberg, D. (1987). Vermeidungen in der Themenzentrierten Interaktion. In K. Hahn, M. Schraut-Birmelin, K. Schütz, C. Wagner (Hrsg.), Gruppenarbeit: themenzentriert. Entwicklungsgeschichte, Kritik und Methodenreflexion (S. 101–116). Mainz: Grünewald.

III Mit der TZI arbeiten

Matthias Kroeger

Modell der Selbstsupervision in TZI[1]

Es gibt verschiedene Definitionen von Supervision. Die gängigste und häufigste Auffassung ist die, Supervision auf der Grundlage der TZI sei eine Form der Beratung bei Problemen im Beruf. Ziel ist es z. B. in der Fallsupervision, den Sachverhalt zu klären, durch die Sichtweise der Gruppenmitglieder und des Supervisors/der Supervisorin andere Perspektiven aufgezeigt zu bekommen, Blockaden zu lösen und alternative Handlungsmöglichkeiten zu entdecken. Supervision mit TZI ist in der Regel Supervision mit der Gruppe und nicht in die Gruppe verlagerte Einzelsupervision. Die Gruppenteilnehmer werden zur Bearbeitung und Lösung im Sinne der dynamischen Balance von ICH – WIR – ES mit eingebunden. Auch Matthias Kroeger geht in seinem Modell der Selbstsupervision in TZI von der dynamischen Balance ICH – WIR – ES aus und ergänzt als vierten Faktor die Struktur. Häufig werden TZI-Gruppen von einem Team, Leiter(in)/Ko-Leiter(in), geleitet. Der Austausch über die unterschiedlichen Wahrnehmungen der Leitenden trägt zur Klärung und Weiterentwicklung des Prozesses der Gruppe bei. Mit der von Kroeger vorgeschlagenen Selbstsupervision wird der/die allein Leitende auch ohne kollegialen Austausch das eigene Verständnis für die Situation erweitern, die Wahrnehmung schulen und den Gruppenprozess differenzierter beurteilen lernen. Es lohnt sich, zur Vor- und Nachbereitung von Sitzungen, Schulstunden, Kursen und Seminaren sich dieser Mühe zu unterziehen.

Wie es zu diesem Modell kam?

Vor Jahren hatten wir als Vorbereitung für einen Abschlussworkshop der TZI-Ausbildung den Teilnehmern die Aufgabe gestellt, drei Fälle aus der Praxis mitzubringen: eine gelungene, eine missratene und eine mittlere, unklare, unsichere Sitzung/Stunde, schriftlich aufbereitet nach TZI. Zu jedem Fall sollte

---

1   Aus: Themenzentrierte Interaktion, 1989, 2, S. 61–68.

separat aufgeschrieben werden, wie es in jeder Sitzung dem ICH (hier also des Leiters), dem WIR (der Gruppe, soweit der Leiter sie als Einzelne wie als Gesamtgruppe wahrnahm) und dem Thema/der Aufgabe ergangen war. Das auch uns erstaunende Ergebnis war, dass, nachdem die meisten Teilnehmer sich der Aufgabe zunächst (weil schriftlich und ungewohnt) nur ungern und zähneknirschend unterzogen hatten, kaum noch eine Notwendigkeit bestand, die Fälle weiter zu besprechen: Sie waren in der schriftlichen Bearbeitung – im Positiven wie im Problematischen – klar geworden.

Erst später begriff ich, dass wir uns dies Verfahren zunutze machen können, weil es oft schwer ist, Supervision durch andere zu bekommen. Man klärt so ohne fremde Hilfe die eigene Arbeit in erstaunlich hohem Maße und macht sie weitgehend durchsichtig. Soviel ich sehe, kann dieses Modell sogar der Selbstsupervision von Einzel- und Beratungsgesprächen dienen; die Personenbeziehungen werden klarer, und die Anwesenheit bzw. das Fehlen latenter/manifester Interessen und Themen, die für gelingende und verarmende Beziehungen so wichtig sind, wird überlegt. Zugleich scheint mir mit diesem Verfahren ein mögliches Modell der TZI-Prozessanalyse gegeben. Man kann einen komplexen Prozess, wie es jeder Gruppenvorgang ist, je nach theoretischem und methodischem Raster, mit verschiedenen Augen und auf verschiedene Kriterien hin betrachten. Man kann durch ihn ganz verschiedene (und jeweils in sich sinnvolle) Querschnitte legen: analytische, gruppendynamische, gruppentherapeutische, Transaktions-Raster u. a. m. In der TZI sind die Grundraster, auf die hin der Prozess betrachtet und protokolliert wird, das ICH/WIR/ES plus Struktur (nur bedingt, je nach spezifischem Lernzweck, auch GLOBE und Leiterverhalten u. a.). Demgegenüber treten etwa analytische und gruppendynamische Gesichtspunkte, außer bei besonders weitreichender und spezieller Ausweitung der Gesichtspunkte, zurück; sie sind sinnvoll, oft nötig, aber nicht primär TZI-spezifisch.

Grundidee der Selbstsupervision

Die TZI geht von der Gleichwertigkeit der drei Faktoren ICH/WIR/ES – um vom GLOBE und von der Struktur noch abzusehen – aus. Unterstellen wir also für die Supervision, dass ein Lernprozess, eine Stunde, ein (Beratungs-)Gespräch gelungen ist, wenn jeder der drei Faktoren zur Geltung kam und Zeit und Raum erhielt. Dabei lohnt es sich in der Supervision auch, (nach eigenem Gefühl) gut gelungene Stunden durchzuarbeiten, um die Frage zu klären, inwiefern die Stunde »gut« und in Balance war. Daran lässt sich ebenso viel erkennen und lernen wie an der Bearbeitung »schlecht« gelaufener Sitzungen, und es freut mehr und belastet weniger. Umgekehrt kann man eine problematische Stunde (außer im eigenen Gefühl) daran erkennen, inwiefern die drei Faktoren nicht im Gleichgewicht waren und einer, zwei oder dadurch schließlich alle drei unklar oder unkoordiniert waren.

Es kommt also für die Selbstsupervision darauf an, zu sichten, wie viel Wahrnehmung oder Unbewusstheit ich als Leiter gegenüber der Balance und dadurch gegenüber dem Prozess habe. Es kommt darauf an, sich das TZI-Raster zunutze zu machen, mit seiner Hilfe die ineinander verflochtenen Faktoren auseinanderzunehmen und sie in einer gewissen Vorläufigkeit durchschaubar zu machen. Dies geschieht, zumal wenn man allein ist und anfangs zum Lernen, leichter schriftlich.

Zur Vorgehensweise

Man lege also ein in vier Spalten unterteiltes DIN-A4-Blatt vor sich hin und überschreibe die vier Spalten (oder auch vier einzelne Blätter) mit »ICH«, »WIR«, »ES«, »Struktur« und schreibe sie (nach Bedarf weitere) voll mit dem, was einem aus der Erinnerung der Stunde, um die es geht, bewusst ist und einfällt. Oft wird einem bei den ersten Malen und wenn man nicht geübt ist, auf Einzelheiten zu achten, die Erinnerung versagen. Aber mit jedem Mal werden Bewusstheit, Aufmerksamkeit, Beobachtung und Erinnerung genauer werden. Macht diesen Versuch in kleinen Schritten nur erst einige Male! Was man beim Hinschreiben sammelt, wird schon durch den Zusammenhang, in dem es dann dasteht, klarer und bewusster. Fällt jemandem z. B. sehr viel zum ICH und zum ES ein, die mit »WIR« überschriebene Spalte/Blatt aber bleibt auffällig karg und zu drei Viertel leer, dann wird deutlich, dass Aufmerksamkeit und Wahrnehmung für das WIR unterbelichtet waren und dass vermutlich auch in der Vorbereitung von Struktur und Thema das WIR unterrepräsentiert blieb. Wie oft habe ich es bei Lehrern und Pfarrern erlebt, dass sie über sich selbst und ihr vorgenommenes Thema sehr intensiv nachgedacht hatten, über Hörer/Schüler/ Teilnehmer aber nur wenig wussten oder erahnten. Es ist eine inzwischen vielfältig bewährte Beobachtung, dass die Klarheit für Vorgänge und Strukturen durch solch differenzierendes Hinschreiben, das man zunächst durch mündliche Besprechung der Faktoren nacheinander gemeinsam mit andern vorher üben kann, wächst.

Im Prinzip ist es natürlich gleichgültig, bei welchem Faktor man beginnt; wahrscheinlich am ehesten dort, wo einem das Herz und das Gefühl überlaufen. Wenn man sich aber nicht gedrängt fühlt und nicht intuitiv weiß, wo zu beginnen sei, fängt man am besten beim eigenen ICH an – schon um sich auch im Ritual der Supervision (wie bei der Vorbereitung) daran zu gewöhnen, dass es notwendig ist, das ICH (auch das des Leiters!) lebendig und bewusst zu beteiligen, und dass es nicht subjektivistischer Luxus ist, jeden Lern- und Themenprozess beim ICH anzufangen. Unbewusste und unklare Gefühle und Gedanken in mir selber verstopfen und präokkupieren meine Wahrnehmung für die anderen Menschen und das Thema. Darum ist es professionell, mit dem eigenen ICH anzufangen, gerade um nicht beim ICH befangen stehen zu bleiben.

Eine letzte Bemerkung, bevor wir mit der praktischen Durchführung beginnen. Erfahrungsgemäß macht es anfangs etlichen Teilnehmern Schwierigkeiten, sich darüber klar zu werden, wo sie manche Beobachtungen und Teilwahrnehmungen einordnen und hinschreiben sollen – beim ICH, beim WIR, beim ES; denn viele Prozesselemente (z. B. »Ich fühlte mich wegen der Abgelenktheit der Gruppe irritiert und beleidigt«) beziehen sich, da sie vielfältig verknüpft sind, natürlich auf mehrere Faktoren. Man kann sie also entweder zum einen oder zum anderen oder zu beiden/dreien mit je verschiedenem Akzent eintragen. Dabei übt man durch diese Schwierigkeit, die Mehrdimensionalität von Vorgängen und Gefühlen zu beachten und zu differenzieren.

Wir beginnen nun zum genaueren Verständnis mit der Einzelbesprechung des ICHS.

Das ICH-Protokoll

Ich lege mir etwa folgende Fragen vor: Wie erging es mir als Leiter/-in in dieser Sitzung? Davor (bei der Vorbereitung)? Zwei Minuten vor Beginn? Bei der Einleitung/Einführung? Fühlte ich mich wohl? Offen? Körperlich gespannt? Entspannt? (Das Körperbewusstsein – und damit die Erinnerung – kann allmählich in der TZI-Ausbildung, wenngleich keineswegs nur hier, wachsen und ist ein wichtiges Indiz für die Selbstwahrnehmung wie für die Wahrnehmung der Gruppe, der Atmosphäre.) Wie war meine Stimmungs- und Befindlichkeitskurve während der Stunde? Hier wäre also alles aufzuschreiben, was Stimmung, Gefühle, Gedanken, Phantasien in der Stunde waren. Alles dies zunächst nur, soweit das ICH betroffen ist und beleuchtet wird. Wer dies ein paarmal genau macht, wird es auch bewusster während der Stunde wahrnehmen und hinterher klarer protokollieren können. Er wird es dann verstärkt im Bewusstsein und so die schriftliche Durcharbeitung weniger nötig haben – es sei denn im Falle einer unerklärt missratenen Stunde. Die Mühe wird also hier wie beim

Folgenden anfangs größer sein, dann aber bei Übung und wachsender Bewusstheit und Gewandtheit abnehmen.

Nun führe ich innerhalb des ICH-Protokolls eine Differenzierung ein, die übergehen mag, wem das Vorige genug war; sie kann aber helfen, für die ersten Male der Übung genauer zu werden (wie es überhaupt hilfreich sein kann, wenn ihr die ersten Male diese Übung gemeinsam mit anderen macht und die Unklarheiten, Abgrenzungen und Fallen besprecht). Als Anregung zur genaueren Differenzierung schreibt bitte auf:

Wie erging es Eurem (Leiter-)ICH

a) mit und in euch selber?

b) mit den anderen, und hier wieder zweifach gegliedert:
   - mit einigen Einzelnen (ob ihr einigen einzelnen Gesichtern der Gruppe gegenüber besondere Gedanken und Gefühle hattet) und
   - mit der Gruppe als ganzer? Denn die Gruppe besteht zwar zunächst aus lauter Einzelnen, die ernst und wichtig genommen werden wollen; sie besteht aber auch aus der (gruppendynamisch gesehenen) Gesamtgruppe, die mehr und etwas anderes ist als die Summe der Einzelnen (Klima, Dynamik, Gesamtstimmung). Wie also war euer Empfinden mit der Gruppe – am Anfang, in der Mitte, am Ende, bei besonderen Wendungen und Einschnitten?

c) Wie war euer Erlebnis und Gefühl mit dem Thema, den (manifesten und latenten) Themen, dem Stoff? War es schön? Lastend? Zäh? Ergiebig?

d) Mit der Struktur? War ich selber gern in der von mir vorgegebenen Struktur? Wäre ich als Teilnehmer gern in ihr gewesen? Oder habe ich sie nur den anderen verordnet und mich als Leiter herausgehalten?

All dies, bitte, nur nacheinander (innerlich) anschauen, bewusstmachen, aufschreiben; nichts verändern, nichts tadeln – nur erinnern und wahrnehmen. Es dient einstweilen nur der Wahrnehmung und Bewusstheit des ICHS, noch nicht der Wahrnehmung der Gruppe und des Themenverlaufs. Mein Gefühl ist mein Wahrnehmungsorgan, meine »Brille«, die ich durch dieses ICH-Protokoll kläre und reinige; die eigenen Augen, Poren und Gefühle werden als Organe dadurch freier, anschließend auch die anderen Menschen und den Themenprozess besser wahrzunehmen. Die Arbeit an dieser Unterscheidung ist eine ständig zu übende Ausbildungsaufgabe: Was an meinen Gefühlen ist wirklich nur mein Gefühl, mein Anteil, und was sehe/empfinde ich mit meinem Gefühl bei den anderen? Darum lohnt es sich, nach dem Raster der TZI beim ICH anzufangen. Ich schreibe also zum Üben all dies erst einmal genau hin, setze es aus mir heraus.

Du wirst, liebe Leserin, lieber Leser, vielleicht denken, dass es doch reichlich viel Arbeit sei, allein beim ICH-Protokoll all dies aufzuschreiben. Und dann noch das WIR- und ES-Protokoll!? Wird das nicht zu viel (selbst wenn als Element einer Ausbildungsphase gedacht)? Gewiss. Ich möchte daher empfehlen, zuerst an ein bis drei Tagen nur das ICH-Protokoll zu üben, dann nach Belieben entsprechend das WIR- oder ES-Protokoll und erst danach einige Male gleichzeitig das ICH/ES- und ICH/WIR-Protokoll. So entsteht allmählich ein Gefühl für den Zusammenhang, für die Ergänzung und Unterscheidung der Protokollteile (was sich wohin eintragen lässt). Alle Elemente gleichzeitig zu üben, würde zu viel; nehmt euch daher lieber erst einige Punkte einzeln und dann allmählich mehrere gleichzeitig vor. Das eigentlich Schwierige ist das undurchschaute Ineinanderwirken der Faktoren. Weniger kompliziert aber, als dass jeder sich langsam an die Wahrnehmung dieser Mehrschichtigkeit heranpirschen muss, ist das Geflecht der Faktoren, mit dem wir arbeiten, nun einmal nicht. Sie getrennt sehen zu lernen, auch wenn das zunächst künstlich erscheint, hilft, klärt und freut schon nach kurzer Zeit. Der Lohn der Angst, d. h. der anfänglichen Arbeit, ist groß, zumal wenn das Verfahren einmal mündlich – vielleicht unter Anleitung – erarbeitet wurde. Wir gehen einen Schritt weiter.

Das WIR-Protokoll

Das WIR-Protokoll der Gruppenwahrnehmung wird jedem, der Menschen und Prozesse zu beobachten angefangen hat, leichtfallen. Es wird in allen Methoden, nicht nur in der TZI geübt, wird aber in der TZI speziell dem Thema, der Aufgabe zur Verfügung gestellt. Ich schreibe nun auf das mit »WIR« überschriebene Blatt: Wie habe ich die Menschen der Gruppe erlebt? Nachdem ich mein eigenes WIR-Gefühl (oben im ICH-Protokoll) zu empfinden und zu unterscheiden begann, werde ich nun leichter die anderen mit meinem Gefühl wahrnehmen. Dabei ist, wie oben schon gesagt, zweierlei nacheinander zu protokollieren:

a) Die Gruppe besteht aus vielen einzelnen Personen, deren jede eigenen Rechts ist und Respekt und individuelle Wahrnehmung verlangt. Ich schreibe also (anfangs beim Lernen) zu einigen Namen auf meiner Gruppenliste Notizen und Beobachtungen: Wie wirkt er/sie? Fühlte er/sie sich wohl? Abgelenkt? Interessiert? Isoliert? Gesichtsausdruck? Wie würde er/sie selber die gehabte Stunde beschreiben? Zufrieden? Beteiligt? Welche Kritik?
Zum Üben lohnt es, sich genauer in einzelne Teilnehmer hineinzuversetzen, sich jedes Mal exemplarisch – stellvertretend für die ganze Gruppe – an einige Personen (Namen/Gesichter) zu erinnern und das aufzuschreiben.

Wenn du diese Teilnehmer nicht intuieren oder phantasieren kannst, wird das Erlebnis deiner eigenen mangelnden Einfühlung und Erinnerung dich in der nächsten Stunde aufmerksamer machen. Wenn du dich aber zu erinnern und dich hineinversetzen zu können meinst, kann die nächste Stunde zur Probe auf die Stufen deiner Wahrnehmung oder Täuschung werden.

Wer auch hier für genauere Anregung und Übung ein Raster wünscht, kann wieder die oben benutzte, der TZI entlehnte dreifache Binnendifferenzierung verwenden: Wie fühlten sich einige Teilnehmer, die ich genauer verstehen und durcharbeiten möchte:

1. in/mit sich selber (ICH) (phantasiere ihre wichtigsten Gefühle),
2. mit den anderen (WIR),
3. mit dem Thema/Stoff,
4. in der Struktur? Hätten sie lieber mehr Plenum (um mehr informiert zu werden, sich zu verstecken oder zu entlasten) oder was sonst lieber gehabt?

b) Nachdem ich mir so das Ergehen und Empfinden einiger, später mehrerer Einzelner vergegenwärtigt habe, überlege und notiere ich mir, wie die Gesamtgruppe war und (auf mich, auf andere) wirkte. Die von Lewin begründete Gruppendynamik hat uns die Gruppe im Unterschied zu allen Einzelnen zu beachten gelehrt. Ihre Dynamik kann, wie jeder weiß, unabhängig von den Einzelinteraktionen auf den Prozess einwirken, ihn fördern (munter, offen, aggressiv, …) oder die Autonomie der Einzelnen mindern (depressiv, tabuisierend, normierend, …). So lohnt es, dies im Protokoll als eigenen Punkt der Wahrnehmung zu üben. Wie war das Klima, der Verlauf des Gruppenflusses, die Gesamtatmosphäre? Wodurch, seit wann entstand sie? War sie hinderlich, förderlich (wem)?

Mancher Leser, manche Leserin könnte hier wieder denken, dies sei zu viel, um es leisten zu können – besonders das Durchgehen der einzelnen Namen und Gesichter. Doch ich möchte entgegnen: So wahr jeder einzelne Teilnehmer das Recht auf individuelle Beachtung und Respektierung hat (nur dann können auch Stoff und Thema teilnehmergerecht vorbereitet und eingesetzt werden), so wahr müssen wir uns die Mühe seiner Wahrnehmung machen. Geht es auch nicht immer während der Stunde, so doch in der Ruhe gelegentlicher Nachbereitung (Selbstsupervision).

Ich glaube, dass ein ritualisierter Arbeitsstil, der diese Wahrnehmung annäherungsweise übt, dieses Interesse am besten schützt. Wer diesen Arbeitsstil bei etlichen einzelnen Gelegenheiten geübt und in sich aufgenommen hat, wird sein Gefühl so weit ausbilden und präzisieren, dass er sich später die ganze

Mühe der Einzelarbeit nicht allzu oft mehr machen muss. Nur die angewöhnte Übung der Einzel- und der Gruppenwahrnehmung schützt die Menschen davor, als allgemeiner Gruppenteil eingeebnet und übersehen zu werden. Und wo, wenn nicht in der Arbeit der humanistischen Psychologie, sollte diese Mühe der Zuwendung und Aufmerksamkeit zugemutet und geübt werden? Und, Freunde, diese Arbeit, in der Vor- und Nachbereitung (Supervision) den Beteiligten sozusagen ins Gesicht zu sehen, sie zu spüren, zu bedenken (»Wie schaute dieses Gesicht heute?«), ist eines der schönsten und liebevollsten, Phantasie förderndsten Elemente der ganzen Arbeit. Schließlich aber, was fast das TZI-Wichtigste ist: Nur aus der Übung der Intuition und Erinnerung der Gesichter und der zugehörigen Gefühle ist es nachher (bei der Vorbereitung) möglich, die individuell möglichen und nötigen Themennuancen und Stoff-aspekte zu phantasieren und herauszufinden. Kein Thema, keine Einführung, keine Verlebendigung von »Stoff« stimmt generell, immer nur individuell und im (inneren, phantasierten) Dialog mit den Teilnehmern. Aus diesen Wahr-nehmungsübungen alleine wächst nachher die Themenarbeit hervor.

Wer nur ein paarmal das ICH- und WIR-Protokoll geübt hat, ist schon ein ganzes Stück weit in den Prozess für (Nach-)Verstehen und (Voraus-)Planen eingedrungen. Wem es zu viel wird, der kann hier erst einmal abbrechen; er hat schon viel gesehen. Doch nun folgen die zwei eigentlichen TZI-spezifischen Faktoren, mit denen wir arbeiten: das Thema und die Struktur.

Das ES-Protokoll

Hierzu überlege ich mir, wie das Thema genau lautete, wie es auf mich und die anderen in dieser Form wohl wirkte; wie es eingeleitet wurde (Hinführung), wie es sich in der Sitzung entwickelte, welche Elemente zum Sprechen und Klingen kamen und welche unterbelichtet, übergangen, abgelehnt, unerklärt blieben. Auch dies, bitte, nur als neutraler Beobachter ohne Zorn und Eifer, ohne Tadel und Veränderung notieren. Für den Unterricht ist es z. B. auch wichtig, sich klar zu machen, welche Teile des Themas blieben unbearbeitet, die nicht durch Phantasie und Gefühl, sondern nur durch disziplinierte Arbeit (nicht durch persönlich-selektive Rezeption) anzueignen sind. Was würde der Autor zu unserer Wiedergabe seiner Meinung sagen? Würde ihm etwas fehlen? Würde er sich verstanden fühlen? Was lehnen die Schüler (oder der Lehrer selber) in dieser Aufgabe ab und nehmen es deshalb nicht wahr? Ich mache mir alles bewusst und protokolliere, was mit dem Thema/Text passiert ist, den Verlauf der Themenzuwendung, das Hervortreten unerwarteter/latenter Aspekte. Wie würde wohl Herr X oder Frau Y die Themenseite dieser Stunde empfinden und beschreiben? Was ist das Neue, der Kern der Erfahrung oder der Information, die ich als Leiter im Thema/Stoff sah und zumuten wollte? Kam es an? Was immer mir hier einfällt, um die Konturen des Themas in der Stunde zu erkennen (mit eigenen und fremden Augen), das setze ich hierher. Mehr möchte ich hier, bei diesem an sich kompliziertesten aller Faktoren, nicht sagen und fragen.

Das Struktur-Protokoll

Der Leser wird sich vielleicht wundern, dass hier neben die drei kanonischen TZI-Merkmale ICH/WIR/ES noch die Struktur als ein eigener Punkt gesetzt ist. Wem dies zu viel wird, der mag sich mit dem Bisherigen begnügen. Doch wer immer nur ein bis zwei Faktoren protokolliert, wird sich nicht überfordern und wird die Struktur als eigenen Punkt, der im Prozess entscheidend ist und faktisch ständig eingesetzt wird, der Aufmerksamkeit lohnend finden. Sie ist so wichtig, dass ich manchmal schon überlegte, ob nicht aus dem Dreieck ein Viereck im GLOBE zu machen sei; in jenem anderen Dreieck, das Ruth Cohn zur Klärung einer offenen Dynamik vorgeschlagen hat – Struktur, Prozess, Vertrauen –, spielt die Struktur entsprechend eine grundlegende Rolle. Im Strukturprotokoll wird genau die Abfolge der verwendeten oder spontan/ungeplant entstandenen Strukturformen notiert (Leitereinführung oder allgemeine Runde, Schweigen, dessen Einleitung, Kleingruppen, mittlere Gruppen, Plenum, Einzelarbeit, Zeiteinteilung u. a.). Ich unternehme es nicht, hier die Funktion und Aufgabe verschiedener Arbeitsformen zu klären, rege nur an, die faktischen Strukturen genau zu protokollieren, wie sie eingeführt und aufgenommen wurden. Nur so werden sie der Überlegung und Planung aus wiederholter Erfahrung zugänglich. Was ich beim Protokollieren im Nachhinein nicht erinnere und einschätzen kann, werde ich auch für die nächste Planung und Vorbereitung nicht wissen. War die Struktur helfend, anregend, lähmend? Das Protokoll macht Unklarheiten an dieser Stelle bewusster. Vielleicht besprichst du es mit Kollegen oder befragst die Gruppe über die Wirkung. Auch hier wird Genaueres bei den speziellen Problemen der Vorbereitung deutlich werden.

Verzicht auf ergänzende Protokolle

Man könnte nun nach Bedarf und je nach Lernzweck weitere Kategorien oder Probleme protokollieren, z. B. Leiterverhalten und -wirkung o. Ä. Aber, so wichtig diese und andere Kategorien sind, eine Überdifferenzierung dürfte zu Lähmung und Unhandlichkeit führen; der Nachteil würde – außer bei begründeten Einzelfällen – den Vorteil wohl überwiegen. Das effektive Geheimnis dieses Modells der Selbstsupervision besteht darin, die drei bis vier elementaren Faktoren der TZI durch differenzierendes Protokollieren bewusster zu machen. Sie haben sich in all ihrer Komplexität als grundlegend und genügend erwiesen. Die Beschränkung auf sie dürfte daher der rückschauenden Klärung wie der Veränderung, der Planung und Vorbereitung der nächsten Stunde/Sitzung meist genügen.

Literatur

Kroeger, M. (1983). Themenzentrierte Seelsorge. Stuttgart: Kohlhammer.

Walter Lotz

Beredtes Schweigen – Themenzentrierte Prozessanalyse als Reflexionsinstrument professioneller Praxis[1]

Walter Lotz zeigt in diesem Aufsatz, wie man das *Vier-Faktoren-Modell* nutzen kann, um berufliches Handeln – das eigene oder das anderer – zu reflektieren. Ein solcher Reflexionsprozess hilft den Beteiligten, Klarheit über das eigene Tun zu gewinnen, Grenzen und Spielräume besser zu erkennen und dadurch bewusster und professioneller handeln zu können. Lotz nennt dieses Verfahren Themenzentrierte Prozessanalyse (Behnisch, Lotz u. Maierhof, 2013). Sie ist ein Reflexionsinstrument, das man in unterschiedlichen beruflichen Feldern nutzen kann, vor allem solchen, in denen das kommunikative Handeln der Beteiligten im Mittelpunkt steht (z. B. Schule und Soziale Arbeit).

Im ersten Schritt der Prozessanalyse nutzt er die Struktur des Vier-Faktoren-Modells, um eine Situation oder einen Prozessverlauf zu verstehen und zu interpretieren (Situationsdeutung). In einem zweiten Schritt wird das Geschehen in Bezug gesetzt zu vier Leitideen, die Lotz zu den Verbindungslinien des Vier-Faktoren-Modells herausgearbeitet hat. Dieser Schritt hilft bei der Entwicklung einer Vorstellung von dem, was man in Zukunft erreichen möchte (Vision).

Das Spannungsfeld aus Situationsdeutung und Vision ist die Grundlage, auf der sich Überlegungen zum weiteren professionellen Handeln anstellen lassen: Denn durch Erkenntnisse aus der Analyse des Vergangenen können sowohl Überlegungen zur »inneren« Einstellung der Handelnden (Haltung) als auch in Hinblick auf ihre »äußere« Vorgehensweise (Methode) entwickelt werden *(s. Lotz u. Maierhof).*

---

1   Aus: Themenzentrierte Interaktion, 2012, 2, S. 46–55. – Abdruck mit freundlicher Genehmigung des Psychosozial-Verlags, Gießen, www.psychosozial-verlag.de

»Nur wer wesentlich schweigen kann, kann wesentlich reden.«
Søren Kierkegaard

Themenzentrierte Interaktion (TZI) ist eine Konzeption professionellen kommunikativen Handelns. Die darauf aufbauende Vorgehensweise der Prozessanalyse verbindet alltagspraktisch-erzählerische und fachlich-systematisierende Perspektiven und eröffnet damit ein analytisches Spannungsfeld aus »unmittelbarer Teilhabe am Geschehen« und »exzentrischem Standpunkt«, das professioneller Handlungsreflexion zugrunde liegt.

Im folgenden Aufsatz möchte ich diese Vorgehensweise Themenzentrierter Prozessanalyse an einer »signifikanten Szene« aus einem TZI-Workshop für diplomierte Mitglieder des Ruth Cohn Institute for TCI – International veranschaulichen. Birgit Menzel und ich hatten im Rahmen dieses viertägigen Workshops an zwei Tagen die inhaltliche Leitung zum Thema »Wahrnehmung, Beobachtung, Analyse von Prozessen – eine Voraussetzung zu ihrer produktiven Gestaltung« übernommen. Am zweiten Tag habe ich, nachdem wir am Abend zuvor Rollenspiele inszeniert und am Vormittag mit Hilfe der Videoaufzeichnungen analysiert hatten, eine Nachmittagseinheit eingeleitet mit der Einführung des Themas »Welche Problemfelder, die in den Rollenspielen deutlich geworden sind, finde ich in meiner Arbeitspraxis? Was unterstützt oder erleichtert, was erschwert oder strapaziert meine Haltung und Methode?« Bei der Einführung dieses Themas entstand eine Situation, die ich nun genauer betrachten möchte.

1. Situationsdeutung

In der Vorgehensweise der Prozessanalyse geht es in einem ersten Schritt um Situationsdeutung, also um die Frage, »Was ist hier eigentlich los?« Bevor ich dabei das Vier-Faktoren-Modell der TZI zur Interpretation heranziehe, suche ich zunächst nach signifikanten Szenen aus dem Prozessgeschehen. Das können einzelne Situationen sein, die mir wichtig zu sein scheinen, Teilaspekte solcher Situationen oder (vor allem bei größeren Analyseabschnitten) auch die Zusammenfassung mehrerer in ähnlicher Weise vorkommender Ereignisse. Und erst wenn mir klar ist, worauf ich das Faktorenmodell richte, mache ich mich an die Arbeit. Im Folgenden stelle ich, gewonnen aus meiner Beobachtung und meinem Erleben, eine kurze Sequenz aus einem TZI-Workshop dar und erarbeite für diese die einzelnen Schritte einer Prozessanalyse:

Nach meiner Themeneinführung meldeten sich K. und M. zu Wort mit dem Vorschlag, statt der für die Bearbeitung des Themas vorgeschlagenen Kleingruppenarbeit doch lieber eine Demonstration der Vorgehensweise der Themenzentrierten Prozessanalyse durch mich im Plenum zu machen, damit diese einmal »am Stück« erfahrbar und damit besser nachzuvollziehen sei.

Nach einer kurzen Rücksprache mit Birgit habe ich die geplante Struktur zugunsten der aktuell aufgekommenen Einfälle zurückgestellt und R., einer der beiden Leiter des Gesamtworkshops, fragte, wer denn nun diesen Demonstrationsfall einbringen möchte. Nach einiger Zeit des Schweigens in der Gruppe machte P., ebenfalls in der Rolle als Leiterin des Gesamtworkshops, den Vorschlag, wir könnten diese Demonstration auch an einem der pädagogischen Fallbeispiele eines vorliegenden Arbeitsblattes machen. Das aber brachte keine Lösung, die Gruppe blieb bei der Präferenz der Demonstration an einem aktuell eingebrachten Fallbeispiel – und das Schweigen ging weiter.

Da ich dieses Schweigen in der Gruppe keineswegs als eine »zentrifugale Flucht« oder als eine unangenehme Anspannung empfand, sondern die Atmosphäre im Plenum als eine um eine Lösung bemühte Konzentration, habe ich diese Zeit des Schweigens sowohl gut ausgehalten als auch als ausgedehnte Suchbewegung betrachtet – und das Schweigen währte lang und länger.

Zwischendrin sagte M., sie habe halt keinen Fall aus ihrer Arbeit mit einer Gruppe, und H. machte deutlich, warum auch er keinen Fall einbringen könne. Das waren wenige Wortbeiträge im anhaltenden Schweigen der Gruppe. Ich weiß heute nicht mehr, wer nach längerer Zeit noch einmal auf P.s Vorschlag der Demonstration der Vorgehensweise an einem pädagogischen Fallbeispiel zurückkam; jedenfalls wurde dieses Vorgehen jetzt von der Gruppe angenommen und wir machten uns gleich an die Arbeit.

1.1. Konstruktion der signifikanten Szene »Das Schweigen« und das Vier-Faktoren-Modell der TZI

Wenn ich zu diesem Prozessverlauf die signifikante Szene des Schweigens konstruiere, dann steht der Faktor ICH zum einen für die einzelnen Protagonisten von konkreten Vorschlägen, aber auch zum anderen für ein »Gesamt-ICH« der Schweigenden. Und gerade diese gleiche Reaktion mehrerer Einzelner macht ja hier die signifikante Szene aus. Der WIR-Faktor steht dann für eine zumindest äußerlich ruhige Beziehungssituation, in der jeder Einzelne aufgerufen war, zu einer gemeinsamen Entscheidung bzw. Lösung der »geöffneten Struktur« beizutragen – und, wie es mir schien, sich auch darauf konzentrierte. Wir waren in unserem Schweigen m. E. gut aufeinander bezogen, das WIR machte dabei aber einen recht hilflosen Eindruck. Das ES der signifikanten Szene steht für diese noch zu findende Entscheidung und das implizite

Thema, das uns beschäftigte, war die Frage »Wie könnte es jetzt weitergehen? Wer bringt den Fall?« Den GLOBE-Faktor sehe ich im Hinblick auf den durch die Leitung strukturell gehaltenen (und jetzt inhaltlich geöffneten) Rahmen der Nachmittagseinheit.

2. Vision

Situationsdeutung ist das erste, das Geschehen beschreibende Element der Prozessanalyse, das durch das Vier-Faktoren-Modell inhaltlich ausgerichtet wird. Es steht im Spannungsfeld zum zweiten Element der Vision, das Leitideen zur bewertenden Analyse des Geschehens einbringt. Auf die Spur zu solchen Leitideen hat mich Ruth Cohn mit ihrem Satz gebracht »Das Vierfaktoren-Modell des Dreiecks in der Kugel enthält die Grundlage humanistischer Ethik« (Cohn, 1984, S. 438). Damit weist sie darauf hin, dass das Vier-Faktoren-Modell nicht nur die pragmatische Dimension der vier Wirkfaktoren ICH, WIR, ES und GLOBE enthält, sondern auch eine normativ-ethische Dimension. Wie aber lässt sich diese formulieren?

Ruth Cohn verweist in ihren Ausführungen auf den Begriff der Person (Faktor ICH), auf die Zuerkennung der Selbstführung jedem anderen gegenüber (Faktor WIR), auf die Zuwendung zu den gemeinsamen Aufgaben (Faktor ES) und auf die erweiterungsfähige Verantwortlichkeit über das jeweilige interaktionelle Geschehen hinaus (Faktor GLOBE). Sie stellt dabei aber nicht die Faktoren für sich, sondern deren Verbindungen in den Mittelpunkt. Dies ist für mich der Ausgangspunkt, nach Begriffen zu diesen Verbindungen zu suchen, die als bewertende Leitideen das Faktorenmodell normativ »aufladen« können. Als solche Leitideen betrachte ich Bildung, Begegnung, Kooperation und Verantwortung. Diese Leitideen geben eine ethische Ausrichtung für das kommunikative Handeln aller Beteiligten vor und eröffnen damit ein Spannungsfeld zu dem, was ganz konkret und unmittelbar im Hier und Jetzt geschieht und im Element der Situationsdeutung festgehalten wird.

In den folgenden Überlegungen möchte ich diese Leitideen zum kommunikativen Handeln kurz vorstellen und durch das Benennen von jeweiligen Kompetenzen, die ihrer Ermöglichung zugrunde liegen, konkretisieren.

2.1. Leitideen zum Vier-Faktoren-Modell

Der Visionsbegriff *Bildung* (Kürzel: *Bd*) – Leitidee zur ICH-ES-Verbindung: Wenn Menschen eigenverantwortlich und gemeinschaftsfähig handeln, dann ist ihr Tun prinzipiell bewusstseinsfähig und Argumentationen zugänglich. Das

ist eine Qualität unseres Tuns, auf deren Grundlage wir mögliche Handlungsoptionen überlegen, bewerten, entscheiden und die eigene Regie im Tätigwerden
übernehmen. Das eigene Bewusstsein hat dabei eine ICH-zentrierte Perspektive
im Hinblick auf die Sachen, um die es geht: Im »ich«-Sagen sprechen wir ja ausdrücklich von uns selbst und unseren eigenen Bezügen, die wir zur Welt der
»Gegenstände« (ES) haben.

Das Gegenständliche, d. h. die Bewusstseinsinhalte, mit denen wir uns
beschäftigen, bringt aber auch eine dezentrierende Perspektive ein. Denn ich
muss ja etwas, eine Sache, ein Problem, ja selbst ein inneres Gefühl zum ver-
äußerten Gegenstand, d. h. zum Objekt meines Bewusstseins machen (obicere =
wegwerfen!).

Für dieses Spannungsfeld aus einem egozentrischen Blick auf die Gegenstände des Bewusstseins und einer sie »in Distanz« bringenden Perspektive
steht die visionäre Idee der Bildung. Sie hat eine *differenzierende* Seite in der
Kompetenz »*etwas zum Gegenstand machen*« (Kürzel: *Bd-D*). Und sie hat eine
integrierende Seite in der Kompetenz »*sich etwas zu eigen machen*«, also im
Aneignen von Gegenstandsbezügen (Kürzel: *Bd-I*).

Der Bildungsbegriff wirft damit die Frage auf, wie Menschen durch die
differenzierende und integrierende Beschäftigung mit den Gegenständen des
Bewusstseins ihre Urteilskraft und Entscheidungsfähigkeit als kommunikations-
fähige Personen stärken.

Der Visionsbegriff *Begegnung* (Kürzel: *Bg*) – Leitidee zur ICH-WIR-Verbindung:
Eine zentrale Grundidee des Humanismus ist, dass Menschen sich wechselseitig
als Personen, d. h. als zurechnungsfähige Menschen, die eigenverantwortlich
und gemeinschaftsfähig handeln, betrachten. Sie sind dann an gegenseitigem
Verstehen und kommunikativer Verständigung orientiert. Dazu gehört, den
anderen in seinen Sichtweisen, Motiven und Absichten anzuhören – und mit
eigenen Überlegungen darauf authentisch zu antworten. Auf diese Weise des
wechselseitigen Verstehens bauen die am Gespräch Beteiligten Vertrauen als
Grundlage ihrer Beziehung auf.

Für diese Form des kommunikativen Aufeinander-Bezogenseins steht
die Idee der Begegnung. Sie hat eine differenzierende Seite, indem die an
der Kommunikation Beteiligten sich in Abgrenzung und Unterscheidung
als »Gegenüber« wahrnehmen. Für diese *differenzierende* Seite stehen die
Kompetenzen »*sich mitteilen*« (Kürzel *Bg-DS*: differenzierender Aspekt als
Sprechende/-r) bzw. »*Antwort geben*« (Kürzel *Bg-DA*: differenzierender Aspekt
als Antwortende/-r). Und sie hat eine *integrierende* Seite im Aufeinander-Be-
zogensein, im wachsenden Vertrauen auf die wechselseitige Anerkennung als

Person. Für diese integrierende Seite steht die Kompetenz »*Vertrauen aufbauen in wechselseitiger Anerkennung als Person*« (Kürzel *Bg-I*).

Der Visionsbegriff *Kooperation* (Kürzel: *Ko*) – Leitidee zur WIR-ES-Verbindung: Wenn Menschen sich an die ihnen gemeinsamen Aufgaben machen, dann tun sie das auf der Grundlage ihrer jeweils eigenen Bezüge zu den Dingen. Jeder hat seine eigenen Vorstellungen im Hinblick auf ein gemeinsames ES. Das bedeutet aber, dass die Einzelnen die Koordination ihres gemeinsamen Handelns vor dem Hintergrund ihrer evtl. unterschiedlichen Dispositionen betreiben müssen. Das setzt Aushandeln und Vereinbaren, Widersprechen und Sich-Einigen, den eigenen Vorteil suchen und Aufeinanderzugehen voraus. Damit wird ein Spannungsfeld zwischen den jeweils eigenen Positionierungen und einer gemeinsamen Ausrichtung des Handelns deutlich.

Für die Kommunikation in diesem Spannungsfeld steht die visionäre Idee der Kooperation. Sie hat eine *differenzierende* Seite in der Orientierung jedes Einzelnen an den eigenen Vorstellungen, Motiven, Absichten. Für diese differenzierende Seite steht die Kompetenz »*mit dem eigenen Gegenstandsbezug den/die anderen konfrontieren*« (Kürzel: *Ko-D*). Kooperation hat ebenso eine *integrierende* Seite im »übergreifenden Gemeinsamen«, das das Handeln der Individuen koordiniert. Für diese Seite steht die Kompetenz »*sich auf etwas Gemeinsames einigen und darauf Bezug nehmen*« (Kürzel: *Ko-I*).

Der Visionsbegriff *Verantwortung* in den Verhältnissen (Kürzel: *Ve*) – Leitidee zum GLOBE:
Die Idee der handelnden Person, die um Bewusstheit bemüht und zur Argumentation bereit ist, ist eine Grundorientierung der TZI und wurzelt in der humanistischen Tradition der »Freiheit in Verantwortung«. Dies kennzeichnet ein Menschenbild, das die Menschenwürde durch die Selbstbestimmung im Angesicht des anderen, d. h. im kommunikativen Handeln, gegeben sieht.

Betrachte ich das TZI-Faktorenmodell unter dieser visionären Perspektive der »Freiheit in Verantwortung«, dann bezieht sich das damit angesprochene kommunikative Handeln auf die Art und Weise, Bedeutung zu bilden (ICH-ES), auf die Art und Weise, dem anderen zu begegnen (ICH-WIR) und auf die Art und Weise, die gemeinsamen Aufgaben anzugehen (WIR-ES).

Im Hinblick auf den Faktor GLOBE geht es dann darum, sich der die Kommunikation »umgebenden« Kontexte zu vergewissern; also solche »Umgebungen« in den Blick zu nehmen, die die Kommunikation beeinflussen oder durch sie beeinflusst werden sollen. Denn die Verantwortung der »freien Person« reicht über die unmittelbaren kommunikativen Prozesse hinaus – auf die engeren und weiteren Kontexte des GLOBE. Die Reichweite individueller Verantwortung ist die einer partiellen Teil- und Mitverantwortung. Sie ist nicht Verantwortung für die Verhältnisse, sondern Verantwortung in den Verhältnissen.

Die GLOBE-bezogene visionäre Leitidee der Verantwortung hat eine *differenzierende* Seite in der Kompetenz *»in den Verhältnissen – das eigene Distanz-Nehmen entscheiden und verantworten«* (Kürzel: *Ve-D*) und eine *integrierende* Seite in der Kompetenz *»in den Verhältnissen – das eigene Eingreifen entscheiden und verantworten«* (Kürzel: *Ve-I*).

2.2. Vision-bezogene Aspekte der Prozessanalyse

Suche ich jetzt im Prozessgeschehen nach Bezügen zu den visionären Leitideen und Kompetenzen, dann scheint mir zum einen mit den vorgebrachten Interventionen von K., M. und P., zum anderen aber auch durch die »stillen« Reaktionen in der Gruppe, ein Bd-Dilemma (Leitidee: Bildung) angezeigt: Es gibt offenbar noch Klärungsbedarf hinsichtlich der konkreten Arbeit mit der Prozessanalyse und die Demonstration am aktuellen Fallbeispiel soll die Vorgehensweise zum Gegenstand (und damit klar) machen (Bd-D; Leitidee Bildung: differenzierender Aspekt), so dass allmählich im Vertrautwerden und Üben die eigene Kompetenzentwicklung (Bd-I; Leitidee Bildung: integrierender Aspekt) deutlicher spürbar wird. Und das von mir vorgeschlagene Thema führt ja auch von diesem Anliegen eher weg, es überfordert den aktuellen Bd-Stand, d. h. die noch prekäre Sicherheit hinsichtlich der Vorgehensweise.

Zwar eröffnet die Leitung mit ihrem Thema und der Struktur der Kleingruppenarbeit durchaus die Bd-Dimension, aber in einer für die Teilnehmenden wenig zugänglichen Komplexität und mit einer Tendenz zur »Verflüssigung«. Denn bei dem vorgeschlagenen Thema kann ja alles Mögliche angesprochen werden (die Rollenspiele, die Arbeitspraxis, Aspekte der Haltung und Methode). Auf diese Weise kann sicher nicht die Vorgehensweise der Prozessanalyse geklärt werden. Auch besteht dabei die Gefahr, dass die Spontaneität der Einfälle zu ganz anderen Inhalten als der Prozessanalyse und von dieser deutlich wegführt! Das, was in der aktuellen Situation in der Gruppe »anliegt«, wird also durch das vorgeschlagene Thema nicht angesprochen, das vorgeschlagene Thema bedient dieses Bd-Bedürfnis der Klärung nicht. Stattdessen ist der von den Teilnehmenden eingebrachte Vorschlag einer Demonstration durch mich im Plenum viel deutlicher auf die Bearbeitung dieses Bd-Problems zentriert.

Interessant ist es, das Schweigen als eine Mitteilung im Sinne Bg-DA (Leitidee Begegnung: differenzierender Aspekt als Antwortende/-r) zu sehen, also als einen kollektiven Beitrag einer gewissen Ratlosigkeit auf die Bg-DS-Herausforderung (Leitidee Begegnung: differenzierender Aspekt als Sprechende/-r) »Wer bringt *den* Fall?« Warum aber kommt es nicht zu einer schnellen Antwort durch jemanden, der mit »Ich!« einfach einen Fall bringt (Bg-DA)?

–   Es könnte eine nicht genügend starke Vertrauenshaltung bei allen Einzelnen gewesen sein, eben nicht sicher zu sein, ob die Gruppe den eigenen Fallbeitrag annimmt und dieser auch den gewünschten Lerneffekt in der Gruppe möglich macht. Dann hätten wir ein Bg-I-Problem (Leitidee Begegnung: integrierender Aspekt), das das Schweigen erklärt.

–   Es könnte aber auch ein Moment verhinderter Rivalität gewesen sein, das die Einzelnen zur Zurückhaltung bewegt hat. Wer es wagt, sich mit dem von allen jetzt erwarteten Demonstrationsbeispiel zu zeigen (Ko-D; Leitidee Kooperation: differenzierender Aspekt), der positioniert sich an einer entscheidenden Stelle der inhaltsbezogenen Arbeit der Gruppe. Wer weiß, ob die Gruppe diese Statusbehauptung überhaupt freundlich aufnimmt (Ko-I; Leitidee Kooperation: integrierender Aspekt)?

–   Es könnte, und das liegt für mich am nächsten, aber auch ein inhaltlicher Grund gewesen sein: Wer die Vorgehensweise der Prozessanalyse gut erkennen will, für den dürfte es günstiger sein, wenn diese an einem Fallbeispiel eines anderen Teilnehmenden vorgeführt wird und der Zuschauende selbst nicht in dieses »verwickelt« ist. Er kann das Verfahren leichter zum distanzierten Gegenstand machen (Bd-D; Leitidee Bildung: differenzierender Aspekt) und sich dieses besser aneignen (Bd-I; Leitidee Bildung: integrierender Aspekt), wenn er oder sie es »von außen« wahrnehmen kann. Und diese inhaltsbezogene Disposition entspricht ja auch ganz dem o. g. Bd-Dilemma!

–   Interessant ist das Schweigen auch im Hinblick auf die Positionierung der Einzelnen zu den Verhältnissen, d. h. zu dem durch die Leitung eingebrachten Arbeitsrahmen. Hierzu habe ich den Eindruck, dass im Schweigen keine Distanzierung von der Verantwortung für unseren Arbeitsrahmen (Ve-D; Leitidee Verantwortung in den Verhältnissen: differenzierender Aspekt) liegt. Es ist eher eine interaktionelle Hilflosigkeit, verbunden mit der grundlegenden Bereitschaft, zusammen mit der Leitung eine Lösung zu finden.

Nun ist es für mich als Leiter sicher eine größere Herausforderung, vor aller Augen einen aktuellen Fall im Sinne des gewünschten Erkenntnisgewinns zu bearbeiten, als das von P. vorgeschlagene pädagogische Fallbeispiel, das ich ja gut kenne. Der Text hält »still«, er ist weniger spontan und unvorhersehbar als eine Fall-einbringende Person. Insofern spielt mir das Schweigen der Gruppe im Sinne einer Antwort (Bg-DA; Leitidee Begegnung: differenzierender Aspekt als Antwortende/-r) auf die Frage »Wer liefert den Fall?« zu. Es fällt mir nicht schwer, es auszuhalten, vor allem, da ich auch während des Schweigens keine Bg-I-Problematik (Leitidee Begegnung: integrierender Aspekt) in der Gruppe sehe: In meinem Empfinden der Gruppenatmosphäre sind wir zusammen dabei, eine Lösung zu finden, auch wenn wir noch in der Ratlosigkeit des Schweigens verharren. Und eigentlich glaube ich, dass das »stillhaltende« Fallbeispiel auf dem Papier für die Teilnehmenden ein besserer Ausgangspunkt für den gewünschten Bd-Fortschritt wäre. Ich sage es aber nicht, weil ich befürchte, das könnte als »Kneifen« ausgelegt werden. Das Schweigen hilft mir, unter Umgehung dieses Bg-Dilemmas, zu einer aus meiner Sicht angemessenen Vorgehensweise zu kommen. Es hat ja auch geklappt!

3. Haltung

Präsenz: Insofern bin ich präsent, vor allem im Hinblick auf meine Rolle: Ich öffne die Struktur für die Interessen der Gruppe, kann gut nachvollziehen, dass der vorgeschlagene Weg ein sinnvolles Bd-Anliegen auf den Weg zu bringen versucht und halte mich auch für die Demonstration an einem aktuell eingebrachten Fall bereit. P.s Vorschlag bringt meine persönliche Präferenz in das Geschehen ein, aber ich selbst will mich dafür nicht stark machen und hätte eben auch einen eingebrachten Fall gleich angenommen.

Achtsamkeit: Meine Achtsamkeit war zum einen auf mich selbst gerichtet; ich habe gespürt, wie es mir bei den Vorschlägen aus der Gruppe ging – bei K.s/M.s Idee, statt dem vorgeschlagenen Thema an der Vorgehensweise der Prozessanalyse zu arbeiten (»gut, da einsichtig«), bei P.s Idee (»auch gut, da problemlos«), bei der Idee der Bearbeitung eines eingebrachten Falls (»na ja, wird schon werden«). Zum anderen hat mich das Schweigen im WIR der Gruppe sowohl überrascht als auch ruhig gelassen. Es wirkte nicht verunsichernd, da ich es nicht als Bg-I-Problem (Leitidee Begegnung: integrierender Aspekt) gedeutet habe: Mein Vertrauen in die Gruppe war davon nicht tangiert. Aus meiner Sicht hat das Schweigen auch keine Delegation an die Leitung zu »transportieren« versucht, sondern es war ein echtes Schweigen, so, wie wenn man halt jetzt nichts zu sagen hat. Und je länger es dauerte, desto interessanter wurde es für mich in meiner Leitungsrolle.

Selektive Authentizität: Mit meiner eigenen Präferenz habe ich hinter dem Berg gehalten; ich wollte nicht inhaltlich argumentieren (Bd-D; Leitidee Bildung: differenzierender Aspekt), wenn meine Argumente u. U. auf der Bg-Ebene weg-interpretiert würden (Bg-DA: »Du kneifst!«; Leitidee Begegnung:

differenzierender Aspekt als Antwortende/-r). Darauf wollte ich mich nicht einlassen und P.s Vorschlag hat ja für meine eigene Präferenz »im Raum« gestanden. Transparent war damit mein persönliches Empfinden nicht, aber ich blieb in meiner Rolle als der erkennbar, der auch das eingebrachte Fallbeispiel in einer Demonstration »vor aller Augen« bearbeiten wird – so viel Herausforderung konnte ich auch in dieser Gruppe gut eingehen.

4. Methode

Wenn die Leitung mit einem (aus ihrer Sicht gut durchdachten) Thema an die Gruppe herantritt und einen (aus ihrer Sicht angemessenen) Vorschlag zur Struktur macht, aus der Gruppe aber schnell Vorbehalte dagegen eingewendet werden und eine andere Vorgehensweise »auf den Tisch kommt«, dann stellt sich die Frage nach der dynamischen Balance: Könnte der neu eingebrachte Gegenstand die vier Faktoren in ein produktiveres Verhältnis setzen und eine im visionären Zusammenhang von Bildung – Begegnung – Kooperation/ Verantwortung stehende Prozessgestaltung damit eher ermöglichen? Aus meiner Sicht konnte ich diese Frage nur bejahen und insofern habe ich mich gleich an Birgit gewandt, die der Öffnung unseres Prozesses zugestimmt hat.

Damit aber wurde die Gruppe selbst zum »Generator« von *Thema* und *Struktur*. Formuliere ich Ersteres mit: »Du zeigst uns jetzt einmal, wie das geht!«, und greife den Strukturvorschlag »Plenum« auf, dann bleibt noch offen, an welchem Demonstrationsbeispiel die Themenarbeit gelingen könnte. Die Leitung kann eine erfahrene TZI-Gruppe auch mit dieser konkretisierenden Aufgabe betrauen – solange sie in gutem Kontakt zu ihr steht. Aus meiner Sicht war das gegeben. Bevor es zum Schweigen kam, hatten wir also bereits ein gutes Stück Vorbereitung zur gemeinsamen Weiterarbeit in dieser geöffneten Struktur geleistet.

Ich sehe dann die Aufgabe der Leitung darin, diese Konkretisierungsarbeit durch Interventionen zu unterstützen. Ich habe das, nachdem das Schweigen immer länger wurde, dadurch getan, dass ich nach der Situationsdeutung im Hier und Jetzt gefragt habe. Ich glaube, es war H., der darauf geantwortet hat und erklärte, warum er auf die Frage nach dem, der jetzt einen Fall einbringt, nicht gleich »Hier!« gerufen habe. Seine Antwort hat mich in meinem Eindruck bestätigt, dass das Schweigen nicht destruktiv angelegt war, sondern dass in ihm eine gewisse Rat- und Entscheidungslosigkeit deutlich wurde.

Im weiteren Geschehen war nicht unwichtig, dass neben Birgit mit P. und R. zwei Workshop-Leitende anwesend waren und ich habe neben P.s Vorschlag auch mehrere kurze Beiträge von H. als Bereitschaft verstanden, aus einer »leitenden Teilnahme« heraus Interventionen einzubringen.

Es war dann natürlich interessant, dass wir uns bei der zweiten Nachfrage, ob wir uns nicht vielleicht doch mit einem pädagogischen Fallbeispiel als Demonstrationsobjekt beschäftigen sollten, sehr schnell auf diesen Weg geeinigt haben. Zurück zu den Leitideen könnte man diesen Weg als Ko-I (Leitidee Kooperation: integrierender Aspekt) betrachten: Zwei eingebrachte Vorschläge stehen sich gegenüber, das pädagogische Fallbeispiel (Ko-D; Leitidee Kooperation: differenzierender Aspekt) und der aktuell eingebrachte Fall (Ko-D). Die Gruppe tendiert eher zum zweiten Vorschlag, kann ihre Präferenz aber nicht konkretisieren. Nach der Erfahrung des Schweigens bekommt dann der erste Vorschlag größeres Gewicht und kann sich durchsetzen (Ko-I). Damit waren wir wieder arbeitsfähig und haben uns gleich an die Sache gemacht.

Literatur

Behnisch, M., Lotz, W., Maierhof, G. (2013). Soziale Gruppenarbeit mit Kindern und Jugendlichen. Weinheim u. Basel: Beltz Juventa.
Cohn, R. (1984). Buch II. In A. Farau, R. Cohn, Gelebte Geschichte der Psychotherapie. Zwei Perspektiven. Stuttgart: Klett-Cotta.

Walter Lotz und Gudrun Maierhof

TZI und Kompetenz-Orientierung im Studium der Sozialen Arbeit[1]

Wie pädagogische Handlungskompetenz im Studiengang der Sozialen Arbeit vermittelt werden kann, das ist der Gegenstand des Beitrags von Walter Lotz und Gudrun Maierhof. Die beiden Autoren stellen zunächst das Qualifikationsprofil des Studiengangs vor und zeigen anschließend am Beispiel der Prüfungsleistung einer Studentin in einem zweisemestrigen Praxismodul, wie Studierende ihr eigenes pädagogisches Handeln mit Hilfe Themenzentrierter Prozessanalyse *(s. Lotz)* reflektieren und gestalten können. Das Beispiel veranschaulicht die Vorgehensweise einer am *Vier-Faktoren-Modell* orientierten Prozessanalyse im sozialpädagogischen Handlungsfeld.

Ist die Soziale Arbeit ein Eignungsberuf, ist sie Bestimmung oder Berufung? Über welche Handlungskompetenzen sollte eine Sozialarbeiterin, ein Sozialarbeiter per se verfügen bzw. welche müssen in der Ausbildung erworben und demzufolge vermittelt werden? Kompetenz soll hier in Anlehnung an Wolfgang Klafki (1996) verstanden werden als Fähigkeit und Fertigkeit, Probleme lösen zu können, die Bereitschaft dafür mitzubringen und sie auch umzusetzen. Die Diskussion darüber ist noch nicht abgeschlossen und hat im Zuge der Einführung der Bachelor- und Masterstudiengänge »Soziale Arbeit« ihren Niederschlag in den Qualifikationsprofilen der Studiengänge »Soziale Arbeit« gefunden. Im Folgenden möchten wir darstellen, wie wir in unserem Modulkonzept die Kompetenzorientierung durch die Themenzentrierte Interaktion fundieren. Das dafür herangezogene Fallbeispiel einer Prüfungsleistung stammt von Alexandra Ottas (2011), der wir an dieser Stelle dafür danken, dass wir Teile ihrer Praxisdokumentation für den vorliegenden Beitrag verwenden durften.

---

1   Aus: Themenzentrierte Interaktion, 2011, 2, S. 25–33. – Abdruck mit freundlicher Genehmigung des Psychosozial-Verlags, Gießen, www.psychosozial-verlag.de

1. Das Qualifikationsprofil des Studiengangs

Das Qualifikationsprofil für Studierende des Bachelorstudiengangs »Soziale Arbeit« der Fachhochschule Frankfurt am Main sieht vor, »generalistische Kompetenzen« zu vermitteln, die die Heterogenität und ständige Aus-differenzierung der Tätigkeitsfelder innerhalb der Sozialen Arbeit erforder-lich machen. Fachkräfte der Sozialen Arbeiten sollen befähigt werden, in der Praxis »qualifiziert, wissenschaftlich fundiert, interdisziplinär vernetzt und fachlich reflektiert zu handeln« (Fachbereich 4 »Soziale Arbeit und Gesund-heit«, 2009, S. 3 ff.). Sozialarbeiterinnen und Sozialarbeiter sollen im Berufsall-tag in der Lage sein, ihre Haltungen und Handlungen kritisch zu reflektieren und wertschätzend mit sozialen Unterschieden umzugehen. Im Studium Soziale Arbeit werden Kompetenzen unter anderem auf den Ebenen von Wissen und Verstehen, von Beschreibung, Analyse und Bewertung sowie professionelle all-gemeine Fähigkeiten und Haltungen vermittelt. Eine Besonderheit im Bachelor »Soziale Arbeit« in Frankfurt am Main ist der enge Anwendungs- und Praxis-bezug des Studiums sowie die enge Verzahnung von Disziplinfächern mit den vier Praxisschwerpunkten, »Bildung und Erziehung«, »Ausgrenzung und Integration«, »Planung und Steuerung« sowie »Kultur und Medien«. Im Schwerpunktstudium erweitern die Studierenden ihre Reflexions- und Hand-lungskompetenzen und sammeln erste Praxiserfahrungen. Das von uns durch-geführte Seminar fand im Schwerpunkt »Bildung und Erziehung« im Modul 17/18 statt.

2. Die Bedeutung der TZI für die Kompetenzorientierung des Praxismoduls 18

Aufbauend auf dem einsemestrigen Modul 17 verbindet das zweisemestrige Praxismodul 18 des Studiengangs »Soziale Arbeit« ein 50-tägiges Praktikum mit Seminarveranstaltungen (sowohl im wöchentlichen Rhythmus als auch in Blockform), die das Praktikum inhaltlich und selbstreflexiv begleiten. Das Modul 18 ist vor allem auf die Vermittlung folgender Kompetenzen ausgerichtet:
- die Fähigkeit zur Anwendung von Wissen und Verständnis der Profession Sozialer Arbeit in einem berufspraktischen Kontext;
- die Fähigkeit zur beruflichen Kommunikation und Interaktion;
- die Fähigkeit zur Selbstreflexion;
- die Fähigkeit zur Dokumentation berufspraktischer Erfahrungen.

Fasst man diese einzelnen Aspekte unter der allgemeinen Beschreibung einer
sozialpädagogischen Handlungskompetenz zusammen, so steht die Modul-
Prüfungsleistung der Praxisdokumentation in unserem Modulangebot in
direktem Zusammenhang zur Reflexion und Gestaltung sozialpädagogischer
Prozesse mit Hilfe Themenzentrierter Prozessanalyse (Lotz, 2007a, 2007b, 2008;
Behnisch, Lotz u. Maierhof, 2013). Eine konzeptionelle Orientierung an der TZI
vermittelt dabei die Kompetenzen:

– ein Geschehen mit Hilfe des Vier-Faktoren-Modells situationsdeutend fachlich aufzuschließen und
– in Bezug zu setzen zu den visionären Leitideen der Bildung (ICH-ES-Aspekt),
   Begegnung (ICH-WIR-Aspekt), Kooperation (WIR-ES-Aspekt) und Verantwortung (GLOBE-Aspekt);
– die eigene Haltung im Spannungsfeld von persönlicher Teilhabe und
   funktionalem Leitungsauftrag nach Merkmalen der Präsenz, der Achtsamkeit und selektiven Authentizität auszurichten und
– die methodische Prozessgestaltung durch die Arbeit mit Themen, Strukturen
   und Interventionen dynamisch zu balancieren.

Die daran orientierte Vorgehensweise einer themenzentrierten Prozessanalyse
erarbeiten wir während der zwei Semester mit den Studierenden an Beispielen
aus ihren Praktika. Die Studentinnen und Studenten führen dann im Rahmen
ihrer abschließenden Prüfungsleistung ein kleines Praxisprojekt durch, das sie
selbst gestalten. In ihren Prozessanalysen sollen sie zeigen, dass sie

– ihren sozialpädagogisch-institutionellen Auftrag angemessen in kommuni-
   katives Handeln einbringen können;
– unterschiedliche Fallzugänge und Reflexionsweisen ihrer Praxis aufeinander
   beziehen können;
– die Handlungskonzeption der TZI im Zusammenhang der Elemente Situationsdeutung, Vision, Haltung und Methode generativ nutzen können (Lotz, 2003).

Ihre Prüfungsleistung erstellen die Studierenden in Form von Protokollen zu
ihren Praxiserfahrungen. In einzelnen Schritten gehen sie dabei zunächst von
Erfahrungsberichten aus und schlüsseln diese mit Hilfe des Vier-Faktoren-
Modells auf. Sie bringen diese erste Auswertung dann in den Zusammenhang
zu den Leitideen und Kompetenzen kommunikativen Handelns (Lotz, 2007a)
und stellen anschließend Überlegungen zur Sicherung einer angemessenen
Haltung und zur methodischen Gestaltung des weiteren Prozessverlaufs mit
Thema und Struktur an.

3. »Wir bauen eine Lego-Traumstadt: Wir finden die Balance zwischen Individualität und Gemeinschaftsfähigkeit« – ein Fallbeispiel

Wir möchten nun am Fallbeispiel des Ausschnitts aus einer unveröffentlichten Praxisdokumentation verdeutlichen, wie die Studierenden in ihrem Handeln und der prozessanalytischen Dokumentation vorgegangen sind. Das Beispiel stammt von Alexandra Ottas (2011), die ihr Praktikum in einem Hort einer Selbsthilfe-Organisation absolvierte.

Alexandra Ottas beschreibt zunächst den GLOBE ihrer Einrichtung und den aus ihren Beobachtungen gewonnenen Auftrag für ihr Projekt »Doch während der nächsten Wochen meines Praktikums erfuhr ich, dass viele Kinder aus schwierigen sozialen Verhältnissen stammten und sprachliche Probleme oder Auffälligkeiten im Sozialverhalten aufwiesen. Mir fiel auf, dass es im gemeinsamen Spiel der Kinder aufgrund von mangelnder Kommunikation oder auch Kooperationsbereitschaft sehr häufig zu Konflikten kam, die oft in handgreiflichen Auseinandersetzungen endeten. In der Gruppe war wenig Gemeinschaftsgefühl, stattdessen aber ein ausgeprägtes Konkurrenzdenken der Kinder zu spüren. Des Weiteren hatten die Kinder Probleme, sich längere Zeit auf ein Spiel oder eine Aufgabe zu konzentrieren. Bei der Zusammenarbeit mit den Kindern bemerkte ich aber auch, dass die Kinder besonderes Interesse und großen Spaß am Lego-Bauen zeigten. Sie waren jedes Mal sehr traurig darüber, dass sie am Ende des Horttages ihre ›Kunstwerke‹ wieder auseinander bauen und, so wie es im Hort die Regel war, die Legosteine wieder wegräumen mussten. […] Die sozialpädagogische Intention, die hinter der Projektidee stand, war, die Kooperationsfähigkeit und Kommunikationsfähigkeit sowie die Konfliktfähigkeit der Kinder zu fördern. Sie sollten lernen, in einem kommunikativen Austausch- und Aushandlungsprozess gemeinsam auf ein Ziel hinzuarbeiten und dabei ihre individuellen Fähigkeiten konstruktiv einbringen zu können. Außerdem bestand die Möglichkeit, das Interesse und die Begeisterung der Kinder am Legobauen dafür zu nutzen, das Durchhaltevermögen zu stärken« (S. 2 f.).

In ihrem ersten Protokoll stellt Alexandra Ottas den Beginn ihres Projektes vor. Nach einem Stadtrundgang zur gedanklichen Einstimmung auf das Thema »Wir bauen eine Lego-Traumstadt« zeichneten die Kinder einen »Städtebauplan« mit allem, was ihrer Meinung nach in keiner »Traumstadt« fehlen sollte.

Im zweiten Erfahrungsbericht schildert sie nun den Beginn der Bautätigkeiten. Im ganzen Raum verteilt, bauten die Kinder ihre jeweiligen Gebäude zunächst für sich, einige fanden sich jedoch bald zusammen und fügten ihre

Bauteile aneinander, so dass die Stadt in ihren Konturen allmählich wuchs. Doch nach einiger Zeit wurden die vorhandenen Bauteile knapp und es kam zu Konflikten: »Die Kinder fingen an, die Häuser, Autos und weitere Gegenstände, die andere Kinder gebaut hatten, umzubauen oder Teile davon bei ihren eigenen Kunstwerken einzubauen. Zum Teil waren Streitereien auch auf Missverständnisse zurückzuführen. So hatten ein paar Kinder ihr Bauwerk halbfertig zurückgelassen, um sich kurzzeitig mit etwas anderem zu beschäftigen und andere Kinder haben die verwaisten Gegenstände dann genommen und in ihre Einzelteile zerlegt, um an die gewünschten Legosteine zu gelangen. Das führte natürlich zu Unzufriedenheit und Konflikten. Beispielsweise stritten sich A. und J. lautstark darüber, wer wem etwas geklaut hat und rissen sich gegenseitig wütend die Legobauteile aus der Hand. A.: schrie: ›Maaaaann, das ist meins! Ich hatte das zuerst! Gib das sofort wieder her!‹ Daraufhin schrie J. zurück: ›Nein, das stimmt nicht! Du lügst! Das gehört nicht nur Dir allein [...] das gehört uns allen!‹ Der Streit ging zunächst so weiter, dann sagte J. plötzlich: ›Das ist sowieso Scheiße, was du gebaut hast. Meins ist viel besser!‹ A. erwiderte: ›Überhaupt nicht [...] Deins ist hässlich!‹« (S. 10 f.).

Alexandra Ottas hielt sich zunächst zurück, wurde aber bald von den Kindern in die Lösung der Konflikte einbezogen, konnte aber nicht die heftigen Auseinandersetzungen verhindern, bei denen erste Bauteile zu Bruch gingen: »Dieser Vorfall beschäftigte mich innerlich aber weiterhin, da ich unzufrieden mit dem Ausgang dieses Projekttages war. Ich hatte auch die Sorge und Befürchtung, dass der nächste Projekttag ähnlich verlaufen könnte. Ich überlegte deshalb, wo die Ursache für den Konflikt lag und ob es eine Möglichkeit gegeben hätte, die Konfliktsituation besser zu lösen bzw. wie ich sie im Hinblick auf den nächsten Tag vermeiden könnte. Ich beschloss, diese Konfliktsituation anhand des TZI-Modells noch einmal zu reflektieren, in der Hoffnung durch die Analyse eine Lösung für die Problematik zu finden« (S. 11).

Dazu greift sie aus dem Geschehen die Konfliktsituation zwischen den beiden Jungen als *signifikante Szene* heraus und legt an diese das Vier-Faktoren-Modell an:

»ICH: Ich in meiner pädagogischen Rolle, der Junge A. und der Junge J.

WIR: Die Beziehung von A. und J. ist in dieser Situation von einem Konkurrenzdenken geprägt. Ich befinde mich zunächst in einer passiven und beobachtenden Position, werde dann aber in das Geschehen miteinbezogen und muss in Funktion meiner pädagogischen Rolle intervenierend eingreifen.

ES: Es geht um das Austragen eines Konfliktes: A. und J. streiten um Bauklötze und darum, wer das schönere Legokunstwerk gebaut hat.

GLOBE: Spielraum im Hort« (S. 11 f.).

Diese in den Mittelpunkt gerückte Szene interpretiert sie im Hinblick auf das Thema ihres Projekts: »Die hier beschriebene signifikante Szene stellt eine typische Konfliktsituation unter Kindern dar. Wenn Kinder zusammen spielen, kommt es vor, dass sie sich um Spielsachen streiten und sich darum ringen, wer die/der Erste, die/der Stärkste, die/der Beste ist. Auch für mich war es zunächst nicht ungewöhnlich. In der beschriebenen Konfliktsituation geht es bei A. und J. vermutlich zunächst um die Klärung der Besitzverhältnisse: Wem gehört der Bauklotz? Dabei vertreten beide Jungen ihren Standpunkt und bringen nachvollziehbare Argumente in die Auseinandersetzung mit ein. […] Ich beschließe, zunächst nicht einzugreifen, sondern gebe den beiden Jungen die Möglichkeit, auszuprobieren, wie man mit gegenteiligen Meinungen umgeht. Im Verlauf merke ich aber, dass es ihnen nicht gelingt, eine einvernehmliche Lösung für das Problem zu finden. Ich versuche durch Hinweise und Fragen die Kinder dazu zu bringen, trotz allem einen gemeinsamen Lösungsweg zu finden. […] Ich spüre, dass es den beiden Jungen nicht mehr lediglich um diesen einen speziellen Legobaustein geht, sondern nun auch um das Austesten von Macht und Stärke. Aus dem Streit um den Legobaustein entwickelt sich ein Konkurrenzkampf darüber, wer der Bessere ist. Zunächst tragen sie den Machtkampf verbal aus, doch dann zerstört A. den Legoturm von J. und der Streit endet in einer handgreiflichen Auseinandersetzung. Ich greife nun doch ein, um die Rangelei zu beenden. Mir gelingt es zwar, die Situation nach außen hin zu beruhigen, merke aber, dass der Konflikt im Inneren der Kinder weiterschwelt« (S. 12).

Alexandra Ottas fokussiert nun die signifikante Szene auf die Leitideen Bildung, Begegnung und Kooperation. Sie betrachtet dabei die Konfliktsituation zwischen den Kindern als eine Chance z. B. zur Eröffnung eines Bildungsprozesses: »Wie bereits erwähnt, sind soziale Konflikte wichtig für den Entwicklungsprozess von Kindern. Dazu ist es erforderlich, den Kindern die Möglichkeit zu geben, ihre Konflikte selbst zu lösen und nicht zu früh lenkend einzugreifen. Die Entwicklung von Sozialkompetenzen stellt für die Kinder einen Lernprozess dar. Es gibt Konfliktsituationen, bei denen die Kinder ähnlich wie in der von mir beschriebenen signifikanten Szene es nicht selbst schaffen, zu einer Einigung zu kommen. In diesen Situationen brauchen sie noch Unterstützung und machen ein sozialpädagogisches Intervenieren nötig. In der signifikanten Szene versuche ich beispielsweise, die Kinder in ihrem Dialog dabei zu unterstützen, gemeinsam Lösungen zu finden. […] Die Leitidee der Bildung taucht im Kontext dieser Situation also auf. […] Ein integrierender Aspekt findet bei A. und J. nicht statt, da sie meine Vorschläge nicht annehmen bzw. nicht darauf eingehen.

Bei der Leitidee der Begegnung wird vor allem der differenzierende Aspekt bei den beiden Jungen A. und J. deutlich. Beide vertreten ihre Standpunkte und teilen sich gegenseitig ihre Meinung mit. Jeder reagiert auf die Äußerung des anderen. [...] A. und J. erleben sich in dieser Situation gegenseitig als Kontrahenten und stehen in einer Art Konkurrenzkampf miteinander. Ähnlich verhält es sich mit der WIR-ES-Leitidee Kooperation. Unter dem differenzierenden Aspekt betrachtet konfrontieren sich beide Jungen gegenseitig mit ihrer Meinung und versuchen durch Argumente darzulegen, weshalb sie im Recht sind. A. ist der Überzeugung, dass er ein Anrecht auf den Legobaustein hat, weil er ihn seinen Aussagen zufolge als Erster in der Hand hatte. J. hält dagegen, indem er sagt, dass die Legobausteine allen Kindern gehören würden [...] Während ihrer Auseinandersetzung gelingt es ihnen nicht, zu einer gemeinsamen Übereinkunft zu kommen, weshalb ein integrierender Aspekt nicht stattfindet« (S. 14).

Im Hinblick auf die Sicherung einer entwicklungsfördernden Haltung beschreibt Alexandra Ottas, wie sie die Auseinandersetzung der Kinder und ihre eigene Rolle in diesem Geschehen unter den Haltungsaspekten der Präsenz, Achtsamkeit und selektiven Authentizität betrachtet: »Ich spüre, dass die beiden Jungen sich von mir eine Schlichtung für den Streit erhoffen. Jedoch ist mir auch bewusst, dass ich ihre Konfliktfähigkeit nur fördern kann, wenn ich den Konflikt in dieser Situation nicht *für* sie regele, sondern sie bei ihrem Aushandlungsprozess unterstützend begleite. In diesem Moment trete ich aus meiner passiven Rolle etwas heraus. Ich lasse mir von beiden Kindern den Vorfall schildern, um jedem Einzelnen das Gefühl zu geben, dass ich ihn ernst nehme [...] Durch das Mitteilen der eigenen Gedanken und Gefühlszustände können sich die Kinder besser in die Lage der anderen Person hineinversetzen und sie verstehen. Ich kann es nachempfinden, dass meine neutrale Reaktion bei den beiden Jungen eine gewisse Unzufriedenheit hervorruft, da ich ihnen nicht die erhoffte Lösung für ihren Konflikt biete. Stattdessen versuche ich sie am Lösungsprozess zu beteiligen und mache ihnen noch Vorschläge, die eine weitere Kooperationsbereitschaft von ihnen abverlangt [...] Ich vermute, dass ich sie mit diesem Aushandlungsprozess etwas überfordert habe. Nicht immer lassen Kinder spüren, wo sie ihre persönliche Grenze haben. A. fühlt sich von J. Äußerungen wahrscheinlich sehr provoziert und verletzt. Er kann oder will nicht äußern, was ihn innerlich bewegt, und weiß sich in diesem Moment nicht anders zu helfen, als den Turm von J. zu zerstören, um seine Grenze aufzuzeigen [...] Mir ist klar, dass in diesem Moment keine Verständigung mehr möglich ist und mir in meiner Funktion keine andere Handlungsalternative bleibt als einzugreifen und die Kinder auseinander zu ziehen« (S. 15 f.).

Im Hinblick auf die methodische Gestaltung des Prozesses macht sich Alexandra Ottas zunächst Gedanken zur thematischen Orientierung und

Strukturierung: »Für den weiteren Prozessverlauf mache ich die Förderung der Konflikt- und Kooperationsfähigkeit zum Gegenstand (ES). Daraus lässt sich folgendes THEMA ableiten: Wie kann ich erreichen, dass Kinder schrittweise lernen, in Konfliktsituationen selbständig und gemeinsam nach Lösungswegen zu suchen, und wie kann ich sie in ihrem Aushandlungsprozess angemessen unterstützen?« Zur Förderung einer guten Konfliktkultur möchte Frau Ottas den Kindern einerseits Raum für das selbständige Austragen von Konflikten geben, andererseits aber zur Unterstützung dabei ›in der Nähe bleiben‹. Und sie hat eine Idee für eine dafür geeignete STRUKTUR: »Um Konflikten und Missverständnissen vorzubeugen, die vermeidbar sind, wäre es hilfreich, bereits im Vorfeld Regeln aufzustellen. Die Regeln könnte man auch in Zusammenarbeit mit den Kindern entwickeln« (S. 17). Sie brachte dazu am nächsten Tag an mehreren Stellen im Raum Schilder mit der folgenden Aufschrift an: »Vorsicht! Hier wird noch gebaut!« oder: »An diesem Platz kannst Du Deine Lego-Bauwerke parken, bis Du weiterspielen willst!« Sie bat nach dem Frühstück die Kinder zu einem Sitzkreis und vermittelte ihnen ihre Vorschläge, die helfen sollten, Streit zu vermeiden: »Im Anschluss ließ ich jedes Kind den ›Bauarbeiter-Vertrag‹ […] unterschreiben, um das Gefühl der Verbindlichkeit zu verstärken« (S. 19).

Auch stellte sie sich darauf ein, bei eskalierenden Konfliktsituationen einzugreifen, um »den Konflikt zu unterbrechen und Verletzungen zu vermeiden. In den seltensten Fällen ist der Konflikt jedoch damit beendet, sondern lediglich die äußere Ordnung hergestellt. Deshalb wäre es auch hier sinnvoll, die Konfliktsituation mit den Kindern noch einmal zu besprechen, jedoch zu einem späteren Zeitpunkt, wenn sich die Kinder wieder beruhigt haben« (S. 18 f.).

4. Resümee

Wir haben am Beispiel der Praxisdokumentation von Alexandra Ottas veranschaulicht, wie wir die praxisbezogene Kompetenzorientierung der Studentinnen und Studenten im Modul 18 durch die Orientierung an der TZI-Konzeption und am Verfahren der Themenzentrierten Prozessanalyse zu entwickeln versuchen. Auch wenn einige der Rahmenbedingungen des modularisierten Bachelor-Studiengangs es uns und den Studierenden nicht gerade leicht gemacht haben, so sehen wir uns angesichts der vorliegenden Prozessanalysen und Evaluationsergebnisse auf einem guten Weg, Themenzentrierte Interaktion als eine für das berufliche Handeln relevante Konzeption in die Inhalte des Studiengangs einzubeziehen. Frau Ottas schreibt abschließend dazu: »Faszinierend am Handlungskonzept der Themenzentrierten Interaktion finde ich, dass es in allen

Situationen anwendbar ist. Oftmals kam ich zu wichtigen Erkenntnissen, die mir erst durch die Prozessanalyse mittels des TZI-Konzepts bewusst und sichtbar gemacht wurden« (S. 27).

Literatur

Behnisch, M., Lotz, W., Maierhof, G. (2013). Soziale Gruppenarbeit mit Kindern und Jugendlichen. Weinheim u. Basel: Beltz.

Fachbereich 4 »Soziale Arbeit und Gesundheit« (Hrsg.) (2009). Modulhandbuch Soziale Arbeit, Bachelor (B. A.). Frankfurt a. M.: Fachhochschule.

Klafki, W. (1996). Neue Studien zur Bildungstheorie und Didaktik (5. Aufl.). Weinheim u. Basel: Beltz.

Lotz, W. (2003). Sozialpädagogisches Handeln. Eine Grundlegung sozialer Beziehungsarbeit mit Themenzentrierter Interaktion. Mainz: Grünewald.

Lotz, W. (2007a). Themenzentrierte Prozessanalyse – ein Instrument zur Sicherung der Qualität professionellen kommunikativen Handelns. Themenzentrierte Interaktion, 21 (1), 58–71.

Lotz, W. (2007b). Praxiserfahrungen mit Themenzentrierter Prozessanalyse. Themenzentrierte Interaktion, 21 (2), 55–66.

Lotz, W. (2008). Entwicklung pädagogischer Handlungskompetenz und die Struktur der Triangularität. In F. Dammasch, D. Katzenbach, J. Ruth (Hrsg.), Triangulierung. Lernen, Denken und Handeln aus psychoanalytischer und pädagogischer Sicht (S. 217–232). Frankfurt a. Main: Brandes & Apsel.

Ottas, A. (2011). Wir bauen gemeinsam eine Lego-Traumstadt – Wir finden die Balance zwischen Individualität und Gemeinschaftsfähigkeit. Themenzentrierte Prozessanalyse zum sozialpädagogischen Handeln. Unveröffentlichte Praxisdokumentation Modul 18.1, WS 2010/11. Frankfurt a. M.: Fachhochschule, Studiengang »Soziale Arbeit«.

Carolin Bücking

Themen finden, formulieren, einführen – welche Auswirkungen haben sie für das Unterrichtsgeschehen?[1]

Die Themenzentrierte Interaktion trägt den Begriff »Thema« in ihrem Namen. Die Formulierung eines Themas ist der zentrale Aspekt der TZI. Das Thema, so Ruth Cohn, zentriert die Interaktion, fokussiert die Teilnehmenden einer Gruppe auf einen Gegenstand mit dem Ziel, dass diese angeregt werden, sich thematisch aktiver einbringen zu können. Themen zu formulieren ist daher ein wichtiger Bestandteil von Leitung und eine der wichtigsten Interventionsmöglichkeiten in Gruppen. Carolin Bückings Text macht die Wirkungen von Themenformulierungen am Beispiel einer siebten Klasse zur Unterrichtseinheit »Fremdwörter« sicht- und nachvollziehbar. Dabei greift sie auf einen Aufsatz von Eike Rubner, Psychotherapeut und Psychoanalytiker (vgl. »Themenzentrierte Interaktion«, 2009, Heft 2), zurück, der ein Modell entwickelt hat, wie aus einem Sachgegenstand ein Thema wird, das motiviert und durch das Bilder in den Köpfen der Teilnehmenden entstehen. Ihr Text steht exemplarisch für die Entwicklung eines Themas auf der Grundlage des *Vier-Faktoren-Modells*. Bücking nimmt den Leser / die Leserin in die Reflexion des Prozesses mit.

Mein Weg zum Thema

Ausgehend von der Idee, eine Unterrichtseinheit mit TZI zu planen, durchzuführen und zu reflektieren, wollte ich mich auf den Aspekt der Themenfindung und Themenformulierung konzentrieren, da ich mich schon oft damit beschäftigt habe, wie weniger interessante Themen im Unterricht so behandelt werden können, dass die Schülerinnen und Schüler – und auch ich selbst – Spaß an der Sache finden und gewinnbringendes Arbeiten möglich ist. Bei der Unterrichtsvorbereitung erlebe ich es immer wieder, dass ich mit den vorgegebenen Inhalten hadere und sie selbst nicht interessant finde. Dabei kommt

---

1   Aus: Themenzentrierte Interaktion, 2011, 2, S. 84–95. – Abdruck mit freundlicher Genehmigung des Psychosozial-Verlags, Gießen, www.psychosozial-verlag.de

bei mir die Frage auf, wie ich Interesse bei den Schülern wecken soll, wenn ich selbst kein Interesse habe. Es kann auch vorkommen, dass ich von der Bedeutung oder Wichtigkeit bestimmter Inhalte nicht überzeugt bin. Meine bisherige Strategie im Umgang mit diesen Problemen war es meist, die Einheit eher kurz zu halten, um interessante Inhalte ausführlicher behandeln zu können. Eine zweite Herangehensweise bestand darin, einen »trockenen« Unterrichtsstoff mit motivierenden Methoden schmackhaft zu machen.

Ich denke, dass eine gute Themenformulierung diese Handlungsweisen nicht ersetzen, aber unterstützen kann. Zudem geht es bei dem Aspekt Thema bei der TZI nicht nur darum, etwas Uninteressantes interessant zu machen. Trotzdem wollte ich für die Umsetzung im Unterricht einen eher uninteressanten Lernstoff auswählen, da mir gerade dort die Themenformulierung besonders wichtig erscheint und mir diese Aspekte bei meiner täglichen Arbeit am meisten Kopfzerbrechen bereiten.

Ein Gedanke von Farau und Cohn geht in diese Richtung: »Wenn aus äußeren Gründen ein Thema vorgegeben ist, das nicht dem Anliegen der Gruppenteilnehmenden, sondern einem Lehrplan, einem hierarchiegebundenen Betriebsanliegen oder unreflektierter Tradition entstammt, kann eine gute Themenformulierung das Gruppeninteresse wachrufen« (Farau u. Cohn, 1984, S. 365).

Für mich ist ein wichtiger Schritt dabei, die Inhalte des Lehrplans auf die Lebenswelt der Schüler zu beziehen. Die Themenformulierung nach TZI soll mich also bei einem schwierigen Aspekt meines Berufslebens unterstützen und die Zufriedenheit beim Unterrichten erhöhen. Ein hohes Ziel! Mir war klar, dass ich dieses Ziel nicht nach einmaligem Ausprobieren erreichen würde. Zunächst einmal war ich einfach neugierig, wie sich die Themenformulierung, die ich bei den TZI-Seminaren so schätze, auf die Schule übertragen lässt und wie meine Schüler darauf reagieren. Und auch, wie und ob sich die Themenformulierung mit der Aufgabenstellung vereinbaren lässt, die in der Schule vorherrscht: Gerade im Referendariat wurden wir angehalten, die Aufgaben mit präzisen Operatoren zu formulieren und somit enger zielgerichtete Aufträge zu stellen. Begriffe wie »benenne«, »beschreibe« und »erläutere« kamen in keiner der TZI-Themen vor, die mir bisher begegnet sind.

In diesem Text möchte ich zunächst den theoretischen Hintergrund kurz darstellen, als Nächstes meine Schritte zum Thema und die konkrete Unterrichtsplanung vorstellen, über die Durchführung der Unterrichtsstunden berichten und diese im Anschluss reflektieren. Den Schluss stellt ein kurzer Ausblick dar.

Annäherung an das Thema über die Literatur

Wie aus dem Begriff »Themenzentrierte Interaktion« hervorgeht, ist das Thema bei der Arbeit mit TZI von zentraler Bedeutung. Das Thema lässt sich als »formuliertes Anliegen« (Schneider-Landolf, 2009, S. 157) verstehen und unterscheidet sich also vom ES, was die Sache, die Aufgabe, den Inhalt und den Lernstoff bezeichnet (vgl. S. 161). Das Thema kann einen Sachinhalt, das ES, ansprechen, aber eben auch die beiden anderen Eckpunkte des Dreiecks. Nach Barbara Langmaack hat das Thema den Schwerpunkt an einem der Dreieckspunkte, bezieht aber auch die anderen beiden Punkte mit ein (vgl. Langmaack, 2001, S. 106). Wenn ich mich als Leiterin mit der Themenfindung und -formulierung beschäftige, kann es also hilfreich sein, das Thema in ein TZI-Dreieck einzuzeichnen. Das kann mir sowohl am Anfang des Prozesses helfen, Schwerpunkte zu setzen, als auch als Überprüfung dienen, ob das fertig formulierte Thema wirklich meinen Zielen entspricht. So könnte es passieren, dass ich ein eher unattraktives Sachthema zunächst in die Nähe des ES platziere, dann aber merke, dass es für die Balance wichtig ist, auch das ICH und das WIR, also das persönliche Erleben und das Beziehungsgeschehen, in den Blick zu nehmen. Das könnte für mich ein Appell an meine Kreativität sein, das Thema zu öffnen und auch bei unattraktiven Inhalten lebendiges Lernen zu ermöglichen. Anfügen möchte ich, dass ich unter Balance nicht verstehe, dass das Thema genau in der Mitte der Dreieckspunkte stehen muss. Das Ziel ist die optimale Bearbeitung von Inhalten und dazu ist es nötig, die jeweilige Gruppe und deren Individuen genau im Blick zu haben, sowie den momentanen Prozess der Gruppe.

Auf die Rolle des GLOBE beim Entwickeln eines Themas wird bei Langmaack an einer Stelle verwiesen. Bei den Schritten auf dem Weg zum fertigen Thema nennt sie als letzten Schritt die »Übereinstimmung mit dem GLOBE« (2001, S. 119). An dieser Stelle verweist sie darauf, dass die Gruppe die Realität nicht aus den Augen verlieren darf, wenn sie engagiert arbeitet.

Schritte zum Thema

Bei der Vorbereitung der Unterrichtseinheit habe ich mich an einem Artikel von Eike Rubner mit dem Titel »Themen formulieren und einführen« orientiert (Rubner, 2009, S. 80–89). Eine weitere Hilfestellung bot mir Barbara Langmaack (2001, S. 106–124). Ihre Schritte und Anmerkungen waren für die Reflexion meiner Themenstellung geeignet. Teilweise überschneiden sich die Hinweise aus den beiden Darstellungen. Immer wieder wird betont, welch hohe Kunst die Themenformulierung darstellt und wie viel Übung sie erfordert. Ich habe versucht, mich durch die detaillierten Anleitungen nicht abschrecken zu lassen.

Bei der Themenfindung für die Einheit habe ich also zunächst Vorüberlegungen angestellt, anschließend bin ich die »Drei Schritte zum THEMA« gegangen (Entwickeln eines einfachen Themensatzes, Assoziationen zum Themensatz, Aufbereitung zu einem anregenden Thema) (Rubner, 2009, S. 82 ff.). Im Hinterkopf hatte ich dabei Ruth Cohns zwölf Kriterien für ein adäquat formuliertes Thema (vgl. Rubner, 2009, S. 82 f.).

Planung der Unterrichtseinheit

Als kurze Unterrichteinheit habe ich den Lernstoff »Fremdwörter« im Rahmen der größeren Unterrichtseinheit »Rechtschreibung« in meiner siebten Klasse gewählt. Zunächst ging es mir darum, ein Thema für diese Unterrichtseinheit zu finden.

Vorüberlegungen

Bei den Vorüberlegungen habe ich versucht, mir meinen persönlichen Bezug zum Thema klar zu machen. In meiner Schulzeit ging es mir so, dass ich mich geärgert habe, wenn Mitschüler bemüht waren, viele Fremdwörter zu verwenden, um intellektuell zu wirken. Meine Abneigung gegen Fremdwörter, die nicht allgemein geläufig sind, hat sich im Studium noch verstärkt. Meine Auffassung von Sprache ist, dass sie dazu dienen sollte, Klarheit zu schaffen und Kommunikation zu ermöglichen. Die wissenschaftliche Fachsprache ist davon oft weit entfernt. Als Vorbild diente mir ein Germanist, dessen Hauptanliegen im Verfassen gut verständlicher Texte bestand.

Bei einigen Schülern meiner siebten Klasse konnte ich feststellen, dass sie in ihrem sprachlichen Ausdrucksvermögen schon sehr weit sind. Ich habe bemerkt, wie viel Spaß es ihnen macht, mit Sprache zu experimentieren und dazu gehört auch, sich in einer Sprachform zu erproben, die für sie die Sprache der Erwachsenen ist. Bei Teilen der Klasse konnte ich also ein Interesse an Fremdwörtern voraussetzen. Die Rechtschreibung bereitet diesen Schülern meist keine Schwierigkeiten. Anderen, darunter auch Schüler, deren Muttersprache nicht Deutsch ist, fällt Rechtschreibung schwerer. Fremdwörter bedeuten für sie eine größere Herausforderung, da es keine einheitlichen Regeln für deren Schreibung gibt.

Mein Ziel bei dieser Einheit bestand darin, die Rechtschreibung von Fremdwörtern zu üben, unterstützt durch eine Zuordnung zur Herkunft, was manchmal hilfreich bei der Schreibung sein kann. Das zweite Ziel sollte sein, das Arbeiten in der Kleingruppe zu fördern. Die Schüler dieser Klasse arbeiten gern in Gruppen zusammen und wünschen sich diese Sozialform immer wieder. Bisher waren die Ergebnisse einer solchen Gruppenarbeitsphase aber nicht zufriedenstellend, da die Schüler sich eher vom Arbeiten abgehalten haben, als effektiv zusammenzuarbeiten.

»Drei Schritte zum THEMA«

Erster Schritt:

Nach Rubner stellt sich zuerst die Frage nach dem Sachverhalt, nach dem Objekt. In meinem Fall ist es das Objekt *Fremdwörter.* Was soll nun mit diesem Objekt geschehen? Das ist die Frage nach dem Prädikat, hier ist es *richtig schreiben.* Welches Subjekt soll dies ausführen? Ich habe als Subjekt das Personalpronomen *wir* gewählt, wobei auch *ich* möglich wäre, also die einzelne Schülerin, der einzelne Schüler. *Wir* erschien mir passender, da es die Aufgabe der ganzen Gruppe ist und nicht jeder die Aufgabe für sich löst. Als nächster Schritt wird aus diesen Bestandteilen ein Themensatz gebildet, dieser lautet bei mir: »*Wir schreiben Fremdwörter richtig.*«

Zweiter Schritt:

Der zweite Schritt ist eine Assoziationssammlung zu diesem Themensatz. Diese Sammlung war bei mir ziemlich ergiebig. Als Erstes kam mir die Frage in den Sinn, warum Fremdwörter wohl so heißen. Warum sind sie fremd? Fremd heißt, von anderen Sprachen übernommen. Warum übernimmt man überhaupt Wörter von anderen Sprachen, von Fremdsprachen? Ein Grund könnte sein, dass es davor kein passendes Wort im Deutschen gab und das Fremdwort eine Lücke füllt, z. B. bei neuen Erfindungen. Oder könnte es auch Bequemlichkeit sein? Eine geeignete Übersetzung zu finden ist mühsam. Ein weiterer Grund ist mir dazu eingefallen: Vielleicht möchte man einen bestimmten Eindruck erwecken, indem man Fremdwörter benutzt. Die Verwendung von lateinischen oder griechischen Fremdwörtern wirkt gebildet, der Gebrauch von englischen Begriffen cool. Die Beliebtheit von englischen Wörtern in der Jugendsprache zeigt, wie viel Einfluss der amerikanische Lebensstil auf die Jugendlichen ausübt. Viele technische Neuerungen gehen mit ihren englischen Bezeichnungen in unseren Alltag ein und zeigen so die Innovationsleistung dieser Gesellschaft.

Interessant ist auch, welche deutschen Wörter in andere Sprachen als Fremdwort aufgenommen wurden, z. B. Kindergarten oder Weltschmerz im Englischen. Diese Wörter können etwas über unsere eigene Kultur aussagen. Mir fällt dazu ein Beispielein aus einem Buch zum Thema »Wort des Jahres«. Eine der Zusendungen kam von einem Engländer, der das Wort »Fernweh« vorgeschlagen hat. Er schrieb über seine Freude, endlich ein passendes Wort für ein gut bekanntes Gefühl gelernt zu haben, das er bisher nie benennen konnte. Im Englischen gibt es wohl keinen Ausdruck dafür.

Es kann auch spannend sein, mehr über Wortbedeutung und Wortgeschichte herauszufinden, den Wörtern auf die Spur zu kommen.

Zurück zum Ausgangspunkt: Der Wortbestandteil *fremd* lädt dazu ein, sich diesem Fremden zu nähern, es sich vertraut zu machen, die Distanz abzubauen. Durch eine umfassendere Beschäftigung mit diesen fremden Worten könnten sie uns vertrauter werden, wir werden sicherer im Umgang mit ihnen und ganz nebenbei auch mit ihrer Schreibung.

Ideen für einen veränderten Themensatz waren die folgenden:
1. Fremdwörter – ein Versuch der Annäherung,
2. Fremdwörter – vom Fremden zum Vertrauten,
3. Fremdwörter – wir lernen sie kennen,
4. Fremdwörter – eine Annäherung in mehreren Schritten.

Außerdem kam mir die Idee, den Begriff *Fremdwörter* zu zerlegen in *fremde Wörter*.

Dritter Schritt:

So richtig ansprechend fand ich bisher keine meiner Ideen. Der Ausgangssatz war zu langweilig, genauso Vorschlag drei, Vorschlag vier klang mir zu technisch und die letzte Idee wirkte eher verfremdend als hilfreich. Am besten gefiel mir noch Vorschlag zwei, mit diesem wollte ich also weiterarbeiten und einen Ergebnis-Themensatz formulieren. Herausgekommen ist dabei: »*Fremdwörter – wir machen sie uns vertraut!*«

Diese Formulierung entsprach am meisten meinen Ideen bei der Assoziationsphase und beinhaltete eine aktive Komponente und auch das Subjekt des Handelns. Dieser Themensatz sollte also als Thema der Unterrichtseinheit fungieren. Normalerweise hätte ich wohl einfach als Überschrift »*Fremdwörter*« an die Tafel geschrieben.

Struktur und Sozialformen

Ausgehend vom Themensatz kam mir die Idee, die Schüler in mehreren Schritten mit den Fremdwörtern vertraut zu machen. Ich wollte der gesamten Klasse zunächst mehrere Fremdwörter vorstellen, danach den Schülern die Möglichkeit geben, sich mit einem speziellen Fremdwort näher zu beschäftigen und sie anschließend in Kleingruppen einen Text verfassen lassen, in dem die bereits vertrauten Fremdwörter vorkommen. Dem übergeordneten Themensatz sollten also weitere Themensätze für die jeweiligen Phasen folgen. Ich wählte folgende Formulierungen:

»*Wir lernen weitere Fremdwörter kennen – ein Merkspiel*«,
»*Meinem Fremdwort auf der Spur – ich finde mehr heraus*«,
»*Mein Fremdwort trifft andere – wir schreiben gemeinsam ein Diktat*«.

Die Abfolge von gemeinsamem Einstieg, eigener Recherche und Austausch passt meiner Einschätzung nach gut zum Prozess des Kennenlernens. Die letzte Phase wird meinem Anliegen gerecht, die Gruppenarbeit in der Klasse zu fördern. Das Thema ist motivierend und jeder aus der Gruppe kann sich einbringen. Da eine gemeinsame Geschichte entstehen soll, ist eine gute Zusammenarbeit in der Gruppe gefragt.

Als Probe, ob dieses Vorhaben auch den Schülern gerecht wird, habe ich den geplanten Ablauf gedanklich anhand von drei Schülern aus der Klasse durchgespielt. Ich habe mir dazu Lukas, einen überdurchschnittlich guten Schüler, Amelie, deren Leitungen sich im Mittelfeld bewegen, und Daniel, einen eher schwachen Schüler ausgesucht. In meinen Vorstellungen konnte sowohl Lukas etwas Interessantes finden, auch wenn er schon viele Fremdwörter kennen sollte. Ihn könnte das Merkspiel herausfordern und er könnte Interesse daran haben, die Suche nach der Herkunft und Bedeutung seines Fremdwortes intensiver zu betreiben. Da er gern Geschichten schreibt und zu Hause schon seit einem Jahr eine längere Geschichte verfasst, könnte ihm das letzte Thema gefallen. Amelie hat wahrscheinlich Spaß an der spielerischen Annäherung ans Thema. Sie arbeitet gern in Gruppen und schafft es gut, andere in der Gruppe zur Mitarbeit anzuregen. Die gemeinsame Geschichte ist also für sie geeignet. Daniel gelingt es oft nicht, konzentriert an einem Thema zu arbeiten. Für ihn sind eigentlich klar umgrenzte Aufgaben, die in kurzer Zeit erledigt werden können, das Richtige. Ihm würde es wahrscheinlich helfen, eine genauere Arbeitsanweisung zu erhalten, also z. B. bei der Recherchearbeit Tipps zu bekommen, über welche Bereiche er sich informieren kann. Da ich den Themensatz aber nicht verlängern wollte, war für mich die Lösung, der Klasse im Anschluss an die Einführung des Themas mündlich Anregungen zu geben. Bei der Gruppenarbeit war ich mir nicht sicher, ob er sich wieder viel ablenken lässt oder ob es ihn reizt, sein Fremdwort in ein gemeinsames Werk einzubringen. Ich habe also beschlossen, Zufallsgruppen zu bilden, um zu vermeiden, dass er mit seinen besten Freunden die Arbeitsphase nutzt, um sich mit anderen Dingen zu beschäftigen. Außerdem wollte ich ausprobieren, welchen Effekt diese Art der Gruppenbildung auf das Arbeitsverhalten ausübt. Bisher konnten die Schüler ihre Gruppen immer frei wählen.

Durchführung

Die erste Unterrichtsstunde der Einheit fing an, wie sie wohl auch ohne eingehende Planung mit TZI angefangen hätte. Ich habe mehrere Fremdwörter an die Tafel geschrieben und die Schüler haben schnell erkannt, worin die Gemeinsamkeit dieser Wörter liegt. Mit ihrem Nachbarn sollten sie anschließend nach einer Übersetzung suchen, wobei es bei Wörtern wie Ravioli oder T-Shirt viele lustige, umständlich formulierte Vorschläge gab. Dies bot die Gelegenheit, zu überlegen, warum diese Wörter als Fremdwörter in unserer Sprache auftauchen und nicht übersetzt werden. Diese Art der Reflexion hätte ich ohne meine vorherigen Überlegungen wohl nicht an dieser Stelle bewusst angeregt. So konnte ich aber gut zur Einführung des Themensatzes überleiten, der dann die Überschrift an der Tafel darstellte: »*Fremdwörter – wir machen sie uns vertraut!*« Einige Schüler reagierten erwartungsgemäß etwas irritiert auf diese lange Überschrift (»Müssen wir das alles abschreiben?«).

Es ging weiter mit einem Spiel (Thema: *Wir lernen weitere Fremdwörter kennen – ein Merkspiel*). Dazu hatte ich Kärtchen mit Fremdwörtern angefertigt (29 Stück, für jeden Schüler eins), die ich nacheinander präsentiert habe. Das erste Drittel der Kärtchen habe ich vorgelesen und gezeigt, das zweite Drittel nur hochgehalten und die letzten habe ich nur vorgelesen. Danach sollten die Schüler alle Wörter aufschreiben, an die sie sich noch erinnern konnten. Es ging mir zum einen darum, die Schüler auf das Problem, dass viele Fremdwörter anders geschrieben als ausgesprochen werden, aufmerksam zu machen, zum anderen wollte ich in diesem Zusammenhang kurz auf die verschiedenen Lernkanäle hinweisen. Die Schüler wollten auch tatsächlich möglichst viele Wörter in ihrem Heft stehen haben und haben bei den nur gehörten Wörtern nach der richtigen Schreibung gefragt. Bei unbekannteren Wörtern kam gleich die Frage nach deren Bedeutung auf, womit ich zum nächsten Thema überleiten konnte: »*Meinem Fremdwort auf der Spur – ich finde mehr heraus.*« Dazu habe ich die Kärtchen im Zimmer ausgelegt und jeder Schüler konnte sich eins davon aussuchen. Anhand von Fremdwörterbüchern haben sich die Schüler erste Informationen verschafft und diese auf der Karte ergänzt. Damit war diese erste Doppelstunde beendet. Die Hausaufgabe bestand darin, die Spur weiter zu verfolgen, da die Recherchemöglichkeiten im Unterricht begrenzt waren.

Das Thema der darauffolgenden Doppelstunde lautete: »*Mein Fremdwort trifft andere – wir schreiben gemeinsam ein Diktat.*« Die Schüler sollten sich dazu nach den Farben ihrer Fremdwortkärtchen zusammenfinden, den anderen Gruppenmitgliedern vorstellen, was sie über ihr Fremdwort herausgefunden haben und aus den Fremdwörtern gemeinsam eine Geschichte schreiben. In einer zweiten Arbeitsphase sollten sich neue Gruppen zusammenfinden, um sich die Geschichten gegenseitig zu diktieren. Die Arbeit in den Gruppen hat erstaunlich gut funktioniert. Nachdem sich die Schüler versichert hatten, dass die Geschichte nicht sinnvoll sein musste, hatten sie großen Spaß, lustige Geschichten zu schreiben und noch mehr Fremdwörter zu verwenden, als vorgegeben waren. Einige Gruppen waren schneller fertig als andere, deshalb bekamen sie die Zusatzaufgabe, ihre Geschichten mit dem Wörterbuch auf Rechtschreibung zu überprüfen. Auch die zweite Phase verlief gut. Das sonst ungeliebte Diktat wurde durch die Gruppenarbeit und die Möglichkeit, eine eigene Geschichte zu diktieren, merklich aufgewertet. Zwischenzeitlich hatte ich zwar Bedenken, dass die zweite Arbeitsphase zu lang dauern könnte, weil pro Gruppe alle vier Mitglieder den anderen diktieren und anschließend deren Texte kontrollieren sollten. Wenn ich den Schülern so viel Text diktiert hätte, hätten sich bestimmt einige beklagt. Ihren Mitschülern gegenüber kamen aber keine Beschwerden auf. Das hat mir deutlich gezeigt, wie viel Einfluss die Wahl der Arbeitsform auf die Motivation der Schüler hat.

Wahrscheinlich hat die Gruppenarbeit auch deshalb besser funktioniert als sonst, da die Schüler eine gemeinsame Aufgabe hatten, bei der sich jeder als Experte für sein Fremdwort einbringen konnte. Die bisherigen Themen für eine Gruppenarbeit waren nicht so darauf ausgelegt, dass die Gruppe gut zusammenarbeiten musste, um die Aufgabe zu lösen. Es handelte sich um Aufgabenstellungen, die genauso gut als Einzelarbeit bearbeitet werden konnten. Die Bearbeitung in der Gruppe sollte also eine Abwechslung bieten, die Sozialform war nicht vom Inhalt her angedacht. Das war dieses Mal anders. Ich denke, dass die Zufallsgruppen die Zusammenarbeit noch unterstützt haben.

Als Abschluss haben wir über die Wirkung der Fremdwörter in den Geschichten gesprochen und sind darüber hinaus auf Personen zu sprechen gekommen, die gehäuft Fremdwörter verwenden, um einen bestimmten Eindruck zu erwecken.

Reflexion

Insgesamt war ich mit der Planung und Durchführung der beiden Doppel-
stunden sehr zufrieden. Für die genauere Reflexion möchte ich auf die einzelnen Bereiche gesondert eingehen.

– Themenfindung:
   Da das Thema Fremdwörter vom Lehrplan vorgegeben war, konnte ich
   nur bedingt auf die Anliegen der Gruppenteilnehmer eingehen. Die Interessen der Schüler hatte ich im Blick, als es darum ging, eine Struktur für die
   jeweiligen Unterthemen zu finden. Für mich selbst war vor allem die Phase
   der Assoziationssammlung wichtig. Dadurch wurde mir selbst klar, was für
   mich das eigentlich Interessante an dem Thema darstellte. Außerdem kamen
   mir viele Ideen, wie ich über die Rechtschreibung der Fremdwörter hinaus
   den Unterricht anreichern könnte, indem ich auch ein Nachdenken über
   Fremdwörter anrege. Meine Hoffnung war, dadurch ein größeres Interesse
   zu wecken und den Schülern den Sinn unserer Beschäftigung mit diesem
   Thema näherzubringen. Auch für mich wurde das Thema dadurch viel
   interessanter, weil mir erst richtig bewusst wurde, welche Einstellung ich
   zu dem Thema hatte. Meinen Unterricht hat die Assoziation auf jeden Fall
   bereichert. Außerdem ging es auch darum, nach dem übergeordneten Thema
   auch weitere Themen für die einzelnen Schritte zu finden. Dafür waren die
   Assoziationen als Ideenfundus gut geeignet.
   Insgesamt habe ich durch diese erste Phase das ICH stärker in den Blick
   gerückt und somit auch das WIR. Erst durch den persönlichen Bezug wurde
   das THEMA interessant. Dieser Aspekt wäre mir wahrscheinlich auch auf-
   gefallen, wenn ich das THEMA in das Dreieck eingezeichnet hätte. Diese
   Idee hatte ich erst im Nachhinein bei der Reflexion.

– Themenformulierung:
   Diese Phase hat bei der Planung am längsten gedauert. Ich hätte mich an
   dieser Stelle gern mit anderen ausgetauscht, da mir für die konkrete Themenformulierung keine richtig guten Ideen kamen. Mit dem Themensatz war
   ich am Ende noch nicht ganz zufrieden. Ihm fehlte das gewisse Etwas,
   eine eindrückliche Formulierung, die sofort anregend wirkt. Aber auch im
   Nachhinein ist mir keine neue Idee gekommen. Da die Durchführung ganz
   zufriedenstellend war, sollte ich wohl nicht zu kritisch mit dem Themensatz
   sein. Die Unterthemen für die jeweiligen Unterrichtsschritte gefallen mir
   von der Formulierung her gut, auch in der Gesamtschau, weil die Abfolge
   damit klar strukturiert ist: erst eine Übersicht über eine Vielzahl Fremdwörter, dann ein einzelnes ganz genau betrachtet und zum Schluss, darauf

aufbauend, eine weitere Beschäftigung mit den Fremdwörtern der anderen. Beim letzten Themensatz hätte ich aber im Nachhinein die Formulierung »*Mein Fremdwort trifft andere – wir schreiben gemeinsam eine Geschichte*« gewählt. Diktat klingt schon zu sehr nach Klassenarbeit.

- Themeneinführung:
Die Einführung des Themas hat sich aus dem Unterrichtszusammenhang ergeben. Genauso wie ich das Thema *Fremdwörter* als Überschrift an die Tafel geschrieben hätte, war es jetzt auch beim Themensatz. Ungewohnt war für die Schüler, die kurze Überschriften kennen, die längeren Themensätze abzuschreiben. Dafür fällt die Aufgabenstellung weg, da der Themensatz diese praktisch schon beinhaltet. Sie ist dann aber offener formuliert. Der Themensatz »*Mein Fremdwort trifft andere – wir schreiben gemeinsam eine Geschichte*« sagt z. B. nichts darüber aus, wie lang die Geschichte sein soll, ob sie jeder aus der Gruppe ins Heft schreiben soll usw. Deshalb kamen nach der Einführung auch oft Nachfragen zur genauen Art der Bearbeitung. Manchmal habe ich gleich nach Nennung des Themas weitere mündliche Erläuterungen gegeben.
Gedanken gemacht habe ich mir zum Verhältnis von Thema und einzelnen Schritten der Bearbeitung (für die ich bisher den Begriff Unterthemen gewählt habe). Ist es überhaupt sinnvoll, für jeden Bearbeitungsschritt wieder einen Themensatz zu formulieren? Oft gebe ich sonst einfach mündlich eine kurze Arbeitsanweisung. Ich hatte das Gefühl, dass die Schüler dieses Mal irritiert waren, bei jedem Schritt wieder etwas aufzuschreiben. Das Aufschreiben des Themensatzes ist auch nicht immer notwendig, es reicht vielleicht schon, wenn die Schüler die Formulierung an der Tafel oder auf einer Folie sehen. Dieses Mal war mir aber wichtig, dass die Schüler die Formulierung bewusst wahrnahmen und in ihren Arbeitsphasen direkt vor Augen hatten. Beim nächsten Mal würde ich nur noch das Überthema als Überschrift für alle an die Tafel schreiben. Die einzelnen Arbeitsschritte würde ich für alle sichtbar notieren, ohne die Schüler aufzufordern, sie ins Heft zu übernehmen. Die Arbeitsschritte als Unterthemen zu formulieren, hat sicher dazu beigetragen, die Einheit gut zu strukturieren und eine persönliche Auseinandersetzung der Schüler mit dem Thema anzuregen.

Bei der Reflexion der Stunden sind mir zwei weitere Punkte bewusst geworden. In meinen Vorüberlegungen hatte ich Bedenken, dass die Schüler/-innen, die Deutsch nicht als Muttersprache haben, Probleme bei der Schreibung der Fremdwörter haben könnten, da ihnen Rechtschreibung generell schon schwerer fällt. Wie gut hätte ich Fremdwörter aus deren Muttersprache thematisieren können und sie damit stärker in das Thema einbinden können! Gerade türkische Wörter wie *Döner Kebab* oder *Moschee* sind uns allen geläufig. Diese Wörter wären eine gute Alternative zu meinen Einstiegswörtern gewesen.

Die zweite Änderung würde ich bei der Behandlung des Lehrplanthemas *Rechtschreibung* vornehmen, zu dem die Fremdwörter-Stunden gehört haben. Ich würde zu Beginn der Einheit versuchen, einen stärkeren Bezug zu den Schülern herzustellen und auch für mehr Transparenz sorgen. Im Nachhinein hatte ich die Idee, den Schülern zu Beginn einen Bewerbungsbrief mit Rechtschreibfehlern vorzulegen, den sie am Computer mit einem Rechtschreibprogramm überprüfen können. Die Fehler, die dann noch nicht verbessert sind, können dann thematisiert werden. So wird den Schülern klarer, warum das unliebsame Thema Rechtschreibung trotz Computerprogramm wichtig ist.

In den Vorüberlegungen habe ich die Operatoren erwähnt: Ich war gespannt, ob und wie sich Operatoren und Themenformulierung vereinbaren lassen. Ich denke, dass es sich hierbei um zwei verschiedene Herangehensweisen handelt. Die Operatoren setze ich ein, wenn ich erreichen möchte, dass die Schüler einen Arbeitsauftrag genau so bearbeiten, wie es die Aufgabenstellung erfordert. Diese Methode eignet sich für Klassenarbeiten gut. Die Operatoren helfen den Schülern, herauszufinden, was genau gefragt ist und wofür sie Punkte bekommen können. Es ist deshalb sinnvoll, die Arbeit mit Operatoren im Unterricht zu üben. Das TZI-THEMA unterscheidet sich von diesen enger gerichteten Arbeitsaufträgen. Es hat zwar auch das Ziel, eine optimale Bearbeitung von Inhalten zu ermöglichen, ist aber viel offener gefasst, orientiert sich mehr an den Anliegen des Einzelnen und der Gruppe und hat einen »gefühlsmäßigen Aufforderungscharakter« (Rubner, 2009, S. 82), um nur einige Unterschiede zu nennen. Für mich ist der letzte Punkt besonders wichtig. Im Unterricht ist es entscheidend, Interesse zu wecken und zu motivieren. Eine noch so exakte Formulierung mittels Operatoren bringt nichts, wenn durch solch eine technische Anweisung jegliches Interesse schwindet.

Weitere Beispiele und Ausblick

Im Anschluss an den Unterricht in der siebten Klasse, den ich ganz bewusst mit TZI vorbereitet habe, habe ich einige Elemente davon bei anderen Klassen angewandt. Einmal war es eine Assoziationssammlung zum Thema Evolution. Ein anderes Mal wählte ich als Überschrift zum Thema Zellteilung/Mitose folgende Formulierung: »Aus eins mach zwei – und zwar haargenau gleich.« Dabei habe ich gemerkt, wie viel schon eine treffende Formulierung hilft, die den entscheidenden Aspekt einer Thematik in den Fokus rückt. So wird den Schülern auf einen Blick klar, worauf es bei diesem Prozess ankommt. In der Klassenarbeit konnte ich die Formulierung wieder lesen, sie war also einprägsam.

Da ich das Thema nur wiederholen und nicht erarbeiten wollte, konnte das Ergebnis schon gleich zu Beginn sichtbar sein. Als Variante für eine Erarbeitung würde sich anbieten, zunächst den ersten Teilsatz als Aufforderung vorzugeben *(Aus eins mach zwei)* und den Nachsatz erst später zu ergänzen.

Jede einzelne Unterrichtsstunde mit der von mir angewandten Methode zu planen, ist für mich zu aufwändig. Aber bereits die erste Umsetzung im Unterricht hat mir gezeigt, wie sinnvoll die Themenfindung und -formulierung nach TZI in der Schule ist. Ich denke, dass ich in Zukunft versuchen werde, die Themen für größere Einheiten als Themensatz zu formulieren. Bereits in den Unterrichtsstunden nach der Fremdwörter-Einheit habe ich gemerkt, dass ich automatisch mehr über die Themenformulierung nachdenke. Auch wenn ich bei der Planung nicht darauf geachtet habe, kommt mir manchmal spontan im Unterricht eine Idee. Ich denke, dass mir die Themenformulierung eine große Hilfe sein kann, wenn Themen anstehen, für die ich selbst erst Interesse finden muss.

Literatur

Farau, A., Cohn, R. (1984). Gelebte Geschichte der Psychotherapie. Zwei Perspektiven. Stuttgart: Klett-Cotta.
Langmaack, B. (2001). Einführung in die Themenzentrierte Interaktion TZI. Weinheim u. Basel: Beltz.
Rubner, E. (2009). Themen formulieren und einführen. Themenzentrierte Interaktion, 23 (2), 80–89.
Schneider-Landolf, M. (2009). Thema. In M. Schneider-Landolf, J. Spielmann, W. Zitterbarth (Hrsg.), Handbuch Themenzentrierte Interaktion TZI (S. 157–163). Göttingen: Vandenhoeck & Ruprecht.

Die Herausgeberinnen und Herausgeber

Anja von Kanitz, Germanistin/Afrikanistin M.A., Selbständige Beraterin und Referentin mit Schwerpunkt Optimierung von Kommunikationsprozessen, Personal- und Organisationsentwicklung in Unternehmen, Hochschulen, Ministerien und sozialen Einrichtungen, Moderatorin, Coach, Sprecherzieherin (DGSS), TZI-Diplom (RCI), Redakteurin der TZI-Fachzeitschrift, Fachbuchautorin.

Walter Lotz, Dr. phil., Diplom-Pädagoge, von 1981 bis 2012 Professor für Pädagogik am Fachbereich »Soziale Arbeit und Gesundheit« der Fachhochschule Frankfurt am Main. Arbeitsschwerpunkte: Pädagogische Handlungskompetenz, Theorie-Praxis-Zusammenhang in der Pädagogik, Soziale Gruppenarbeit mit Kindern und Jugendlichen. Von 1998 bis 2014 Lehrbeauftragter des Ruth Cohn Institute for TCI – International.

Birgit Menzel, Studiendirektorin, Ausbilderin am Studienseminar für Gymnasien in Frankfurt am Main und Mitarbeiterin der Führungsakademie im Landesschulamt und der Lehrerakademie Hessen, TZI-Diplom (RCI), systemische Beraterin, Mediatorin, Supervisorin, Lehrbeauftrage der Universität Kassel, der PH Ludwigsburg, der FH Frankfurt, Redakteurin der TZI-Fachzeitschrift.

Elfi Stollberg, Ingenieurin, Ausbildung in Psychoanalyse, gruppenanalytische Therapeutin und Organisationsberaterin (D3G), seit 1977 Lehrbeauftragte des Ruth Cohn Institute for TCI – International, Redakteurin der TZI-Fachzeitschrift bis 2012, im Nebenberuf Pianistin.

Walter Zitterbarth, Dr. phil., Diplom-Psychologe, freiberufliche Tätigkeit im Bereich Psychotherapie und Supervision, Lehrbeauftragter für Philosophie an der Universität Marburg, Lehrtherapeut der Systemischen Gesellschaft (SG), Lehrbeauftragter des Ruth Cohn Institute for TCI – International, Redakteur der TZI-Fachzeitschrift.

Die Autorinnen und Autoren

Carolin Bücking, Studienrätin am Gymnasium mit den Fächern Deutsch und Biologie. TZI-Zertifikat.

Ruth C. Cohn, 1912 als deutsche Jüdin in Berlin geboren, 1933 in die Schweiz emigriert, studierte bis 1941 Psychologie in der Schweiz und ließ sich zur Psychoanalytikerin ausbilden. 1941 Emigration in die USA. Sie arbeitete dort zunächst als Psychoanalytikerin mit Kindern, dann als Assistant Teacher an den Bankstreet Schools, später als Psychotherapeutin in eigener Praxis. In ihrer Zusammenarbeit mit Theodor Reik (NPAP), Harry Stack Sullivan (Interpersonal Relationship), Jacob L. Moreno (Psychodrama), Fritz Perls (Gestalttherapie) und anderen Vertretern einer humanistisch-therapeutischen Psychologie entwickelte sie die Grundzüge der Themenzentrierten Interaktion (TZI). Sie betrat 1968 anlässlich ihrer Einladung zum Vierten Internationalen Gruppentherapiekongress in Wien erstmals wieder europäischen Boden, referierte 1970 im Rahmen der Lindauer Psychotherapiewochen und arbeitete ab 1973 in TZI-Workshops. 1974 nahm Ruth C. Cohn ihre Arbeits- und Wohnstätte in der Ecole d'Humanité in Goldern (Schweiz). Sie erhielt 1979 die Ehrendoktorwürde der Psychologischen Fakultät der Universität Hamburg, 1994 die Ehrendoktorwürde des Instituts für Psychologie der Universität Bern. Ruth C. Cohn verstarb 2010 in Düsseldorf.

Hartmut Grün, Pädagoge, Diplom-Supervisor (DGSv), TZI-Diplom, selbständiger Berater, Kommunikations- und Führungstrainer mit Schwerpunkt Teamentwicklung, Konfliktmanagement, Erwachsenenbildung.

Gerhard Härle, Dr. phil., Professor für Literaturwissenschaft und Literaturdidaktik, Prorektor für Studium und Lehre an der Pädagogischen Hochschule Heidelberg, Forschungsschwerpunkte Literaturtheorie und literarische Bildung, Lehrbeauftragter des Ruth Cohn Institute for TCI – International.

Matthias Kroeger, Dr. theol., em. Professor für Kirchengeschichte an der Universität Hamburg, Lehrbeauftragter des Ruth Cohn Institute for TCI – International.

Hermann Kügler SJ, katholischer Ordenspriester (Jesuit), psychotherapeutischer Berater, Einzel- und Gruppensupervisor, Lehrbeauftragter des Ruth Cohn Institute for TCI – International.

Gudrun Maierhof, Dr. phil, Diplom-Sozialarbeiterin, seit 2008 Professorin für Methodenkompetenz und Geschichte der Sozialen Arbeit am Fachbereich »Soziale Arbeit und Gesundheit« der Fachhochschule Frankfurt am Main, Arbeitsschwerpunkte: Kinder- und Jugendarbeit, Frauen- und Genderforschung, Geschichte der (jüdischen) Sozialarbeit.

Helga Modesto, Dr. phil. Dr. theol., Professorin für Moraltheologie und Fundamentaltheologie an der Fakultät für Religionspädagogik und Kirchliche Bildungsarbeit in München und Eichstätt, Gründung des Instituts EUL »Ethik und Leben«, bis 2005 Kurstätigkeit in Brasilien und Sibirien.

Hartmut Raguse, Dr. theol., Pfarrer in Berlin, Psychoanalytiker in Basel, TZI-Graduierung, Mitglied der Schweizerischen Gesellschaft für Psychoanalyse, Habilitation für das Fach »Neues Testament und Hermeneutik«, 1997 Ernennung zum Professor, bis 2001 Arbeit in freiberuflicher Praxis in Basel.

Helmut Reiser, Dr. phil., Sonderschullehrer, em. Universitätsprofessor für Pädagogik bei Verhaltensstörungen in Frankfurt am Main und Hannover, Lehrbeauftragter des Ruth Cohn Institute for TCI – International.

Angelika Rubner, Dr. phil., Diplom-Psychologin, Klinische Psychologin, Psychologische Psychotherapeutin, Psychoanalytikerin, Lehranalytikerin, Lehrbeauftragte des Ruth Cohn Institute for TCI – International.

Eike Rubner, Dr. phil., Diplom-Psychologe, Klinischer Psychologe, Psychoanalytiker, Lehrbeauftragter des Ruth Cohn Institute for TCI – International.

Dietrich Stollberg, Dr. theol., em. Professor für Praktische Theologie an der Universität Marburg, Lehrbeauftragter des Ruth Cohn Institute for TCI – International.

Stichwortverzeichnis

A

Aggression 104, 108 f., 115, 122, 141 ff.,
  148 ff.
Angst 103, 106, 120 f., 139, 149 f.
Arbeitsfähigkeit 78, 143
Authentizität 38, 86, 90, 161, 193, 198, 202
Autonomie 78, 102 ff., 108 ff., 152, 154, 170 f.
autoritärer Führungsstil 65 ff.
Axiome 12, 23, 30, 85 f., 94 f.

B

Balance 120, 136 f., 162 f., 199
Begegnung 188 f., 198
Beratung 88
Bildung 188, 198

C

Chairperson 13, 25 f., 29 ff., 38, 44, 53 ff., 58,
  65, 73, 78, 94, 140, 143 f., 170
Cohn 11, 145, 205, 208

D

Delegationsprinzip 66
Demokratie 54 ff., 61, 63, 66, 94
demokratischer Leitungsstil 66
Deutung 102, 128, 186
Distanz/Distanznahme 120
dynamische Balance 14, 22, 39, 50, 120, 137,
  140 f., 143 f., 163 f., 175, 194

E

ES 46, 175 ff., 198
Ethik 40 f., 85 f.
ethischer Kodex 12

F

fliegendes Team 68

Freiheit 61
Führung 44, 66 f., 72 f., 154
Führungsstil 65 f., 68 f., 74, 153

G

ganzheitlicher Ansatz 24
Gefühle 40, 67, 87 f., 102 f., 105 f., 108, 110 ff.,
  114 f., 119 ff., 125 f., 129, 133, 146 ff., 161,
  178 f., 181 f.
Gegenübertragung 35, 145, 148 ff., 153 ff.,
  162
Geschlecht 113
Globalisierung 38
GLOBE 33 ff., 188, 190 f., 198 ff., 207
Gruppe 75, 99 ff., 178 ff.
Gruppendynamik 181
Gruppen-Modell 20
Gruppenphasen 15, 99, 113, 143, 145, 159
Gruppenprozess 11, 22, 70, 115, 137, 143 f.,
  149 ff., 156 f., 161 f.

H

Haltung 23 f., 53 f., 58, 62 ff., 85 f., 92, 123,
  185 f., 191, 193, 198, 202
Handlungsreflexion 186
Hass 124, 126
Hierarchie 36
Holismus 40
Humanismus 12, 23, 29, 92, 189
Hüter/Hüterin der Balance 65

I

ICH 165, 175 ff., 187 ff., 198, 200, 207, 214
Identifikation 156
Interaktion 105 ff.
Interaktionsstil 87
Interaktionssysteme 76

Interdependenz 12 f., 24, 41, 53, 55, 59, 78,
    80, 85, 88, 102 ff., 109 f., 171
Internalisierung 155, 157
Intimität 112

K
Kommunikation 27, 81 ff., 105 ff., 113, 115,
    190, 197, 199, 208
Kommunikationsregeln 27
Kompetenz 68, 70, 73, 88, 131, 189 ff., 196
Konflikt 54, 56, 66, 107, 122, 124, 129, 151,
    199 ff.
Konstruktivismus 80
Kontrakt 70
Kooperation 69, 77, 110, 142, 152, 188, 195
Körperbewusstsein 178
Krisen 39, 68, 100, 117 f., 122, 126 ff., 130 f.,
    162, 171

L
Laisser-faire-Stil 66
Lebendiges Lernen 14, 19, 26, 46, 117, 133
Leiter/Leiterin 65 f., 99 f., 102, 104 ff., 111,
    114 ff., 118 ff., 135 ff., 141, 148, 151, 153 f.,
    159 ff., 165 f., 168 f., 175 ff., 183, 187, 192
Leitideen 188, 201
Leitung 23, 44, 53, 66 ff., 77, 116 f., 124, 129,
    135 ff.
Leitungsintervention 82, 87
Leitungsstil 65
Liebe 124 ff.

M
Mehrheitsentscheidung 57
Methode 23, 140 f., 185 f., 191, 194, 198
Modellteilnehmer 57

P
Partizipation 38, 53, 86
partizipierende Leitung 14
Partnerschaftlicher Führungsstil 68
Partnerschaftlichkeit 59
Politik 38, 40, 45, 58, 65
Postulate 13, 25, 29, 94
Primärgruppe 76 f.
Projektion 155
Prozessanalyse 176, 185 ff., 191 ff., 196, 198,
    203 f.
Psychoanalyse 76, 78, 89 ff., 116, 129, 132,
    145

R
Religion 41
Rivalität 34, 103, 111 f., 125, 151 f., 192
Rolle 23, 66, 69 f., 72, 74, 101, 107, 145 ff.,
    149, 156, 193, 200
Rotationsprinzip 68

S
Schatten 34, 45, 87, 142
Schule 206
Sekundärgruppe 76 f.
Selbstsupervision 175
Selbst- und Fremdwahrnehmung 20, 26
Selbstverantwortung 24
Sexualität 112
shared leadership 69
Situationsdeutung 185 f., 188, 194, 198
Soziale Arbeit 185, 196 f., 204
Spiritualität 34, 40
Störungen 13, 25, 78, 117, 127 f., 132 ff., 143 f.
Störungspostulat 117, 132
Störungsprävention 141
Struktur 12, 142, 183
Strukturen 12, 104, 142, 145, 152, 156, 177,
    183, 198
Supervision 175
systemisch 76 f., 80 ff., 85 ff.
systemisch-konstruktivistischer Ansatz 75

T
Thema 11, 22, 24, 33 ff., 46 ff., 165, 194, 201,
    205 ff.
Themenformulierung 205
Themensetzung 12, 53
Toleranz 62, 94, 112
TZI 19, 90, 138

U
Übertragung 145, 148 ff.
Unterricht 49, 205

V
Verantwortung 30, 38, 64, 67, 69, 188, 190 ff.,
    194, 198
Vermeidung 160
Vertrauen 55, 103 ff.
Vier-Faktoren-Modell 14, 33, 185
Vision 188, 198

W

Werte 63, 85, 91 f., 108, 111, 123
Widerstand 133, 139, 145, 158, 160, 162
WIR 72, 165, 175 ff., 180 ff., 187 ff., 193, 198,
    200, 202, 207, 214

Z

Zeitstruktur 163
Zivilcourage 30

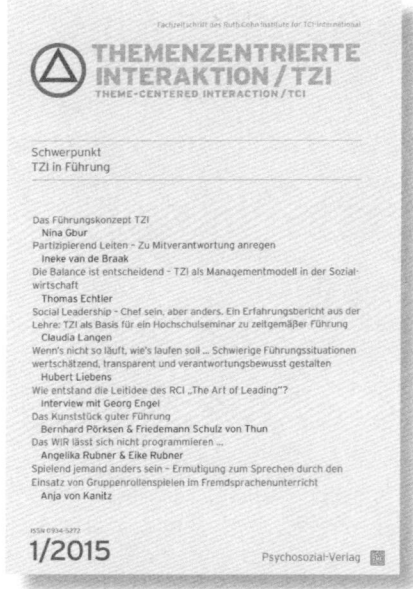